DIE WA(H)RE LUST

TEIL 3: FICKEN

TEIL 5: HANDELN

VORWORT

»Ich bin stolz, eine Hure zu sein.« – Seit sich in den 80er Jahren die Hurenbewegung formierte und sich parallel zur Emanzipationsbewegung institutionalisierte, setzte ein Wandel in der Wahrnehmung der Prostitution ein. Sie gilt aber immer noch als zwielichtig – eine Berufsgruppe, die über Jahrhunderte tabuisiert, diskreditiert und verurteilt wurde, wird nicht von heute auf morgen von der Öffentlichkeit anerkannt werden. Erst recht nicht, wenn die Rechtsprechung trotz des Prostitutionsgesetzes vom Januar 2002 diffus bleibt und nach wie vor der Behördenwillkür ausgesetzt ist.

Mitte 2002 wurde der Bundesverband Sexuelle Dienstleistungen e.V. gegründet, der sich als Arbeitgeberverband versteht. Die Dienstleistungsgewerkschaft ver.di überlegt indes, wie Arbeitsverträge für Prostituierte zu formulieren sind. Die Hurenbewegung rückt ihrem Ziel – der Etablierung der Prostitution – immer näher. Natürlich wird in den dunklen Ecken des Rotlichts die Kriminalität weiterhin existieren: Zwangsprostitution, Menschenhandel, Zuhälterei werden nicht von heute auf morgen abgeschafft werden. Ausbeuterei und Knebelverträge gibt es jedoch auch in anderen Sparten und sind nicht nur für die Prostitution symptomatisch.

Es gibt tatsächlich Frauen (und Männer), die freiwillig der Prostitution nachgehen, und zwar aus vielerlei Gründen: weil sie Spaß am Sex haben, weil sie das Abenteuer suchen, oder weil sie damit schnell und einfach Geld verdienen können. Es handelt sich immerhin um das einzige Gewerbe, in dem dies noch möglich ist. Die Wirtschaft mag stagnieren, die Menschen sparen, »Doch egal ob's den Leuten schlecht geht oder nicht, für Sex geben sie immer Geld aus«, stellt Saskia Sommer fest. Die 30-Jährige arbeitet seit über zehn Jahren als Prostituierte und betreibt inzwischen einen eigenen Privatclub.

Saskia ist eine von 400.000 Frauen in Deutschland, die regelmäßig der Prostitution nachgehen. Sie erwirtschaften jährlich 6 Milliarden Euro, so viel wie mancher Großkonzern. Viele Bordelle weisen Unternehmensstrukturen auf, bei denen der moderne Zuhälter laut Richard, 49, als »Anlageberater« funktioniert. Tatsächlich ist in Australien mit dem »Daily Planet« der erste Puff an der Börse notiert. Wollen Sexworker sich mit Arbeitsverträgen, Krankenversicherung und Aktienpaketen beschäftigen? Bleibt zwischen rationalem Sex und absonderlichen Freierwünschen Raum für Emotionen, Stolz und eigene sexuelle Freuden?

In dem vorliegenden Buch »Die Wa(h)re Lust« reden Frauen und Männer offen und schonungslos über ihr Leben in und mit der Prostitution. Huren und Callboys schildern die Beweggründe, die sie in die Sexbranche geführt haben. Sexualbegleiterinnen, Internet-Hostessen, Stripperinnen sowie Bordell- und Clubbetreiber berichten von ihren Erlebnissen im »Milieu«. Dominas und Sklavias geben Auskunft über die bizarren Wünsche ihrer Kunden. Auch Sozialarbeiter und Streetworker kommen ausführlich zu Wort. »Die Wa(h)re Lust« bietet einen spannenden Einblick hinter die Kulissen des Geschäfts mit der Ware Lust.

Marcel Feige, im März 2004

GLOSSAR

Fake-Dollar

Speziell für Striptease-Bars gedruckter Geldschein, den der Gast an der Kasse für meist einen Euro erwerben und der Tänzerin während ihres Auftritts unter BH, Slip oder Strumpfband heften kann – als Ersatz für die berühmte längsgefaltete Dollarnote.

Falle Schieben/Stellen

Die Falle war viele Jahre lang geeignetes Mittel, um Freier übers Ohr zu hauen. Es gab verschiedene Möglichkeiten der Falle, zum Beispiel: Hinter langem, herabwallenden Haar wurde beim Oralsex der Penis des Mannes statt mit Mund mit der Hand zum Höhepunkt gebracht.

Laufhaus

Auch bekannt als Eros-Center. Das Laufhaus war Ende der 60er Jahre die modernste Form der Prostitution, heute gibt es sie nur noch seltener: Unbehelligt vom Rest der Welt führt ein schier endloser Gang durch ein großes Gebäude vorbei an den Zimmern, vor denen sich die Mädels für Schaulustige und Freier positionieren.

Schwämmchen

Das Verhütungsschwämmchen besteht aus dem Kunststoff Polyurethan und ist mit samentötendem Nonoxinol getränkt; es wird wie ein Tampon durch die Scheide vor den Muttermund geschoben und soll dort den Muttermund versperren, die Samen abtöten und sie aufsaugen; das Schwämmchen kann leicht verrutschen und ist daher sehr unsicher.

Mehr und ausführliche Fachbegriffe aus dem Rotlichtmilieu lesen Sie in dem Buch »Das Lexikon der Prostitution« von Marcel Feige, erschienen 2003 im Schwarzkopf & Schwarzkopf Verlag in Berlin.

TEIL 1

ZEIGEN

»Bilder sagen mehr als tausend Worte.«
Volksweisheit

»DER JOB HAT NICHTS GÖTTLICHES AN SICH, HÖCHSTENS ETWAS MECHANISCHES.«

Bunny, 23 – Stripperin, Berlin

Ich strippe seit anderthalb Jahren, weil ich mir damit mein Studium finanziere. Es mag Leute, vor allem Frauen, geben, die das nicht verstehen können: »Wie kannst du bloß deinen Körper gegen Geld präsentieren?«, fragen sie mich und gucken mich an, als wäre ich eine Aussätzige, die Lepra hätte oder Aids, frei nach dem Motto: »Wie hast ausgerechnet du dir das eingefangen?«

Aber so, wie die Leute nicht verstehen können, dass ich diesen Job ausübe, verstehe ich die Frauen nicht, die mir diese Frage stellen. Denn absurderweise sind ausgerechnet diese Frauen es, die im Sommer am Ostseestrand ihren Körper unverhüllt zeigen und sich nicht daran stören, dass die Männer sie und ihren Busen anstarren. Natürlich glotzen die Männer am Strand, darüber brauchen wir nicht diskutieren, zwar nicht so offen und eindeutig wie in einem Striplokal, aber sie tun es. Und wen interessiert's? An jedem Kiosk lachen mir die Titten von den Zeitungscovern entgegen, kein Kinofilm kommt heute ohne nackte Tatsachen aus. Warum also sollte ausgerechnet ich ein Problem damit haben, meine Brüste zu zeigen? In welcher Zeit leben wir denn? Und überhaupt: Ich verkaufe doch meinen Körper nicht und lasse mich auch nicht ficken wie eine Hure. Das soll jetzt nicht abwertend klingen. Jeder soll für sich entscheiden, wie weit er geht und wie weit nicht. Anschaffen ist etwas, was ich nicht könnte, was ich von Anfang an für mich ausgeschlossen habe. Ich habe eine Freundin, die auch nebenher als Prostituierte arbeitet. Ich lernte sie im Stripclub kennen, wir verstanden uns auf Anhieb und sie gestand mir, dass sie neben der Tanzerei gelegentlich auch in einem Laufhaus arbeite. Sie ist deswegen aber kein schlechter Mensch geworden. Ich gebe allerdings zu: Auch wenn sie sich alle Mühe gibt, es sich nicht anmerken zu lassen, die Sexarbeit strengt sie an, belastet sie, macht sie fertig. Ein Grund mehr für mich, es nicht zu tun.

Ich bleibe dabei, ich zeige nur meine Titten, wenngleich ich nicht verstehen kann, dass Männer Geld in einem Stripclub lassen, obwohl sie für das gleiche Geld bei einer Prostituierten vögeln können. Doch ich glaube, ich muss das nicht verstehen. Männer sind so. Und ich bin froh, dass sie so sind, wie sie sind, denn deshalb habe ich die Chance, schnell und unkompliziert Geld zu verdienen. Ich arbeitete auch schon als Kellnerin. Mag sein, dass man damit an guten Tagen ebenso viel Geld verdienen kann wie mit der Stripperei. Aber das Tanzen macht auf jeden Fall mehr Spaß. Ich tanze für mein Leben gerne. Außerdem ist es weniger erniedrigend. In einem Buch habe ich mal gelesen: »Die Menschen betrachten Kellner als Automaten, als eine Verlängerung der Tische und Stühle, mit der man alles machen kann, vom übermäßig hohen Trinkgeld bis zum verbalen Missbrauch.« Der Autor hatte Recht.

Meine Freundin meinte mal zu mir: »Tänzerinnen, besonders die gutaussehenden, werden oft wie Miniaturausgaben unerreichbarer Göttinnen behandelt.« Dabei hat der Job nichts Göttliches an sich, höchstens etwas Mechanisches. Im Grunde ist es immer das Gleiche, nur die Männer jenseits der Bühne sind austauschbar. Das ist nicht in jeder Bar so. Ich habe mir sagen lassen, dass in vielen Clubs die Mädels nach spätestens drei Monaten ausgewechselt werden müssen, weil es sonst für die Stammkunden langweilig wird. Von Stammkundschaft lebt die Branche nun mal. Was im Umkehrschluss aber auch bedeutet, die Mädels erleben immer wieder Neues ...

Ich arbeite in einer Bar in Berlin, Ecke Stuttgarter Platz. Keine Ahnung, ob es ein typischer Stripladen ist. Es ist mein erster und bisher einziger. Unser Publikum sind Touristen, Geschäftsleute, Besucher der Stadt, die das Nachtleben der Hauptstadt genießen wollen. Insofern haben wir immer wieder frisches Publikum, was den Mädchen im Laden eine gewisse Sicherheit gibt. Aber auch zu einer Routine führt. Diese beginnt damit, dass der DJ eine Tänzerin verabschiedet und die nachfolgende Stripperin ankündigt. Mich kündigt er als »Bunny« an. Solange ich schon in dem Laden arbeite, tut er dies mit unglaublich schwuler Stimme. Auch das verstehe ich nicht. Ich kann nicht beurteilen, wie es in anderen Bars zugeht, aber dass es den Männern, die glotzen kommen, absolut nichts ausmacht, einen DJ mit schwuler Stimme zu hören, ist mir ein Rätsel. Wahrscheinlich nehmen sie ihn nicht einmal wahr, genauso wenig wie sie unsere Namen mitbekommen, so sehr sind sie auf unsere Körper fixiert.

Manchmal frage ich mich während des Tanzens, ob irgendjemand in dem Laden weiß, dass ich mich »Bunny« nenne? Und ich frage mich, ob die, die es wissen, auch wissen, dass er nur ein Künstlername ist. Ich bin mir nicht sicher, aber ich glaube, viele sind der Auffassung, mein Bühnenname ist mit meinem wirklichen Namen identisch. So sind Männer. Kaum Phantasie, nur Potenz.

Man hat mir, als ich mich damals vorstellte, geraten, mir einen Künstlernamen zu suchen. Viele Typen würden darauf stehen, auf exotische, erotische Namen, die einfach nur geil klingen würden. Also wählte ich mir einen geilen Künstlernamen aus. Ich habe den Namen »Bunny« nach einer Gestalt aus meinem Lieblingsfilm »The Big Lebowski« ausgewählt. Wenn ein Abend mal schlecht läuft, ein Kunde vor der Bühne widerlich ist oder ich einfach nicht in der Stimmung bin, mit dem Arsch zu wackeln, denke ich an das Gespann aus Jeff »The Dude« Bridges und John »Sobchack« Goodman, ihre Philosophien über Gott und vollgepinkelte Teppiche. Die Welt des Jeff Lebowski ist so wunderbar schlicht, »easy living« mit White Russian-Cocktails, einem Joint und der Bowlingkugel. Manchmal wünsche ich mir, Teil dieser Lebowski-Welt zu sein. Das ist natürlich ein Ding der Unmöglichkeit, aber wenigstens würde ich einen Bruchteil seiner Sorglosigkeit besitzen wollen. Dann würde ich mir keinen Kopf um Kohle, Miete oder solche Dinge machen. Der Dude macht auch nicht den Eindruck, als würde er sich seinen Kopf darüber zerbrechen.

Das erste Lied, zu dem ich tanze, besteht meist aus einem schnellen Techno-Song. Der DJ dreht die Musik laut auf, dass ich die Worte, die vor der Bühne gesprochen werden, nicht verstehen kann. Das macht nichts. Ich will gar nicht wissen, was die Männer so von sich geben, es sind ohnehin immer die gleichen Sprüche, die ertönen, sobald ich ein Bein sehen lasse, nackt bis auf die schwarzledernen Stiefeletten mit Pfennigabsätzen und silbernen Ketten. Ich ziehe das übliche Programm durch. Wiegende Hüften im Scheinwerferlicht, nestelnde Griffe am schwarzen Tanga und dem BH, die Kurven stets vorteilhaft in Szene setzen, dabei zur Stange stiefeln. Es ist fast, als hätte ich ein Drehbuch, Zeit für Besonderheiten bleibt nicht, ich muss noch einige Zeit an der Stange hampeln, bevor der DJ die zweite Scheibe auflegt. Ich biege den Rücken durch, bearbeite die Stange mit den Hüften, öffne den Mund und schließe die Augen halb. Ich lege einen benommenen, entrückten Gesichtsausdruck auf, der Ekstase vortäuschen soll: Jawohl, ich bin Bunny, und ich zeig's euch!

Die Männer stehen auf so etwas. Wenn mir die Zeit bleibt und das Publikum mitspielt, drehe ich eine Extrarunde an der Stange. Das macht die Männer noch heißer und umso spendabler zeigen sie sich im nun folgenden Teil zwei meiner Nummer. Ich nenne sie »Männerkonfrontation«. Der Techno-Song klingt aus, der DJ läßt die nächste Platte folgen, eine ruhige Nummer, die von der »Kuschelrock«-Kompilation stammen könnte. Ich schiebe mich in eleganter Bewegung von der Stange fort hin zum Bühnenrand, halte vor dem ersten Gaffer inne und beginne, langsam und ausdauernd die Hüften vor seinem Gesicht kreisen zu lassen.

Dem Typen brennen die Ohren durch, so ist es immer, glaubt er doch, ich hätte ihn und nur ihn für meine kleine Vorführung auserwählt. Recht so. Denn ein paar Augenblicke nach meiner Aktion zieht er seine Fake-Dollars aus der Hemd- oder Hosentasche und steckt ein oder zwei in meinen Slip. 50 Prozent des Fake-Dollars wandern in meine Tasche, quasi mein Trinkgeld. Je mehr ich davon am Ende in meinem Höschen habe, umso mehr Bonus verdiene ich.

»Manche Mädchen regen sich über Kunden auf, die eine dreckige Bemerkung machen. Aber das halte ich für dumm. Männer, die anzügliche Bemerkungen machen, sind für gewöhnlich betrunken, und betrunkene Männer geben normalerweise höhere Trinkgelder.«

Ärgerlich nur, dass die Typen es meist nicht bei den Fake-Dollars belassen können und mit ihren Fingern so weit wie möglich zwischen meine Oberschenkel streichen wollen. Jetzt heißt es cool bleiben. Bloß nicht die Kunden vergrätzen, schließlich will ich noch ein paar mehr Scheine einstreichen. Ich schenke daher ein Lächeln und robbe mich zum nächsten Kunden. Ich suche mir meist die älteren Gäste aus; die jüngeren Männer gaffen zwar gerne, bis ihnen die Augen aus den Höhlen platzen, aber sie rücken nur selten Kohle heraus. Die Jungspunde haben wenig Geld oder sparen sich die Kohle, die sie haben, für die Huren auf, die nur ein paar Straßen weiter an der Straße auf ihre Freier warten.

Während ich mich am Bühnenrand von Mann zu Mann hangele, beginnt der eigentliche Strip. Ich öffne meinen BH. Manchmal spüre ich, wie jemand währenddessen einen Schein in meinen Slip steckt, als würde das die Prozedur beschleunigen. Manchmal streicht eine Hand über meine Pobacken. Ich halte alles unter Kontrolle. Ich habe alles unter Kontrolle. Ich sehe die Kunden in einem der Spiegel, die die Bühne umgeben. Der Moment der Wahrheit kommt. Ich pelle das Oberteil von meinen kleinen Brüsten. Meine Brüste sind fest und okay; sie könnten natürlich etwas größer sein. Aber welche Frau behauptet das nicht von ihren Titten? Meine Mutter sagt, wenn meine Brüste größer wären, wären sie zu groß für meinen schmalen Körper. Sie sagt, ich wäre mager. Ich finde nicht, dass ich das bin. Ich bin dünn, aber so mögen es die Männer, mit rundem Hintern, winzigem Bauch. Nur meine Beine sind muskulös – von sechsstündigen Schichten auf Pfennigabsätzen.

Jetzt komme ich zum Finale. Ich hake die Daumen in meinen Tanga und ziehe den winzigen Stoff hoch, bis die Falten meiner Schamlippen sich schwarzschimmernd abzeichnen. Das ist der Moment, in dem die Männer meist rasend werden, sie wollen mehr sehen, sie wollen *immer* mehr sehen. Wenn sie in der Gruppe sind, werden sie laut, versuchen sich in Coolness zu übertrumpfen, ohne zu wissen, dass ihr Gejohle alles andere als cool ist. Cool sind die, die still und ruhig genießen und mir mit ruhiger Hand den Fake-Dollar in den Slip stecken. Ätzend sind die, die laut rufen: »Zieh es zur Seite.« Oder: »Lass mich das Haar sehen!« Oder: »Zeig mir deine Spalte!«

Können sie haben. Ich streife mir in einer fließenden Bewegung den Tanga über die Beine. Ich beuge mich vorne über, spreize die Beine, damit sie meine Möse sehen können. Ich sinke in einer abgewandelten Form des Spagats auf die Bühne und verschwinde dann hinter dem Vorhang, kaum dass die Musik zu Ende ist. Dort wartet bereits das nächste Mädel auf seinen Auftritt. Ein kurzer Smalltalk, banal und öde: »Wie sind die Typen heute?« – »Steif!« Haha. Lachen können wir über die Doppeldeutigkeit unserer Dialoge nicht, nicht nach anderthalb Jahren, ein paar Auftritte am Abend.

Wenn der Feierabend kommt, schmerzen meine Waden bei jedem Schritt. Stiefeletten sind bequemer als die Pumps, die die meisten Mädchen tragen, denn sie geben dem Knöchel Halt. Aber am Ende einer Schicht kann ich trotzdem jeden einzelnen Schritt spüren, den ich mit diesen zehn Zentimeter hohen Pfennigabsätzen gemacht habe. Deshalb trage ich tagsüber nur Sportschuhe. Nach sechs Stunden auf hohen Hacken tut nichts so gut, wie die wunden Zehen in ein Paar weiche, schäbige Turnschuhe zu schieben. Die Perücke vom

Kopf, zur Geschäftsführung, die Dollars gegen Euro eintauschen und raus aus dem Laden. Manchmal versuchen Männer, für die ich vorher getanzt habe, mich draußen zu sich zu winken, aber ich starre durch sie hindurch. Feierabend ist Feierabend.

Es ist schließlich nur ein Job. Nur ein Job. Obwohl dieser Umstand nur wenigen der Männern, die mir gegenüber sitzen, klar zu sein scheint. Es ist erstaunlich, wie viele von ihnen annehmen, die Tänzerinnen würden es tun, um Jungs kennen zu lernen oder sich aufzugeilen. Das Coole an dem Job ist, ich kann mir die Zeit frei einteilen und werde besser bezahlt als eine Kellnerin – und besser behandelt. Ich finde, mein Job ist in Ordnung, aber ich habe auch nichts dagegen, wenn ich morgen im Lotto gewinne.

»MAN KÖNNTE MEINEN, ICH WÄRE EINE KOMÖDIANTIN.«

Wendy S., 36 – Stripperin, Dortmund

Ich habe viele Jahre angeschafft, und zwar schon seit dem Abitur. Einen anderen Beruf habe ich nie gelernt. Das hat mich nie sonderlich gestört, denn mit der Prostitution kassierte ich mehr Kohle, als ich je mit einem anderen Job hätte verdienen können. Deswegen habe ich den Job in der Prostitution gerne gemacht. Es hat mir nicht viele Schwierigkeiten bereitet, Sex gegen Geld zu bieten. Ich meine, ich habe zu einer Zeit gearbeitet, in der eh noch alles anders war, als es heute im Milieu ist. Ich arbeitete in den Bars und Clubs, bevor die große Schwemme aus dem Osten über uns hereinbrach und die Mädels von dort unseren Markt ruinierten. Das ist die Wahrheit, das hat nichts mit rassistisch zu tun. Mit der Wende ist alles den Bach runtergegangen, die Frauen aus dem Ostblock haben uns die Preise kaputtgemacht.

Im Bordell war es damals so: Jede Frau musste, wenn der Gast sie fragte, den gleichen Preis nehmen, damals waren es meist 50 Mark für die einfache Nummer. Bei den ausländischen Kolleginnen im Club um die Ecke ging der gleiche Service auch für 30. So haben sie uns die Gäste vor der Nase weggeschnappt. Sie vögeln für wenig Geld, lassen sich in den FKK-Clubs verheizen und haben vor allem keinerlei Chancen, Falle zu schieben. Das ist das Schlimmste.

Ich bin mit der Falle groß geworden; ich habe Freier übers Ohr gehauen, davon träumen die Mädels heute nur noch. Die müssen heute den Arsch hinhalten, ohne Gnade. Denn sie brauchen Stammkundschaft. Erst kamen die Ostfrauen, dann der Euro. Der Euro hat alles noch schlimmer gemacht. Zwar können die Männer noch so wenig Kohle haben, ficken tun sie immer, aber sie tun es nur noch einmal im Monat anstatt zwei oder drei Mal. Umso wichtiger ist heute Stammkundschaft. Da kann man sich den Beschiss der Freier einfach nicht mehr erlauben. Wir damals konnten es ohne Probleme. Wir waren nicht darauf aus, Stammkundschaft zu machen.

Wenn ein Kunde dahinter kam, dass er beschissen wurde, dann war uns das egal. Und wenn er Ärger machte, drückte ich die Klingel und der Freier wurde rausgeschmissen. So einfach war das. Entweder der Freier kam noch einmal in unseren Nachtclub oder eben nicht. Halb so wild, denn es kamen ohnehin immer wieder neue Freier.

So war das. Heute bist du als Hure aufgeschmissen, wenn du keine Stammkundschaft hast. Die Clubbetreiber werden dich auf die Straße setzen, wenn sie dahinterkommen, dass du die Kunden bescheißt. Deshalb kannst du dir Falle heute nicht mehr erlauben.

Anfang der 90er wurde also die neue Zeit eingeläutet. Deshalb nahm ich mir vor, spätestens mit 30 Jahren mit der Prostitution aufzuhören. Das klingt jetzt einfach, gelingt den wenigsten. Das ist so. Mir bot sich die Gelegenheit auszusteigen. Ich war sofort Feuer und Flamme. Ich war damals Gast in einem Laden in Essen, in dem üblicherweise das Milieu verkehrte. An jenem Abend suchten sie die Tabledance-Queen Deutschlands. Ich fand das so faszinierend, was die Frauen dort oben auf der Bühne veranstalteten, speziell die Stangenakrobatik. Das sah ziemlich elegant aus, ungeheuer erotisch und war beileibe nicht so billig wie der Fick auf dem Zimmer mit dem Freier. Ich sagte mir: »Das versuche ich auch!«

Das Glück war auf meiner Seite, denn wenig später lief mir eine alte Jugendfreundin über den Weg. Ich hatte sie vor zehn Jahren aus den Augen verloren. Sie erzählte mir, sie tanze bereits seit zwei Jahren in einem Tabledance-Lokal. Was für ein Zufall! Und noch einer: Mein Freund, mit dem ich zusammen war, arbeitete in einer Fotoagentur, die den Auftrag bekam, für ebendiese Tabledance-Bar die Bilder der Frauen für den Schaukasten zu machen. Er legte ein gutes Wort bei den Betreibern ein und fragte, ob die eine oder andere Kollegin mir möglicherweise was zeigen könne. Sie konnten. Ich bin also hin und habe mir den ein oder anderen Kniff zeigen lassen.

Eines Abends kam dann der Moment und ich sprang ins kalte Wasser. Einfach ab auf die Bühne und los ging's. Inzwischen gibt es zwar Lehrgänge und Stripunterricht, aber ich weiß nicht ... Ich habe bisher noch keine Frau oder Tänzerin in den Bars kennen gelernt, die das in Anspruch nahm, zumal das auch völlig überteuert ist.

Ich denke, man muss ein Gefühl für Musik haben. Ich sehe immer mal wieder Frauen auf der Bühne, die kein Gefühl für Rhythmus haben; da können sie noch so gut aussehen, mit Silikonbusen, traumhafter Frisur, wie eine Barbie-Puppe – wenn sie sich nicht bewegen können und ihre Bewegungen nicht zur Musik passen, sieht man es an den Reaktionen der Gäste. Außerdem braucht man natürlich eine exhibitionistische Ader, logisch. Oder sagen wir so: Es darf dir zumindest nichts ausmachen, dass die Männer dich anstarren. Das ist ohnehin halb so wild, denn sobald wir Frauen auf der Bühne den Slip ausgezogen haben und der DJ das sieht, zieht er die Musik nach allerspätestens zehn Sekunden runter und schickt uns von der Bühne, damit wir nicht wer-weiß-wie-lange entblößt herumlaufen müssen. Außerdem würde es für die Gäste langweilig werden. Die Spannung liegt ja im Strip, und wenn der Gast einen Blick auf den nackten Körper geworfen hat, reicht das. Und tschüß! Die Männer sitzen da und warten auf die nächste Tänzerin.

Mein erster Auftritt jedenfalls war gelungen. Ich wurde fest gebucht und brauchte fortan nicht mehr anschaffen gehen. Es gab nichts Schöneres für mich.

Es gibt manche Frauen, die nicht verstehen können, dass ich mich auf der Bühne entblöße und anstarren lasse. Mir macht das nichts aus. Ich habe zuvor fast 15 Jahre angeschafft. »Was ist besser?«, entgegne ich den Frauen, wenn sie mich fragen, wie ich das bloß könne. »Vögeln oder Tanzen?« Ich tanze unheimlich gern, weswegen der Job ideal für mich ist. Klar, ich ziehe mich dabei nackt aus. Aber das musste ich als Prostituierte auch.

Sogar meine Mutter ist heute von meiner Arbeit begeistert. Sie hat nie richtig verwunden, dass ich als Prostituierte arbeitete. Sie hoffte, als ich ihr erzählte, ich hätte einen neuen Job, dass ich aus der Branche ganz aussteige. Als sie hörte, dass es sich dabei um Stripperei handelt, war sie enttäuscht. Strippen war für sie nichts anderes als Prostitution, deswegen war sie anfangs ebenso wenig begeistert. Ich erzählte ihr aber von meiner Arbeit, versuchte sie zu überzeugen. Eines Tages ist sie mitgegangen, um sich selbst davon zu überzeugen, dass alles ganz harmlos ist. Und was passierte? Am Ende gab sie mir sogar Tipps, wie ich was besser machen könnte, welche meiner Bewegungen noch nicht flüssig seien, was meinen Strip noch verbessern würde.

Mein Job macht mir Spaß, mehr als das Anschaffen. Heute mache ich sogar meine Faxen auf der Bühne. Man könnte meinen, ich wäre eine Komödiantin. Ich albere von der Bühne aus mit den Gästen herum. Natürlich möchte ich sie nicht wirklich unterhalten, geschweige denn Applaus von ihnen. Ich verfolge andere Ziele, wie jede andere Frau auch, die auf der Bühne strippt. Ich möchte die Männer dazu animieren, mich zu einem Lapdance einzuladen oder mir wenigstens ein Getränk zu spendieren. Denn dadurch verdiene ich dementsprechend mehr. Ein Lapdance gibt einen Bonus für mich, und von jedem Getränk, das die Männer mir spendieren, bekomme ich fünfzig Prozent – zusätzlich zu meiner normalen Gage. Also: Frauen, die sturen Blickes über die Bühne wandern und keine Miene verziehen, haben es schwer, den Gästen im Anschluss einen Piccolo aus der Tasche zu ziehen.

Ich kann nicht sagen, dass mir das schwer fällt. Naja, was nicht weiter verwunderlich ist. Wenn du 15 Jahre lang angeschafft hast, dann weißt du, wie du die Männer kobern musst, damit sie die Mäuse für dich lockermachen. Das ist heute ohnehin wichtiger denn je. Denn die wirtschaftliche Lage ist auch an den Tabledance-Bars nicht spurlos vorbeigegangen. Es läuft sehr schlecht, schlechter noch als in den Bordellen. Gepoppt wird immer, wie ich bereits zu Anfang sagte.

Mir war schon immer rätselhaft, warum Leute für 50 Mark einen Piccolo trinken, nur um nach dem Strip noch eine Weile mit mir dummes Zeug zu plaudern, wenn sie zwei Straßen weiter für den gleichen Preis ficken können. Aber es gab jahrelang jede Menge Leute, die Kohle für uns Stripperinnen hinblätterten – Warum also klagen? Doch inzwischen sitzen die Geldbörsen nicht mehr so locker wie einst. Inzwischen gehen die Leute tatsächlich lieber vögeln, als dass sie einer Frau beim Strippen zusehen. Die Umsätze in den Tabledance-Bars sind bestimmt um 50 Prozent zurückgegangen.

Das ist auch ein Grund, warum ich inzwischen kein festes Engagement in einer Bar mehr habe. Hier im Ruhrgebiet gibt es ohnehin nicht viele Alternativen. Viele Bars haben bereits schließen müssen. Zur Zeit arbeite ich in einem Laden in Dortmund, aber die wirtschaftliche Lage lässt es nicht zu, dass er täglich öffnet. Die Betreiber können es sich nur leisten, Tänzerinnen fürs Wochenende zu engagieren, Freitag und Samstag. Deswegen reise ich manchmal in Deutschland umher. Ich möchte schließlich von der Tanzerei leben können – und nicht wieder anschaffen. Man wird ja auch nicht jünger. Ich halte Ausschau nach großen Messen, und entweder rufe ich dann in den Lokalen an und frage, ob noch ein Plätzchen für mich frei ist. Oder aber es ist umgekehrt und eine Freundin ruft im Auftrag der Betreiber an, ob ich nicht Lust hätte, sie hätten zu wenig Frauen.

Wie lange ich die Tanzerei noch durchziehen möchte, weiß ich nicht. Mein langfristiges Ziel ist es schon, die Sex-Branche endgültig zu verlassen, zumindest die aktive Seite. Es ist doch so: Ich tanze zwar nach wie vor leidenschaftlich gerne, doch die Konkurrenz schläft nicht. Ich werde jetzt 36 Jahre – und wie gesagt, ich werde nicht jünger. Besser ist es, frühzeitig den Absprung zu schaffen, als wenn es nachher zu spät ist.

Es heißt allgemein, das Strippen sei für viele Frauen eine Möglichkeit, aus der Prostitution auszusteigen. Und ich mag da als gutes Beispiel sogar herhalten. Doch ganz ehrlich? Meist ist es genau umgekehrt. Die Mädchen fangen mit dem Tanzen an und rutschen dann in die Prostitution ab. Nicht, weil sie mit dem Tanzen wenig Geld verdienen. Ich will eines sagen: Ich habe, als ich mit dem Tanzen anfing, weitaus mehr Geld verdient als zuletzt mit der Prostitution.

Nein, die Mädels, die jetzt mit dem Tanzen anfangen und dann in die Prostitution abrutschen, sind meist so blöde Hühner, die sich von irgendwelchen Zuhältern zur Prostitution überreden lassen. Die Zuhälter treiben sich in den Tabledance-Bars herum, machen die Mädels an und schon ist es passiert. Das Problem ist, die meisten Mädchen in diesem Job sind auch nicht wirklich intelligent. Von daher haben die Jungs leichtes Spiel mit ihnen ...

»WENN ICH EINEM JUNGEN GEGENÜBERSTEHE, WEISS ICH NICHTS MIT IHM ANZUFANGEN«

Rosie S., 25 – Stripperin vor Live-Cam, Berlin

Seit anderthalb Jahren bin ich arbeitslos. Ich bin gelernte Webdesignerin. Vor fünf Jahren war das noch ein aussichtsreicher Beruf. Dann kam der große Knall, die Seifenblase platzte und bevor ich mich versah, stand ich mit vielen anderen Programmierern auf der Straße. Das hat mich ganz schön heruntergerissen. Die ersten Wochen kam ich mit der Situation überhaupt nicht klar. Ich habe zwar allerhand Bewerbungen geschrieben – doch nichts. Der Markt war zusammengebrochen, das wenige, was es noch an Jobs gab, war besetzt. Keine Aussicht auf Erfolg.

Dann erfuhr ich von einer Freundin, ich könnte doch strippen. Strippen? Das war für mich völlig abwegig. Man muss wissen: Ich habe Hemmungen. Ich hatte bis heute erst zwei Freunde und der Sex mit ihnen war alles andere als berauschend. Der letzte der beiden Typen schaffte es nicht einmal, mich zum Orgasmus zu bringen. Der hampelte zwei Minuten auf mir herum, bis er kam – das war's dann. Sehr ernüchternd. Wenn ich ihn darauf ansprach, meinte er nur, ich könne ja auch mal was tun. Das war zu hoch für mich, wirklich. Ich habe doch keine Erfahrung, keine Ahnung. Mir hat es doch noch kein Mann richtig besorgt, mir hat keiner gezeigt, was ich wie zu machen habe, wenn wir in der Kiste liegen. Ich habe meinen Freunden noch nie einen geblasen. Bin ich deswegen prüde? Ich weiß nicht. Vielleicht. Vielleicht auch nicht. Zumindest wüsste ich, wenn ich einem Jungen gegenüberstände, nicht, was ich mit ihm anfangen sollte. Da bin ich echt verzweifelt, gehemmt, ängstlich. Und ausgerechnet ich sollte strippen? So tun, als würde ich die Männer anheizen wollen?

Meine Freundin meinte, das Strippen fände nur im Internet statt. Das war natürlich der absolute Kracher, Ironie pur: Ich, die arbeitslose Webdesignerin, strippe im Internet, ausgerechnet ich. Dann erfuhr ich, dass es nicht wirklich nur ums Strippen ging, sondern auch ums Chatten. Meine Freundin klärte mich über den Unterschied auf: Bei einer Live-Cam konnte der Computernutzer einen Striptease am Bildschirm verfolgen. Beim Chat konnte er der Frau vor der Kamera mittels Tastatur konkrete Wünsche zu den sexuellen Handlungen äußern. Was mir die Sache auch nicht wirklich einfach machte. Ich und sexuelle Handlungen? Ich hatte doch keine Ahnung. Meine Freundin aber hatte bereits einige Erfahrung im Internet-Chat sammeln können. Sie sagte zu mir: »Der Job ist okay. Ich werde dir einiges zeigen. Du verdienst gut Geld.«

Das war im Grunde auch das entscheidende Argument. Ich bin arbeitslos, ich brauche das Geld, also tat ich mir das an. Ich forstete die »Zweite Hand« durch, das ist ein Anzeigenblatt hier in Berlin, und fand eine Annonce, mit der Leute für einen Internet-Chat gesucht wurden. Ich rief an und wurde zur Vorstellung geladen. Das war eine eigentümliche Situation.

Was musste ich tun?

Ich musste mich erst einmal vor der Chefin ausziehen. Ausgerechnet ich kleine, naive, verklemmte ... Die Chefin prüfte meine Klamotten und ob ich damit überhaupt vor die Kamera treten könnte. Konnte ich natürlich nicht. Nicht dass ich Feinripp und Baumwolle trug, aber da meine Freunde nicht sonderlich anspruchsvoll gewesen waren, ließ meine Raffinesse für Unterwäsche und Dessous zu wünschen übrig. Die Chefin meinte, sie könne sich durchaus einen Chat mit mir vorstellen, ihr gefiel vor allem meine üppige Oberweite, ich habe 75DD – »Darauf stehen die Männer«, sagte sie –, aber sie empfahl mir, mich zuvor neu einkleiden zu gehen. Das tat ich, ein paar Strings, BHs, Strapse. Meine Freundin half mir dabei. Dann war ich bereits im Geschäft.

Meine Chefin war Prostituierte, die sich mit dem Internet-Chat ein zweites Standbein aufbaute. Sie stellte uns Mädchen Räumlichkeiten, Rechner und Hilfsmittel sowie Werbeflächen auf einem Internetportal zur Verfügung. Auf diesem Internetportal konnte ich mit freizügigen Fotos für mich werben. Insgesamt war ich auf dem Portal mit vier Werbeflächen vertreten, also in vier Chats angemeldet. Drei davon liefen über 0190er-Nummern, einer über Kreditkarte. Einer der 0190er-Chats lief immer besser als die anderen zwei. Bei den schlechten waren vielleicht zwei Gäste am Abend, verteilt auf sechs Stunden. Bei dem anderen manchmal 20 Leute am Abend. Keine Ahnung, woran das lag. Vielleicht, weil ich mir bei dem Werbefoto für diesen Chat einen Dildo einführte. »Das finden die Männer geil«, meinte meine Chefin. Bei dem Chat mit Kreditkarte hatte ich vielleicht drei Gäste insgesamt – in zwei Monaten. Das Geld, das ich verdiente, teilte ich mir mit meiner Chefin 50:50.

So hockte ich jeden Tag vor dem Computer und der Kamera. Vor dem ersten Mal, das Ausziehen vor der Kamera, also vor Fremden, die ich eigentlich nicht sah, das war schon eine seltsame Situation. Ich wusste, da sitzt irgendwo ein Typ vor dem PC und keult sich einen, in der einen Hand hat er seinen Schwanz, die andere Hand hat er zum Schreiben. Eine unheimliche Vorstellung, nicht ekelhaft, aber trotzdem gewöhnungsbedürftig.

Was im Übrigen auch für die Kundenwünsche galt. Ich besitze doch keinerlei Erfahrung in Sachen Sex. Und dann plötzlich sollte ich mich vor der Kamera ausziehen und gleich auch noch an mir herumspielen? Es mag ja Frauen geben, die das bereits mit ihren Partnern ausprobiert haben, Masturbation voreinander. Vielleicht würde ihnen der Job leichter fallen. Ich habe diese Erfahrung nicht machen können, für mich war es daher eine Hürde, die ich zu überwinden hatte, mich mit der Hand zu masturbieren, noch viel häufiger mit dem Dildo. Das war zum ersten Mal, dass ich überhaupt so ein Teil in den Händen hielt. Überrascht war ich, als ich spürte, wie einfach es funktioniert, mit ein bisschen Gleitgel und dem guten Willen ... Extremer waren Wünsche wie – *Fisting*. Das wollten die Männer absolut sehen. Gerade die Engländer, die waren Spezialisten darin. Fisting vaginal. Anal wurde in der ganzen Zeit nur einmal gewünscht.

Meine Chefin sagte mir, ich soll alles machen, was ich möchte. Mehr nicht. Wenn der Kunde etwas verlangte, was ich nicht wollte, dann konnte ich ihn an ein anderes Mädel weitervermitteln, das bei uns arbeitete. Irgendwie hatten wir für jedes Thema eine »Expertin«, sozusagen. Meine Grenze lag beispielsweise beim SM. Ich wollte mich nicht zu devot verhalten. Also wenn jemand schrieb: »Du kleine Drecksau!« Dann war bei mir Schluss. Dann konnte er zu einer anderen gehen.

Im Grunde war meine Arbeit okay. Ich glaube, das hatte auch viel mit dem Arbeitsklima zu tun, das wir Frauen uns schufen. Das war sehr herzlich, wir waren ein richtiges Team, das sich am nächsten Tag immer wieder in die Arme fiel. Da waren Wärme, Nähe, Offenheit. Im Gegensatz zu der kalten, technischen Arbeit, die wir vor

Kamera, Computer und dem fremden Kunden ausführten. Es war ja im Grunde auch nicht wirklich Arbeit. Manche behaupten, es wäre Prostitution. Nein, so würde ich es nicht nennen. Aber richtig, ich verkaufte meinen Körper. Und ich versuchte ihn gut zu verkaufen. Klar, es war Schauspielerei. Nichts anderes. Das war Geschäft. Ein Job. Aber im Wesentlichen bestand er darin, die Männer in der Leitung zu halten. Darum geht es doch. Also versuchte ich, sie in ein Gespräch zu verwickeln. Ein Gespräch braucht Zeit, und Zeit war für mich Geld. Ich habe immer versucht herauszufinden, wer die Männer am anderen Ende waren. Viele von ihnen waren Geschäftsmänner, die keine Familie, die keine Zeit hatten, sich um eine Freundin zu kümmern. Solche Leute sind das, Leute, die in der Mittagspause mal schnell chatten gehen. Ungelogen, man glaubt gar nicht, wie viele meiner Kunden in den Chats sich als solche Leute vorgestellt haben. Manche hielten sich total bedeckt, aber viele gaben so viel von sich preis, dass ich dachte: »O mein Gott!«

Wenn's richtig gut lief, dauerte meine Session mit dem Kunden eine Stunde. Dann sprangen beinahe 60 Euro raus, ein guter Stundenlohn. Natürlich hing das ganz alleine von mir ab. Ich musste den Kunden richtig scharf machen, auch versuchen ihn hinzuhalten. Was manchmal nicht schwer war. Die Männer wollten ja schließlich was, schrieben mir, was sie sich wünschten – und das dauerte seine Zeit. Ich muss meinen String ja nicht innerhalb von ein paar Sekunden abstreifen. Ein halbwegs eleganter Strip kann schon mal eine oder zwei Minuten dauern. Das bringt alles Geld. Natürlich darf man den Bogen nicht überspannen. Deshalb versuchte ich herauszufinden, woher die Männer kamen, die am anderen Ende der Leitung saßen. Denn dann konnte ich ihnen eventuell ein Treffen vorschlagen. Das hielt die Typen dann noch viel länger im Chat, das Wissen, dass sie mich sogar live erleben könnten.

Und echt, es hat mich erstaunt, wie oft die Typen mich tatsächlich treffen wollten. Die schrieben mir gleich: »Wir treffen uns dann und dann auf dem Parkplatz, um zu poppen!« Ich glaube, die dachten, ich bin geil, den ganzen Tag über. Die schrieben mir konkrete Termine, Orte, Uhrzeiten. Und später schrieben sie mir dann, warum ich nicht gekommen wäre. Die haben den Chat so was von ernst genommen, unglaublich!

Ich muss sagen, da kriegt man ein anderes Bild von Männern. Wenn ich durch die Stadt lief, dachte ich bei manchen Männern immer: »Das ist ein potentieller Kunde! Der sieht so aus, als würde er heute abend vor dem PC sitzen und sich bei meinem Anblick einen keulen.«

Die Vorstellung wurde mit der Zeit immer schlimmer. Ich will nicht sagen, dass ich Paranoia bekommen hätte, aber es ging hart darauf zu. Ich möchte nicht wissen, worauf es hinausgelaufen wäre; am Ende hätte ich in jedem Passanten einen potentiellen Kunden gesehen. Ich finde, das ist das Verhängnisvolle: Ich habe keine Ahnung, wer am anderen Ende der Leitung sitzt. Aber die Männer haben *mich* gesehen. Deshalb fragte ich mich ständig: Ist es der Familienvater von gegenüber? Der Bankangestellte von heute morgen? Wer weiß das schon. Die Menschen sind heute alle durchgeknallt. Diese Ungewissheit war nicht mein Ding. Auf Dauer hätte mich das kaputtgemacht. Ich glaube, man kriegt dann Paranoia, entdeckt hinter jedem Mann auf der Straße einen Chat-Kunden. Man bekommt Hass auf die Männer. Man trägt einen Schaden davon, garantiert. Deshalb habe ich nach zwei Monaten den Job an den Nagel gehängt.

TEIL 2

KOMMEN

»Sex ist sehr unkompliziert, wenn man von keinem Komplex, sondern von einem Bedürfnis geleitet wird.«

Georges Simenon

»SCHADE, DASS DIE BEZIEHUNG GEREGELT IST. DENN ES GIBT TOTAL SÜSSE MÄDELS …«

Ben, 32 – Freier & Soldat, Herne

Ich bin zum ersten Mal zu einer Prostituierten gegangen mit 20 oder 21 Jahren. Ich wollte mal wissen, wie es ist. Ich habe schon sehr früh Prostituierte gesehen, wenn wir mal durch die Stadt gefahren sind, das hat mich interessiert und neugierig gemacht. Die Gelegenheit ergab sich, als ich in einer Peepshow am Bahnhof Zoo in Berlin war, heute ist dort leider nur noch ein Videokino. Ich ging einfach drauflos, rein in die Peepshow und nicht weiter drüber nachgedacht. Das war eine spontane Aktion und weil sich die Gelegenheit ergab.

Dort konnte ich in einen Miniraum mit Glastrennscheibe gehen, die herausnehmbar war. Von dort konnte ich einer Tänzerin zuschauen. Sie war älter, hat sich ausgezogen und an ihrer Muschi gespielt. Erst wollte ich mir dabei einen wichsen. Sie sagte: »Lass mich das machen, Kostenpunkt etwa 50 Mark.«

Weil gerade keine andere da, die mir besser gefiel, sie im übrigen blond war, große Brüste hatte, die schön zum Anfassen waren, was ich sehr interessant fand, ließ ich sie es dann kurzerhand übernehmen. Der Umgang mit ihr war sehr nett, ich kam sehr schnell und habe mich etwas geärgert, weil mein Schwanz gar nicht richtig steif war, so schnell ging es. Gekostet hat es mich 50 Mark für ihren Service und, ich glaube, 10 Mark für die Privatshow.

Das war also das erste Mal bei einer Prostituierten. Für mich war es schon etwas Besonderes, weil es halt das erste Mal war. Aber es war auch ein bisschen ernüchternd. Es ging mir zu schnell, war fast etwas schade ums Geld.

Gleichwohl war mir klar, dass ich bei Gelegenheit wieder zu Prostituierten gehen würde, immer dann, wenn ich Lust bekäme. Ein paar Monate später machte ich mich auch wieder auf den Weg, habe Berlin, später Bonn durchforscht nach billigen Frauen. Seitdem war ich schon überall: In Laufhäusern in Köln, Bonn, Duisburg, München, Ulm. Ich war in Peepshows überall da, wo es noch welche gibt: Hamburg, München, Berlin, Brüssel, Antwerpen und Amsterdam. Ich war in einem Nachtclub in Mallorca, der allerdings viel zu teuer war, deshalb habe ich dort nur was getrunken. Ich war in einem Nachtclub in Hamburg, der allerdings mehr eine Tabledance-Bar war, und Albstadt. Der war aber nix, war unverschämt teuer! Ich gehe nicht so oft in den Puff. Ein Puff ist teuer. Außerdem mag ich es nicht, auf den Betten zu liegen. Viele Freier sind ungepflegt und achten nicht so auf die Hygiene.

Lieber suche ich mir eine Frau auf dem Strich. Ich war bereits auf dem Strich in Berlin, Bonn, Bochum, an der Schweizer Grenze, Brüssel, Aachen, Amsterdam, Maastricht. Auf dem Straßenstrich ist es irgendwie geil, so eine Frau aufzugabeln und dann im Auto zu berühren, auch wenn der Sex meist nicht so toll ist. Aber im Auto habe ich ein Gefühl der Sicherheit. Im Puff gibt es diese Glocken, die die Frauen klingeln, dann kommen die Aufpasser. Im Auto hat man bei Problemen mehr Chancen wegzukommen. Ich hatte schon ziemlich geile Erlebnisse mit Frauen vom Straßenstrich. Einmal habe ich eine Prostituierte zum ersten Mal in meinem alten Golf geil gefickt. Sie machte die Beine schön breit und lehnte sie an das Amaturenbrett. Sie sah aus wie die Freundin meines besten Freundes, was wohl der Grund war, warum ich sie gewählt hatte.

Ein anderes Mal war es weniger schön. Als ich in Tschechien mit einer Hure im Auto fickte, klopfte die Polizei ans Fenster, weil wir in einem Wald parkten. Das hat mich 200 Kronen gekostet, was okay war, das waren umgerechnet 20 Mark. Ich war auch mal auf dem Strich in Tel Aviv – dort habe ich zum ersten Mal gesehen, wie sich zwei Männer vergnügten, was sehr komisch war, weil der eine den Mund voll hatte. Manchmal besuche ich auch Pornokinos in Köln, Hamburg, Stuttgart, Villingen und Brüssel.

Ich bin beruflich viel unterwegs und kann deshalb nicht immer meine Lust mit meiner Freundin befriedigen. Autofahren macht mich aber stets geil, wegen der Erschütterungen. Manchmal hole ich mir dabei einen runter, aber leider komme ich meist sehr schnell. Außerdem ist immer wichsen auch blöde, deshalb gehe ich dann zu einer Hure. Dort kann ich meine Lust befriedigen. Ich finde das Rotlichtmilieu interessant, ich mag es. Es hat den Reiz des Verbotenen. Der besondere Reiz liegt an der Kleidung, die die Frauen tragen, der Umgebung, in der sie arbeiten; das rote Licht hebt die Stimmung und beschleunigt den Herzschlag.

Ich habe in Herne eine Eigentumswohnung, die ich an eine Hure vermieten würde, wenn ich sonst keinen Mieter fände. Ich finde, die Frauen verdienen Respekt. Sie leisten eine wichtige Arbeit – und viele sind ziemlich schlau. Man sollte also den Beruf nicht verteufeln, sondern die Zuhälter abschaffen und so etwas wie staatliche Bordelle schaffen, für gute Arbeitsbedingungen und dafür sorgen, dass die Frauen wegkommen vom Drogenstrich und der Kriminalität. Ich für meinen Teil bin zumindest immer sehr nett zu den Frauen. Ich streichele sie vor dem Sex beziehungsweise sage ihnen, sie sollen erst einmal passiv sein. Vielen Frauen gefällt das.

Leider hat man nicht immer Glück mit dem Service. Viele Prostituierte machen Zackzack ohne Gefühl. Andere dagegen geben sich viel Mühe, zum Beispiel erinnere ich mich an einen FKK-Club in Herne, da war ein Russin, von der hatte ich von einem Kumpel erfahren, der meinte, ich soll sie mal nehmen, sie sei heiß. Ich nahm sie und obwohl sie nicht so perfekt aussah, hat sie alles mitgemacht: Französisch beidseitig und Küssen. Freilich ist der Sex anders als mit einer »normalen« Frau, der ich kein Geld für den Sex bezahle. Ehrlich gesagt, wenn ich mit meiner Freundin ficke, dauert es länger mit dem Orgasmus.

Ich wähle mir die Frauen meist nach dem Aussehen aus, der Frauentyp muss mir gefallen. Ich mag Mädchen aus dem Süden, braungebrannt, schlank, dunkle Haare. Oder sie strahlen etwas aus, etwas Besonderes. Das sind dann zwar nicht die perfektesten Frauen, aber der Spaß, den man mit ihnen hat, ist viel größer. Ich war zum Beispiel mal bei einer türkischen Prostituierten in Berlin, in einer Peepshow, die 10 Mark und 10 Mark fürs Anfassen kostete, einfach toll. Ich habe mir zwei Tänzerinnen gegönnt, was mich 40 Mark kostete. Wir gingen aufs Hinterzimmer, eine hat mich dann geküsst – mit der Zunge! – und ich wurde scharf auf sie. Ich bin dann mit zu ihr; das war, glaube ich, irgendwann Weihnachten oder Silvester. Es war sehr geil, weil sie sich küssen ließ. Es kostete mich zwar um die 100 Mark, aber wir hatten richtig lange Spaß, als wir uns küßten und es war total schön mit Stellungswechsel Missionar und Doggystyle. Ich glaube, das war vielleicht mein schönstes Erlebnis bei einer Prostituierten bis heute. Ich finde, manchmal ist es richtig schade, dass die Beziehung zwischen mir und den Frauen so klar geregelt ist. Denn es gibt total süße Mädels ...

Ich denke, ich gehe im Durchschnitt einmal im Monat zu einer

Prostituierten. Früher habe ich mir die Etablissements, in die ich gehen wollte, über die Zeitungsinserate ausgesucht. Heute eher übers Internet. Ich achte dabei auf den Preis. Es muss erschwinglich bleiben. Ansonsten mache ich mir keinerlei Gedanken darüber, auch nicht was meine Umgebung dazu sagen würde. Das ist mir irgendwie egal, was andere sagen. Allerdings habe ich mit anderen Leuten darüber gesprochen, und zwar mal mit meiner ersten Verlobten. Es hat sie heiß gemacht, danach hatten wir schönen Sex.

Auch meiner zweiten Verlobten, die ich später dann heiratete, habe ich davon erzählt, dass ich zu Prostituierten gehe. Sie meinte nur: »Schade ums Geld.« Inzwischen lebt meine Frau bei ihrem neuen Stecher. Wir verstehen uns alle ganz gut, ich übernachte sogar ab und an bei ihnen, aber sexmäßig läuft nix, wenn sie mich besucht. Sie ist Aktmodell und wenn wir auf Fototour irgendwo übernachten, massiere ich sie und streichele sie, gegebenenfalls streichelt sie meine Eier und hält die Decke hoch, wenn ich mir einen wichse. Wir hatten auch mal was zu dritt, einen Doppeldecker, aber sie hat sich für ihn entschieden – allerdings will ich sie immer noch!

Wenn ich eine neue Freundin habe, würde ich ihr wahrscheinlich nicht mehr davon erzählen, dass ich zu Prostituierten gehe. Vielleicht würde ich dann auch nicht zu Prostituierten gehen. Das hängt ganz davon ab, wie ausgelastet ich körperlich bin. Das kommt darauf an, ob ich in der Beziehung auf meine Kosten käme. Das hängt also von meiner Freundin ab. Ich beispielsweise finde es nicht schlimm, als 32-Jähriger mindestens fünf Mal die Woche Sex mit der Freundin zu haben. Den absoluten Höhepunkt erlebte ich mit meiner ersten Verlobten, mit der ich es zehn Mal an einem Wochenende trieb. Als wir es an dem Wochenende das letzte Mal miteinander trieben, hat es saumäßig lange gedauert, bis ich endlich kam. Danach konnten wir erst einmal eine Woche lang nicht mehr ficken. Das war jedoch nicht weiter schlimm, ich musste eh wieder beruflich fort.

Aber nicht jede Frau findet so viel Sex toll. Wenn ich also in einer Beziehung nicht auf meine Kosten komme, gehe ich durchaus zu einer Prostituierten. Wenn ich zu einer Hure gehe, dann mache ich in der Regel normale Dinge wie Anfassen und Verkehr, keine besonderen Dinge wie anal oder ähnliches, eher Handentspannung und Französisch, gerne auch beidseitig. Mir geht es dabei um den Spaß und nicht um extreme Sachen. Vor zwei Wochen in Brüssel war ich beispielsweise bei einer netten Rumänin, sie kostete 70 Euro für zwei Mal Kommen und 13 Euro fürs Zimmer, also ganz normal, aber schön.

Auf Kaviarspiele und Natursekt, gewisse Fetische wie Windeln oder Extrembondage stehe ich nicht. Privat mag ich allenfalls ein bisschen auf den Popo klatschen, aber mehr nicht. Sex mit Transen mag ich auch nicht. Brüssel ist voll davon, viele haben riesige Kunstbrüste. Einmal ist es mir passiert, da war ich angetrunken, hatte nur noch wenig Geld, aber die Prostituierte meinte zu mir, ich bräuchte nix zu bezahlen. Sie war wohl scharf auf mich, jedenfalls hat sie mich geblasen und sich dann gebückt, und erst dann habe ich ihren Penis gesehen. War aber noch okay, ich hatte zwei Gummis drüber ...

»MAG SEIN, DASS ICH UNTER NORMALEN UMSTÄNDEN ABGELEHNT HÄTTE.«

Markus, 33 – Puffbesucher

Ich bin mit Sicherheit nicht der klassische Puffbesucher. Wenn ich ehrlich sein soll, bisher war ich erst ein einziges Mal in einem Bordell. Ein richtiges Bordell war das aber nicht, es war vielmehr ein Club. Ein Privatclub. Ich bin mir auch gar nicht so sicher, ob es mir in einem klassischen Puff gefallen würde. Zumindest all das, was ich aus dem Fernsehen darüber erfahren habe, hat mich nicht begeistern können.

Der Club damals – das ist jetzt vielleicht drei Jahre her – war etwas anderes. Es war, zumindest von mir aus, kein gezielter Besuch, sondern geschah aus einer Bierlaune heraus, mit drei Kumpels nach einer Party in Düsseldorf, die sich bis zum Morgen hinzog. Die Party war nicht schlecht, ziemlich feucht und fröhlich und als draußen die Sonne bereits wieder aufging, machten wir uns auf den Heimweg. Siggi schlug vor, als wir in der Altstadt nach einem Taxi suchten, nicht einfach heimzufahren und ins Bett zu fallen, sondern die Party mal anders ausklingen zu lassen, nämlich »gepflegt und entspannt bei einigen Mädels«, das war sein Wortlaut. Wer Siggi kannte, wusste, dass mit den Mädels nur eine Sorte Frau gemeint war. Siggi war in solchen Sachen kein Unbefleckter, daraus hatte er nie einen Hehl gemacht, was auch nicht weiter schlimm war. Jeder nach seiner Fasson.

Mag sein, dass ich unter normalen Umständen abgelehnt hätte. Zu einer Hure zu gehen, war mir noch nie in den Sinn gekommen und wenn es mir jemand vorgeschlagen hätte, hätte ich dankend abgelehnt. Ich finde, ich sehe gar nicht schlecht aus, bin ein dufter Kumpel, cooler Typ – sofern ich das selbst beurteilen darf – und hatte nie große Schwierigkeiten, bei Mädels zu landen. Was ich damit sagen will: Für mich gab es keine Notwendigkeit, Sex zu kaufen. Ich hatte Beziehungen, mal kürzere, mal längere, in denen der Sex ganz geil, ganz passabel war. Es gab keine großen Hemmungen, weder auf Seiten der Frau noch auf meiner Seite. Wenn es Probleme gab, sprachen wir drüber, wenn einer von uns beiden etwas Neues ausprobieren wollte, eine neue Stellung, eine neue Praktik, dann probierten wir es eben aus. Entweder es gefiel oder es gefiel nicht. Wenn ich solo war und nichts Dauerhaftes in Aussicht war, pflegte ich ab und zu einen One-Night-Stand, der mal besser, mal schlechter war. Aber schlechte Tage hat jeder mal: Manchmal regnet es eben, manchmal scheint die Sonne, kein wirklicher Grund zur Besorgnis.

Und dann waren da ja auch noch die Vorurteile, die durch Erziehung und Gesellschaft geschürt worden waren. Nicht dass ich mir viel aus dem machte, was andere sagten. Ich betrachtete mich als aufgeklärten, toleranten Mann, was ich durch meine sexuelle Offenheit gegenüber meinen Partnerinnen und One-Night-Stands auch zu begründen meinte. Trotzdem war da wohl irgendwo in mir die Einstellung, das Rotlichtmilieu sei etwas Halbseidenes, etwas Verwerfliches. Viele Gedanken machte ich mir freilich nicht darüber, aber irgendwie steckte das in mir drin, unterbewusst, da bin ich mir sicher. Doch ich setzte mich nicht damit auseinander, denn, wie gesagt, ich war mit meinem Sex zufrieden und sah keinerlei Veranlassung, mir Sex erkaufen zu müssen. Warum mir also darüber und über meine Einstellung dazu den Kopf zerbrechen?

Doch an diesem Morgen sorgte der Alkohol, der reichlich, aber nicht in Übermaßen geflossen war, dafür, dass die Idee, in einen Puff zu gehen, mir gar nicht so abwegig vorkam. Auch die anderen Jungs schienen angetan. Irgendwie war die Idee zu der frühen Stunde – oder späten Stunde, je nachdem, aus welcher Perspektive man es betrachtete – ziemlich ... ich sage mal: cool. Wir hatten eine coole Nacht hinter uns, waren noch bei bester Laune, fühlten uns jung und fit und voller Tatendrang und wollten wie früher Dinge starten, über die andere vielleicht nur den Kopf schüttelten, an die sie vielleicht gar nicht zu denken wagten.

Siggi war bemüht, uns auch den letzten Zweifel zu nehmen, erzählte von dem Club und kam regelrecht ins Schwärmen: Man brauche nicht unbedingt mit den Mädchen aufs Zimmer zu gehen, man könne ja auch nur ein bisschen gucken, sich vielleicht eine Massage verpassen lassen, etwas trinken oder sich am Buffet gütlich tun. Als er dann noch das Motto des Clubs nannte: »Sei nicht blöd, komm nach Ödt«, das ist ein kleiner Ort am Niederrhein, nicht weit von Krefeld, da befanden wir vier uns bereits im Taxi auf Weg nach

Ödt. Wie ich bereits erwähnte, ich hatte keinerlei Erfahrung in solchen Dingen und nahm an, Siggi habe mit seinen Schilderungen wohl bestimmt auch ein wenig übertrieben. Ich kann auch nicht sagen, was ich stattdessen zu erwarten hoffte. Oder was ich überhaupt erwartete. Zu einer anderen Zeit, an einem anderen Ort wäre ich vielleicht auch aufgeregt gewesen. Aber in der Gruppe trunkener Männer fühlte ich mich geborgen, und der in meinem Kopf rauschende Alkohol tat ganz sicher ebenfalls sein Übriges.

Siggi hatte nicht zu viel versprochen. Ich gebe zu, ich war sogar überrascht, und zwar positiv. Der Club machte einen gepflegten Eindruck. Alles war sauber, sehr stilvoll, mit sehr viel Liebe zum Detail eingerichtet. Später auf dem Heimweg ließ ich mir von Siggi erklären, dass das eher ungewöhnlich sei, aber letztlich zum Erfolg des Clubs beitragen würde. Er sagte mir, es sei auch nicht wirklich ein Privatclub gewesen, sondern eine Mischung aus Privatclub und FKK-Club. Wir mussten keinen Eintritt wie in einem richtigen FFK-Club bezahlen – bezahlt wurden die Mädels nach entsprechender Leistung auf den Zimmern –, aber in einer Umkleide am Eingang schlossen wir unsere Kleidung in Schließfächer und betraten den Club in Bademänteln. Die Frauen liefen spärlich bekleidet, die eine oder andere auch nackt, nur mit Highheels bekleidet, durch die Räumlichkeiten und waren hübsch anzusehen. Hübsch ist eigentlich gar kein Ausdruck. Und wenn ich »bildhübsch« behaupten würde, dann klänge das wie ein blödes Klischee aus einem Roman. Aber bildhübsch kam der Sache sehr nahe.

Ich weiß nicht, welche Art Frau ich erwartet hatte. Doch sicher war, ich hatte keine makellosen Models erwartet. Nichts anderes waren diese Frauen für mich: Models. Ich dachte noch: »Diese Mädels haben es doch gar nicht nötig, im Puff zu arbeiten.« All meine Vorurteile gegenüber Etablissements wie diesem, so ich sie denn tatsächlich hatte, begannen sich aufzulösen. Später ging mir durch Kopf: »In einen Puff zu gehen, kann ja gar nicht so verwerflich sein, wenn selbst solche Frauen hier arbeiten.«

Dann die Überraschung, die all dem noch eines draufsetzte: Ich hatte mich mit einem meiner Kumpels auf eines der zahlreichen Sofas niedergelassen und wir betrachteten mit einem Glas Sekt in der Hand das Treiben der Frauen und Männer. Zwei meiner Freunde waren bereits auf die Zimmer verschwunden. Ich selbst war mir nicht ganz sicher, ob ich es darauf ankommen lassen wollte. Allerdings kann ich nicht leugnen, dass der offenherzige Anblick der Frauen mein Blut in Wallung brachte und auch meine Lenden nach einer Erleichterung verlangten. Ich bin halt auch nur ein Mann.

»Markus?«, hörte ich in diesem Augenblick eine Stimme und ich war irritiert. Die Stimme kam mir sehr wohl bekannt vor, nur hätte ich sie nie und nimmer an diesem Ort erwartet. Aber wahrscheinlich dachte ihr Besitzer Ähnliches von mir, deswegen die überraschte Frage. Ich löste mich von dem Anblick einer netten, barbusigen Thai-Frau und sah in das – zugegeben – leicht gerötete Gesicht von André, einem entfernten Bekannten und in der rheinländischen Szene prominenten Partyveranstalter. Natürlich war mir die Begegnung im ersten Augenblick ebenso peinlich. Keine Ahnung, ob André es mir ansah, meine Wangen glühten ohnehin seit einer Weile. Er setzte sich neben mich, wir quatschten einiges, belangloses Zeugs: Was treibst du so? Wo hängst du sonst so ab? Lange nicht gesehen. Witzig, dass wir uns ausgerechnet hier in Ödt sehen. Von ihm erfuhr ich, dass der Laden für die hartgesottene Partyszene so was wie eine After Hour-Adresse war, und zwar die erste ...

Ich glaube, das war so der Moment, wo weitere Hemmungen bei mir fielen. Als André schließlich weiter seine Runden zog, ging alles ziemlich schnell. Ich kam mit der Thai-Frau in Kontakt, die sich Yoni nannte. Das war natürlich nicht ihr tatsächlicher Name, aber das war mir egal, es spielte ohnehin keine Rolle. Das Gespräch war belanglos, trotzdem sehr interessant, witzig, unterhaltsam. Irgendwann fragte sie, was ich mir wünsche. Da ich das selbst nicht wusste, mich aber an Siggis Worte erinnerte, sprach ich von einer Massage. Sie meinte, dass sie nicht nach Leistung bezahlt werden würde, sondern nach Stunde. Sie nannte mir den Preis für eine Stunde. Das war okay und wir gingen in die erste Etage aufs Zimmer, wo sie mir den Bademantel abstreifte.

Das war ein komisches Gefühl. Sooft ich diese Situation mit anderen Frauen erlebt hatte – nach Partys, mit One-Night-Stands –, so seltsam befangen war ich jetzt. Ich meine, ich bezahlte Yoni dafür, dass sie dies tat. Das war zu Beginn schon seltsam für mich. Allerdings war sie Profi genug und ging routiniert zur Sache. Ich legte mich auf den Bauch und schloss die Augen. Sie begann mich zu massieren und das war wirklich gut. Sie verstand ihr Geschäft, streichelte mich, kraulte meine Haut und ich genoss zunehmend das Gefühl, einfach nur dazuliegen, die Empfindungen, die ihre Hände auf meiner Haut auslösten, zu genießen. Ich gebe zu, einmal kam mir sogar der Gedanke: »Verdammt, das ist auch mein gutes Recht, es zu genießen. Schließlich bezahle ich dafür.« Später schämte ich mich für diesen Gedanken. Obschon ich weiß, dass ich das nicht muss. Ich habe das Mädel respektiert, sie nicht beschimpft, sie nicht schlecht behandelt – es gibt weiß Gott viele andere Freier, üble Typen, die sich schlimmer verhalten, als ich es tat.

Jedenfalls ließ ich meine Gedanken treiben und fühlte mich pudelwohl. Nach einer Weile, die Zeit verging wie im Flug, meinte Yoni zu mir, die Stunde sei nun bald vorbei, falls ich noch etwas anderes wünsche, dann sollte ich es ihr sagen. Inzwischen war ich so rattig, ich wünschte es mir. Ich ließ sie Oralverkehr machen und anschließend auf mir reiten – alles natürlich geschützt. Ich bin ja nicht blöd. Ich kam und danach gingen wir wieder hinab. Obwohl der Akt damit ziemlich schnell beendet war, war es mir nicht einmal unangenehm. Im Gegenteil, als ich wieder daheim war, dachte ich, dass es manchmal ganz angenehm sei, im Anschluss an den Sex nicht noch eine Runde kuscheln zu müssen.

Tja, das war mein erstes Mal bei einer Prostituierten. Nicht unbedingt weltbewegend, gleichwohl für mich eine interessante Erfahrung. Ich weiß nicht, ob ich noch einmal in einen Club gehen und für Sex bezahlen würde. Ausschließen möchte ich es nicht. Auf jeden Fall ist mir durch das Erlebnis einiges klarer geworden, und es hat mir sicherlich auch einige Hemmungen genommen, mit denen ich mich bis dahin zwar nie auseinander gesetzt hatte, mit denen ich mich aber an jenem Morgen konfrontiert sah.

»WICHTIG WAR NUR DAS EINE, WIE SO OFT BEI UNS MÄNNERN.«

Ludger, 34 – Freier

Zum ersten Mal war ich bei einer Prostituierten im Alter von 15 Jahren. Das war nicht beabsichtigt, nicht geplant. Es ergab sich so. Damals unternahm ich mit den Teamkollegen meines Fußballvereins einen Campingausflug, ein verlängertes Pfingstwochenende, das wir uns aus Anlass des frisch errungenen Bezirksligaaufstiegs gönnten. Wer derartige Unternehmungen junger Männer kennt, der weiß, dass sie weniger dazu dienen, die Spiele der vergangenen Saison zu analysieren, sich von den sportlichen Anstrengungen der letzten zwölf Monate zu erholen, geschweige denn neue Taktiken für die nächste Runde zu ersinnen. Unternehmungen wie diese sind in der Regel sehr alkohollastig – und sonst nichts.

Der Zufall wollte es, dass in unmittelbarer Nähe des Campingplatzes ein Nachtclub um den solventen Herrn warb. Zufall deshalb, weil ich nicht glaube, dass der Campingplatz alleiniger Grund für die Existenz des Ladens war. Er begünstigte die Lage allenfalls, denn natürlich wurden campende Vatertagsrunden oder andere männliche Gruppierungen an der Tür nicht abgewiesen, sollten sie einen Abstecher vom Zeltplatz unternehmen. Doch eigentlicher Grund für den Club an genau dieser Stelle war, da bin ich mir sicher, die vielbefahrene Bundesstraße, die schnurstracks in die nicht fernen Niederlanden führte.

Wie auch immer, bei der Anreise war uns krakeelenden Jungs der Club mit seinen mehr als eindeutigen Avancen aufgefallen: Er hieß »Club Puss Puss«, was in großen Insignien auf den herabgelassenen Jalousien zu lesen war. Uns vorpubertären Jungs war natürlich auf Anhieb klar, was »Puss Puss« bedeutete. Wir rissen unsere Witzchen darüber und natürlich bezichtigte jeder den anderen, der Erste zu sein, der noch heute Abend im Puff landen würde. Was waren wir lustig!

Am zweiten Abend stieg die Stimmung abermals, als beim Lagerfeuer vor den Zelten die Flaschen des ersten Kastens geleert worden waren. Erste Zoten wurden erzählt und wieder versuchte jeder den anderen zu übertreffen. Zwangsläufig kam die Sprache auch auf »Puss Puss«. Wenn ich heute so darüber nachdenke, ich glaube, die Bar schwebte von der Sekunde ihrer Entdeckung wie eine Art Orakel über uns, das zur Sprache gebracht werden musste – mehr als das.

Die Witzeleien steigerten sich, bis endlich jemand auf die zwangsläufige Idee kam, dem Club doch endlich einen Besuch abzustatten. Großer Aufschrei! Jeder grölte, lachte. Natürlich wurde Druck gemacht. »Feigling« wurden die genannt, die zwar herumalberten, es ansonsten aber nur als Scherz verstanden wissen mochten. Selbstverständlich fanden sie Unterstützung bei unserem Trainer und Betreuer. Aber er war eben auch nur unser Trainer, nicht unser Babysitter. Was er im Training bestimmte und für das Spiel beschloss, war die eine Sache. Was wir beim Campen trieben, war unsere Sache. Und die wenigsten von uns waren damals überhaupt schon entjungfert, soviel war auch klar.

Am Ende waren wir eine Gruppe von sieben Jungs, die Stürmer sozusagen, die eisern entschlossen waren, dem »Puss Puss« jetzt und sofort einen Besuch abzustatten. Natürlich nur um zu gucken, soviel war auch klar, natürlich. Keiner von uns hatte einen Puff zuvor von innen gesehen, allenfalls im Fernsehen. Keiner hatte bisher den Mut besessen, einen Puff zu besuchen. Der Alkohol an diesem Abend gab uns den Mut. Und wer auf dem Weg dorthin doch noch an den Absichten zweifelte, wurde von seinen Freunden vorangetrieben.

Dann waren wir im Laden, durchaus ein ansprechendes Ambiente, fast wie man es aus dem Fernsehen gewohnt war, möchte ich behaupten. Plüschig, in Rot und Blau gehalten, viele Sitzgelegenheiten. Wir entschieden uns für die Bar, wo wir uns verlegen an den Getränken festhielten und bald darauf mit den nackten Tatsachen konfrontiert wurden. Natürlich wollte keiner der Jungs sich vor den anderen die Blöße geben und aufs Zimmer verschwinden, egal ob er zuvor auf dem Campingplatz noch große Töne gespuckt hatte oder nicht. Ist schon witzig: Eine Stunde zuvor hatten wir noch ohne Unterlass übers Ficken gesprochen und dabei geprotzt, als wären wir die potentesten Gäule, die das Land zu bieten hatte. Und jetzt, als es – im wahrsten Sinne des Wortes – um die Wurst ging, packte keiner seine aus. Irgendwo im Hinterkopf spukte es herum: Wir wollen doch nur gucken! Wir wollten doch nicht ficken!

Weiß der Teufel, warum wir unsere Kohle zusammengekratzt hatten, bevor wir uns ins »Puss-Puss« aufmachten. Zum Vögeln? Das war in diesem Augenblick so abwegig, beinahe surreal, als die Eindrücke auf uns und unsere alkoholschweren Köpfe einprasselten: die halbnackten Frauen, das erotische Ambiente, die geile Musik.

Ich weiß nicht mehr, wer von uns den Anfang machte. Irgendwann war einer von uns sieben verschwunden, dann der Zweite. Und dann war ich auf einem der Zimmer mit einem der Mädchen. Ich weiß nicht mehr, wie ihr Name war. Ist auch egal. Ich weiß aber, alles lief wie in einem Film vor mir ab. Ich war spitz wie Nachbars Schmitz, mein erstes Mal stand kurz bevor, hinter meinen Schläfen pochte das Blut, dazu der Alkohol – das alles und die Geilheit versetzte mich in einen Rausch. Dabei ging mir völlig ab, dass ich drauf und dran war, für meinen ersten Sex zu bezahlen. Mir war schnuppe, was meine Eltern davon hielten, sollten sie davon erfahren. Es war egal, was Leute generell über Prostituierte dachten. Und es war mir gleich, ob die Huren Spaß am Sex hatten oder nur einen Job ausübten. Das alles war nebensächlich für mich. Wichtig war nur das eine, wie so oft bei uns Männern. Kleiner Scherz.

Wir sprachen den Preis ab, wir entkleideten uns, ich stammelte was vor mich hin, sie stülpte mir ein Kondom über, sie legte sich aufs Bett und ich beugte mich über sie, so wie es zu funktionieren hatte, so wie ich es die unzähligen Male im Fernsehen oder in Pornostreifen verfolgt hatte. Und das war auch der Moment, in dem es unglaublich peinlich für mich wurde. Denn sie sah mich an, irgendetwas schien nicht so zu laufen, wie sie es gewohnt war, und meinte nur – diesen Satz vergesse ich, glaube ich, nie: »Es ist dein erstes Mal, oder?« Am liebsten wäre ich im Erdboden versunken. Die Matratze hätte es fürs Erste aber auch getan. Was antwortet man in einem solchen Augenblick? Schließlich kam ich mir bis zu ebenjenem Moment wie ein richtiger Mann vor. In Wahrheit wurde ich gerade erst zum Mann gemacht, sofern es überhaupt gelingen sollte ... Was hatte ich getan? Ich hatte mich abgerackert in der festen Überzeugung, in ihrer Muschi zu stecken. Doch stattdessen war ich im Eifer des Gefechts nicht in ihre Möse eingedrungen, sondern hatte meinen Schwanz zwischen ihrem Po und der Bettdecke eingeklemmt. Im Nu war meine Lust dahin, ich spürte förmlich, wie das Blut aus meinen Lenden in meinen Schädel schoss und befürchtete, er müsse jeden Augenblick platzen, so heiß wurde mir.

Ich sah schon bildlich vor mir, wie das Mädchen aufstand, mich auslachte und runterrannte, von meinem Missgeschick erzählte und sich die Nachricht bis zu den anderen Jungs auf dem Campingplatz herumsprach. O Mann, das war's also – mein erstes Mal! Statt richtigen Sex und einen Orgasmus gab's nur Hohn und Spott.

Doch das Unerwartete geschah: Das Mädchen lachte eben nicht. Es erklärte mir, dass das nichts ausmache, streichelte mich, legte mich auf den Rücken, nahm mir das Kondom ab und sorgte mit ihrem Mund dafür, dass mein Schwanz wieder steif wurde. Der Oralsex war im vereinbarten Preis nicht enthalten gewesen, und als ich sie später verlegen darauf ansprach, zuckte sie mit den Achseln und meinte: »Das geht aufs Haus.« Sie streifte mir ein neues Kondom über und setzte sich auf mich.

Das war mein erstes Mal. Mein erster Sex und mein erstes Mal bei einer Prostituierten. Für mich war es sehr erfüllend. Für das Mädchen war ich wahrscheinlich ein Kunde von vielen an diesem Abend. Gleichwohl glaube ich, dass es für sie aber auch eine Besonderheit war, einen Jungen zu entjungfern. Vielleicht hat es ihr Freude bereitet. Vielleicht auch nicht. Gefragt habe ich sie nicht danach. Ich bin zu meinen Kumpels an die Bar zurückgekehrt. Zwei von ihnen standen dort und blieben ihrem Vorsatz treu: Nur einmal gucken! Wir anderen fünf waren glücklich und müssen bei unserer Rückkehr auf dem Campingplatz wohl ein eigentümliches Bild abgegeben haben. »Ihr seht aus, als hättet ihr die Jungfrau Maria gesehen«, meinte unser Trainer schelmisch. Da war was Wahres dran ...

Heutzutage gehe ich gelegentlich zu einer Prostituierten, nicht regelmäßig und auch nicht zu bestimmten Anlässen, meist, wenn mir danach ist. Keine Ahnung, wann das ist, es überkommt mich einfach. Im Augenblick bin ich solo, deswegen kann es gut passieren, dass ich demnächst mal wieder einen Club aufsuche. Wenn ich dorthin gehe, muss ich das Gefühl haben, die Frauen, die dort arbeiten, sind Profis. Das ist für mich eine Grundvoraussetzung. Denn das Mädchen damals war ein Profi durch und durch. Man stelle sich nur vor, sie hätte albern gelacht. Und sie wäre tatsächlich zu den anderen hinabgestürmt und hätte ihnen brühwarm von meiner Ungeschicklichkeit erzählt. Keine Ahnung, was dann gewesen wäre, welchen Schaden meine »vorpubertäre Seele« genommen hätte. Das mag übertrieben klingen, aber in dem Alter reagieren junge

Menschen nun mal sehr sensibel und sehr empfänglich auf sexuelle Enttäuschungen. Derartiges kann das zukünftige sexuelle Verhalten, ach, was sage ich, das weitere Leben entscheidend prägen und bestimmen. Deswegen glaube ich, Huren tragen eine hohe Verantwortung, und nicht nur bei unbescholtenen Pennälern wie mir ... Ich habe kein Problem damit, darüber zu reden. Leute können mir heute über Prostituierte erzählen, was sie wollen. Ich glaube ihnen kein Wort mehr. Ich respektiere Huren. Das tue ich.

TEIL 3

FICKEN

»Sexualität als zwischenmenschliche Beziehung bringt Menschen als Menschen zusammen und nicht nur Dinge. Dasein für den anderen wird hier zur Bedingung eigenen Glücks.«

Helmut Gollwitzer

»WENN ICH GESCHLECHTSVERKEHR HABE, WILL AUCH ICH SPASS HABEN.«

Nina, 43 – Sexualbegleiterin, Berlin

Ich habe eine intensive therapeutische Ausbildung in den Niederlanden absolviert. Das war keine offiziell anerkannte, universitäre Ausbildung; sie fand statt in einem Institut, das ein amerikanischer Therapeut gegründet hatte. Er war vom Gesundheitsministerium zur Arbeit in Holland eingeladen worden, dann allerdings unzufrieden über die Möglichkeiten, da er viel direkter und intensiver mit den Patienten arbeiten wollte, als es die »normale« Therapie erlaubt.

Er rief eine therapeutische Gemeinschaft ins Leben, in der ich lernte. Schwerpunkte dieses Trainings, in das viele buddhistische Elemente eingingen, waren Körperarbeit, emotionale Arbeit, Beziehungen, Sexualität – kurz gesagt eine Schule in der Kunst ein Mensch zu sein.

1990 kam ich nach Berlin und verdiente mein Geld erst einmal als Künstlerin und Grafikerin. Eine Zeit später arbeitete ich als Erzieherin in einem Rehabilitationszentrum. Damals wollte ich nach drei Wochen aufhören, weil ich mich in der Arbeit mit Behinderten völlig überfordert fühlte. Ich dachte, das lerne ich nie, vor allem den »normalen« Umgang mit Menschen mit einer Behinderung ... Dann kapierte ich glücklicherweise: Ich muss einfach ich selbst sein. Ich begriff, dass es nur so geht: wenn ich mich gebe, wie ich wirklich bin. Keine Versuche unternehme, mich zu übertreffen, in der Bemühung »toll« zu sein. Nicht von mir zu erwarten, dass ich sofort ganz »locker« mit dieser völlig neuen Situation umgehen kann. Von dem Zeitpunkt an war ich viel entspannter und hatte viel Spaß.

Zur Sexbranche hatte ich damals keinen Bezug. Aber durch die intensive Ausbildung, die ich in den Niederlanden genossen hatte, habe ich sehr viel über mich gelernt, mich selbst erforscht, auch über meine Sexualität und meine Beziehung zu Männern und Frauen. Ich hatte Beziehungen zu beiden Geschlechtern. Dadurch erhielt ich ein völlig anderes Verständnis von Sexualität und Körper und habe mir diese Arbeit zugetraut.

Von einem Tag auf den anderen begann ich 1994 in einem Massage-Studio in Berlin und merkte, das liegt mir. Ich blieb ein halbes Jahr, ich hatte sehr viel Spaß und betrachtete die Arbeit als eine Art Theaterstück. Ich sammelte viele Erfahrungen und verdiente, natürlich, viel Geld ...

Ich massierte unterschiedlichste Männer: Geschäftsleute, Studenten, Künstler, Filmregisseure, Handwerker. Irgendwann bekam ich auch Anrufe von Menschen mit einer körperlichen Behinderung. Ich muss sagen: Als Erzieherin in dem Rehabilitationszentrum hatte ich mich überhaupt nicht damit auseinander gesetzt, wie Menschen mit Behinderung ihre Sexualität leben – jetzt wurde ich damit konfrontiert. Ich merkte, dass ich mehr gefordert war als bei »normalen« Männern, für die es ein Einfaches war, eine Handynummer zu wählen und mal eben im Massage-Studio vorbeizuschauen. Bei Menschen mit einer Behinderung aber hat das oft eine andere Bedeutung; sie brauchen oft mehr Mut und Vertrauen, diesen Schritt zu machen. In diesem Sinne empfand ich ihren Besuch als eine größere Verantwortung und Herausforderung.

Ich machte mich nach dem halben Jahr als Masseurin selbstständig und massierte in rollstuhlgerechten Räumen. In meine Anzeigen schrieb ich: »Auch für Menschen mit Behinderung«.

Ich setzte mich mit Hydra e.V., einem Hurenprojekt in Berlin, in Verbindung und erklärte, dass ich das Gefühl habe, es gäbe einen großen Bedarf bei Menschen mit Behinderung. Als Hydra in den Senat für Gesundheit, Arbeitskreis für Sexualität und Behinderung, eingeladen wurde, fragten sie mich, ob ich mitkommen würde. Das tat ich und rechnete mit drei, vier Leuten, die sich dafür interessierten. Es saßen aber über 20 Leute in dem Arbeitskreis. Ich erzählte über meine Arbeit und alles Weitere war wie der berühmte Schneeball-Effekt.

Immer mehr Leute zeigten Interesse an meiner Arbeit: Betroffene, Leute, die in der Assistenz tätig sind, Pädagogen, Heimleiter, Ärzte, Journalisten, Kongress- und Seminarveranstalter, Professoren, unterschiedlichste Leute, die Vertrauen zu meiner Arbeit fassten.

Mit der Zeit kamen dann auch immer mehr Anfragen von Menschen mit geistiger Behinderung oder besser gesagt von Angehörigen und/oder Betreuern von Menschen mit einer geistigen Behinderung. Auch ging es immer mehr um Menschen, die nicht reden können, die nie eine intime Beziehung hatten, aufgrund ihrer Behinderung nicht in der Lage sind, so eine Beziehung herzustellen, aber trotzdem Sexualität haben. Darauf habe ich mich seit vier Jahren spezialisiert.

In einer Schweizer TV-Sendung fragte man mich nach meiner Berufsbezeichnung und ich meinte: »Ich selbst würde mich Berührerin nennen.« Das war scherzhaft gemeint, aber inzwischen wird es von der Schweizer Organisation für Menschen mit Behinderung, Pro Infirmis, zum ersten Mal eine Ausbildung geben, die ich konzipiert habe und leite und die tatsächlich unter dem Begriff »Berührer« und »Berührerin« laufen sollte. Die Ausbildung wurde inzwischen übernommen von der »Fachstelle für Behinderung und Sexualität«, FABS, und die Berufsbezeichnung wurde umgeändert in »SexualassistentIn«.

Den Begriff »Sexualbegleitung«, der in Deutschland benutzt wird, habe ich zusammen mit Lothar Sandfort im Jahr 2000 erfunden. Lothar ist ein behinderter Diplompsychologe, mit dem ich zusammengearbeitet habe. Wir planten eine Ausbildung. Dafür brauchten wir eine »Berufsbezeichnung«. Lothar Sandfort und ich überlegten damals: Masseurin passt nicht. Prostituierte? Hydra definiert Prostitution als sexuelle Dienstleistung im weitesten Sinne. So gesehen fällt meine Arbeit natürlich unter Prostitution. Für mich aber gehört der Geschlechtsverkehr zur Prostitution hinzu; da ich ihn nicht anbiete, habe ich mich auch nicht als Prostituierte verstanden. Schließlich kamen wir auf »Sexualbegleiterin«.

Nichtsdestotrotz setzen viele das, was ich mache, mit »Prostitution« gleich. Ich frage dann: »Was definiert ihr als Prostitution?« Für viele Leute ist Prostitution nämlich ein dreckiges Wort, mit dem sie Ekeliges und Unangenehmes, Respektlosigkeit und gegenseitiges Ausnutzen assoziieren. Damit hat das, was ich mache, nichts zu tun.

Wie gesagt: Wenn man, wie bei Hydra definiert, Prostitution als eine sexuelle Dienstleistung versteht, dann ist das, was ich mache, Prostitution. Ich denke, es gibt viele Prostituierte, die eine gute Arbeit machen. Und ich finde, dass mehr Leute das schätzen sollten anstatt herablassend darüber zu reden.

Für mich gilt: Wenn ich Geschlechtsverkehr mit jemandem habe, dann will ich vollkommen in meinen Empfindungen aufgehen. Für mich ist es Unsinn, wenn manche Prostituierte sagen, sie stellen ihre Gefühle ab. Diese Aussage kommt mir wie eine Lüge vor und ich finde es respektlos sich selbst gegenüber. Eine Vagina ist eine total empfindliche Stelle und es ist einfach nicht möglich, nichts dabei zu empfinden ...

Während meiner Arbeit erachte ich es aber nicht als sinnvoll, mich von sexuellen, erotischen Gefühlen mitreißen zu lassen, schon gar nicht in der Arbeit mit Menschen mit einer geistigen Behinderung – dabei muss ich wach bleiben und darauf achten, was abläuft, was die Person will, wie es ihr geht. Wenn ich nicht aufpasse, kann ich auch Schaden anrichten. Deshalb lasse ich den Geschlechtsverkehr weg. Wenngleich ich schon darauf achte, dass das, was passiert – sehr viel Nähe und Berührung –, angenehm ist, für beide Seiten.

Ich biete Berührungen, Umarmungen, Streicheln, intensiven Körperkontakt und Massage an. Wie gesagt, keinen Geschlechtsverkehr, keinen Oralkontakt, also kein Küssen und kein Französisch. Bei Bedarf bringe ich meinen Klienten mit einer Handentspannung zum Orgasmus.

Ich bin davon überzeugt, dass das, was normalerweise Sex genannt wird, größtenteils im Kopf entsteht statt im Körper. Gedanken erzeugen oftmals die Erregung, nicht so sehr die eigentlichen Empfindungen. Wir sagen: »Wow, sieht der Kerl gut aus, hoffentlich will er morgen wieder mit mir ins Bett!« Ich selber habe auf diese Art von Reizen und Phantasien keine Lust mehr; ich möchte in meinem Privatleben Sex erleben, bei dem ich intensiv fühle, was passiert, statt im Kopf beschäftigt zu sein.

Ich glaube, das ist auch der Grund, warum ich es teilweise bevorzuge, mit Menschen mit einer geistigen Behinderung zu arbeiten, obwohl ich die Arbeit mit körperlich Behinderten oder schwer kranken Menschen nicht ausschließe. Durch ihre geistige »Behinderung« sind diese Menschen oft näher an einer wahrhaftigen Sexualität; sie sind in der Lage, einen Moment zu genießen/erleben, ohne daraus alle möglichen Geschichten, Phantasien zu basteln. Sie sind halt nicht oder weniger als die so genannten »Normalen« von allen möglichen unsinnigen Definitionen der Begriffe Sexualität und Liebe geprägt.

Es ist meistens so, dass diese Leute, ich nenne sie Klienten, nicht Freier, sehr stark auf sich aufmerksam gemacht haben. Das hat natürlich auch körperliche, biologische Gründe. Wir haben Hormone. Unser Körper ist so gebaut. Es gibt Menschen, die sich nicht selber berühren können, weil sie körperlich nicht dazu in der Lage sind oder vom Verständnis her blockiert sind. Diese Unbefriedigtheit, der Druck und die Sehnsucht können sich daraufhin in Wut oder (Auto)Aggression verwandeln.

Die meisten geistig behinderten Männer, die zu mir kommen beziehungsweise vermittelt werden, haben durch Wut oder Aggression oder durch unerträglich gewordene Anhänglichkeit auf sich aufmerksam gemacht. Frauen kommen selten. Vielleicht hat es damit zu tun, dass ihre Erregung unsichtbar bleibt. Leichter zu ignorieren ist.

Die Arbeit mit Menschen mit einer geistigen Behinderung erfordert viel Wachheit, auch mehr Vor- und Nachbereitung. Ich führe intensive Vorgespräche mit den Betreuern und/oder Eltern meiner Klienten. Bevor ich mit Menschen in einer Einrichtung arbeite, werde ich oft engagiert um eine Informationsveranstaltung für die Mitarbeiter zu leiten. Denn es gibt ohne Zweifel Berührungsängste; natürlich lerne ich nur Menschen kennen, die den Mut aufgebracht und mich kontaktiert haben, obschon es bei einigen Leuten Monate gedauert hat, bis sie sich dazu überwinden konnten. Aber selbst dann haben sie noch Hemmungen. Die Sexualität als solche ist für viele Menschen schon kein leichtes Thema. Hinzu kommt das Thema Prostitution oder die bezahlte sexuelle Dienstleistung, was für viele noch ein Tabu ist. Und dann gibt es die Kombination Behinderung und Sexualität. Nicht zu vergessen, wenn es um Menschen mit geistiger Behinderung geht, ist die Angst vor Missbrauch auch groß.

Wie auch immer, ich weiß, welcher Prozess dem Anruf bei mir manchmal vorausgegangen ist. Die Eltern fragen sich: »Was? Eine Nutte? Eine Hure? Eine Prostituierte in unserem Haus? Mit unserem Kind?« Doch am Ende rufen sie mich an, und zwar aus Liebe zu ihrem »Kind«. Kind in Anführungszeichen, denn meist geht es ja um erwachsene Männer und Frauen.

Ich strebe an, jeden, der zu mir kommt, so zu nehmen, wie er ist, und es so schön und bereichernd wie möglich für diese Person zu machen – immer achtgebend auf meine eigenen Grenzen.

Für nicht wenige der Behinderten ist so eine Begegnung das erste Mal in ihrem Leben, dass sie körperlichen oder sexuellen Kontakt mit einer Frau haben. Wenn ich Klienten das erste Mal treffe, sind sie in der Regel schüchtern. Wenn es um Menschen mit einer schweren geistigen Behinderung geht, nähere ich mich ihnen ganz vorsichtig, ich ziehe mich auch nicht immer sofort aus. Ich bin erst einmal da, ich rede mit ihnen. Manchmal singe ich auch. Sie sollen irgendwie registrieren, dass ich nicht eine neue Krankengymnastin bin, auch nicht die Fußpflegerin. Humor ist dabei ganz wichtig. Wir spielen auch. Dabei berühre ich sie, ganz direkt, um Kontakt herzustellen – ihre Hand, den Arm. Wenn ich das Gefühl habe, das Vertrauen hergestellt zu haben und eine gute Basis vorhanden ist, ziehe ich zum Beispiel mein Oberteil aus, um zu signalisieren, um was es hier geht, was hier jetzt möglich ist.

Was dann öfters passiert, ist meiner Meinung nach ganz erstaunlich: Als ob sie spüren, dass das für mich etwas ganz Natürliches ist, lassen sie sich auf die Berührungen ein, auch Menschen, von denen die Eltern mir sagten, sie würden es oft schwer zulassen. Kürzlich war ich bei einem Mann mit Schädelhirntrauma in Cottbus, von dem die Mutter sagte, er kann Berührung schwer zulassen. Er hat es zugelassen. Er hat sich sogar ausgezogen und ich habe ihn massiert.

Es ist wichtig klarzumachen, dass die Sitzung eine Möglichkeit ist, Erfahrungen zu sammeln, die dann oft auch ein neues Selbstbewusstsein bewirken. Das Gefühl ein Außenseiter zu sein, jemand, der nicht dazugehört, kann sich auch verändern. Ich wünsche mir, dass die Sitzungen ein Anstoß sind um freudiger, selbstbewusster, ausgeglichener und entspannter in der Welt zu stehen. Und zu mehr Selbstliebe anregen.

Die Dauer einer Sitzung ist von Mensch zu Mensch unterschiedlich. Ich sage in der Regel: Eine Einzelsitzung, die etwa eine Stunde dauert, kostet 80 Euro. Sie findet in meinen Räumen statt. Ein Hausbesuch kostet 110 Euro. Meine Klienten bezahlen es von ihrem Taschengeld oder die Eltern bezahlen es. Auch Behinderte bekommen Taschengeld, zwar nicht viel, aber sie bekommen es.

Nicht immer halte ich mich an mein Zeitlimit, das ist unterschiedlich. Bei den meisten dauert eine Sitzung eine Stunde oder auch etwas länger. Aber es gibt wiederum Klienten, bei denen reicht es nicht aus, dass ich einmal im Monat komme. Sie können nicht sprechen, sie können es nicht »einordnen«, was passiert, sie brauchen eine Kontinuität und eine längere Annäherungsphase.

So arbeite ich im Moment zum Beispiel mit einer Frau mit einer geistigen Behinderung. Gewünscht wird, dass ich ihr eine Technik, wie sie onanieren kann, beibringe. Am Anfang war ich diejenige, die immer nackt war, um ihr so an meinem Körper bestimmte Sachen zeigen zu können, sie blieb angezogen. Sie verstand nicht, warum sie die Kleider ausziehen sollte, wo es doch erst morgens 10 Uhr war. Das stimmte für sie einfach nicht, das kann sie nicht einordnen. Hätte ich ihr gesagt, sie solle sich ausziehen, hätte sie das zu stark beunruhigt. Jetzt sind wir schon zweimal zusammen in die Badewanne gegangen. Das versteht sie, denn in einer Badewanne zieht man sich aus, und ich habe die Möglichkeit, ihr einiges zu zeigen. Ich nehme auch ihre Hand und lasse sie meinen Körper spüren. Letztens hat sie mich abgetrocknet. Doch um das zu erreichen, brauchte sie eine gewisse Kontinuität. Deshalb besuche ich sie einmal die Woche. Das Geld, das ich normalerweise für eine Sitzung bekomme, teilen wir deshalb auf vier Sitzungen. Das ist in diesem Fall in Ordnung für mich. Ich bleibe eine halbe bis dreiviertel Stunde. Meist beendet sie die Sitzung, indem sie mich an der Hand nimmt und mir zu verstehen gibt, dass es genügt. Manchmal macht sie keine Anstalten, die Sitzung zu beenden, dann beende ich sie nach circa 45 Minuten.

Ich habe einen anderen Klienten, der »seelisch« behindert ist; ein Mensch, der in jungen Jahren so viel extreme Gewalt erlebt hat, dass er davon, man könnte sagen, »gestört« ist, auf jeden Fall was seine Sexualität betrifft. Er ist ein sehr kreativer Mensch, er malt und verkauft auch Bilder, ist in einer Theatergruppe, unglaublich, was er aus sich machen konnte, obwohl er derart schlimme Sachen erlebt hat. Er kommt alle sechs Wochen und dann verbringe ich immer zwei Stunden mit ihm. Anders wäre es meiner Meinung nach nicht möglich. Er hat so viel Gewalt in Bezug auf seinen Körper und die Sexualität erlebt, dafür müssen wir uns Zeit nehmen. Deshalb kann ich nicht sagen, ich ziehe eine Sitzung grundsätzlich in einer Stunde durch.

Ärzte, zumindest die, die ich kennen lerne, stehen meiner Tätigkeit äußerst positiv gegenüber. Es passiert immer häufiger, dass mich Betreuer, Heimleiter, sogar Chefärzte einladen – kürzlich war ich in der Neurologischen Fachklinik Brandenburg. Es ist so: Überall wo Menschen sind, die ein bestimmtes Alter erreichen, taucht das Thema Sexualität auf. Ich glaube, es gibt immer mehr Bereitschaft, dieses wahrzunehmen, insbesondere wenn man merkt, es gibt jemanden, der ein angemessenes Angebot dafür hat. Für die meisten Ärzte, Betreuer oder Eltern ist es undenkbar, eine Prostituierte für einen Menschen mit einer schweren geistigen Behinderung zu engagieren. Ohne dass ich Prostitution abwerten will, aber ich glaube, man muss gelernt haben, Erfahrungen gesammelt haben im Umgang mit Menschen mit geistiger Behinderung. Ein Beispiel: Bei Autisten findet eine Reizüberflutung statt, weil sie auf Grund einer Hirnfunktionsstörung nicht in der Lage sind, zu differenzieren und zu filtern. Sie wirken oft zurückgezogen, sortieren lieber Gegenstände als in Kontakt mit Menschen zu treten. Nicht, weil sie den Kontakt nicht mögen, aber weil ein Mensch nicht kalkulierbar ist.

Sie brauchen etwas, was »sicher« ist, ein Objekt, als Anhaltspunkt. Wenn man das weiß, dann ist es zum Beispiel gut, sich darum zu kümmern, dass nicht zuviele ablenkende Objekte im Zimmer sind, denn nur so ist es dann möglich, die Aufmerksamkeit zu bekommen. Das sind Sachen, die man lernt und irgendwann weiß.

Demnächst halte ich einen Vortrag in der Humboldt-Universität auf einer Fachtagung mit psycho-analytischem Ansatz; Thema sind Menschen mit geistiger Behinderung und Sexualität, inwieweit Autonomie angebracht ist und inwieweit sie auf unsere Unterstützung angewiesen sind.

Dort werde ich meine Arbeit erläutern. Auch werde ich sagen, dass ich es nicht mag, wie unsere Gesellschaft funktioniert. Unsere Gesellschaft ist im Grunde eine schreckliche Gesellschaft. Vieles basiert auf Leistung und äußerem Schein; für Hilflosigkeit, Authentizität und Schüchternheit zum Beispiel ist kaum Platz. Durch meine Arbeit habe ich die Möglichkeit, etwas dazu beizutragen, diese Werte in Frage zu stellen oder zu durchbrechen.

Ich werde auch ein Zitat von Einstein vorlesen, der Folgendes gesagt hat: »Ein Mensch ist Teil eines Ganzen, das wir Universum nennen, ein Teil begrenzt durch Zeit und Raum. Er erfährt sich selbst, seine Gedanken und Gefühle als etwas vom Rest der Welt Getrenntes, eine Art optische Täuschung des Bewusstseins. Diese Täuschung ist ein Gefängnis für uns, welches uns beschränkt auf unsere persönlichen Wünsche und die Zuneigung zu wenigen Menschen, die uns am nächsten stehen. So muss es unsere Aufgabe sein, uns selbst aus diesem Gefängnis zu befreien durch die Erweiterung unseres geistigen Horizonts und unseres Mitgefühls, um alle lebenden Wesen und die Gesamtheit der Natur in ihrer Schönheit umfassend zu begreifen.«

In diesem Kontext sehe ich meine Arbeit. Meine Arbeit ist unter anderem eine Möglichkeit, meine eigenen Vorstellungen, Ideen, Vorurteile zu erforschen. Mir meiner Eingeschränktheit bewusst zu werden und diese Vielfältigkeit, die Leben genannt wird, an mich heranzulassen.

»SEXUALITÄT HAT SEHR VIEL MIT AUSPROBIEREN ZU TUN.«

Stephanie Klee – Prostituierte & Vorsitzende des Bundesverbandes Sexuelle Dienstleistungen e.V., Berlin

Ich bekam Kontakt zum Milieu auf zwei unterschiedlichen Wegen. In meinem Heimatdorf gab es einen sehr attraktiven Bordellbesitzer, der eine kleine Bar mit entsprechender Animation und Zimmer besaß und den ich kennen lernte. Natürlich war dies verboten, aber genau das reizte mich. Ich besah mir seine Bar und blieb ihm über Jahre treu, indem ich ihn immer wieder besuchte und von Zeit zu Zeit auch bei ihm arbeitete.

Dazu muss man wissen: Ich komme aus einem sehr, sehr bürgerlichen Elternhaus mit hohen moralischen und auch katholischen Werten. Ich wuchs auf in einem sehr kleinen Dorf, wo eine relativ strenge soziale Kontrolle herrschte. Schon die Tatsache, alleine tanzen zu gehen oder aber sich mit einem Mann zu treffen, der nicht meiner »Gesellschaftsschicht« angehörte, war fragwürdig. Für mich als Mädchen – ich wurde als Mädchen entsprechend sozialisiert – wünschten sich meine Eltern einen anständigen Beruf, einen ebenbürtigen Mann, der mich heiratet, finanziert, mit mir Kinder in die Welt setzt und dann ein Haus baut. Also wirklich Klischees ohne Ende. Ihnen konnte ich mich jedoch nicht beugen, also war klar: Wenn ich mich mit diesem Mann, der in meinem Heimatdorf das Bordell betrieb, blicken lasse oder aber auch wenn ich nur in seinem Laden anwesend bin, und sei es nur hinter der Theke, tue ich etwas Verbotenes. Und natürlich, als man mich das erste Mal mit ihm sah, wurde ich darauf angesprochen. Es hieß: »Weißt du denn nicht? Er hat einen Laden. Das ist doch etwas ganz Schlimmes! Wer weiß, wo du mit ihm hingerätst!«

Ich dagegen fand das alles nur toll; er fuhr einen schönen Wagen, er behandelte mich gut, wir hatten viel Spaß miteinander. Ich konnte die Bedenken der Leute überhaupt nicht teilen. Aber daran merkte ich, ich mache etwas, was mir gut tut, was mir Freude bereitet, was auch einen gewissen Reiz darstellt, aber was die anderen nicht so sehen und sie mir auch verbieten würden.

In gewisser Weise war die Prostitution daher damals für mich auch eine Möglichkeit, gegen gesellschaftliche Konventionen aufzubegehren, die man mir auferlegte, wenngleich dieses »rebellische« Bestreben damals sicherlich noch nicht so ausgeprägt war. Damals war erst einmal die Erkenntnis, dass das, was von mir erwartet wird – sowohl in beruflicher als auch familiärer Hinsicht –, für mich nicht der richtige Weg ist, zumindest nicht der, der mich glücklich macht. Und dass ich andere Vorstellung habe, mit welchen Leuten ich zusammen sein will, wie ich meine Freizeit und meine berufliche Zeit gestalten möchte.

In meinem nächsten Wohnort lernte ich eine Frau kennen, die ebenfalls in einer Bar arbeitete. Das war mein zweiter Kontakt zur Prostitution, diesmal zur anderen Seite, nämlich zu einer Kollegin, mit der ich vertrauter wurde, mit der ich mich austauschen konnte und mit der ich später gemeinsam anschaffen ging.

Lange Zeit schaffte ich neben anderen Aktivitäten an, finanzierte zum Teil mein Studium damit. Ich ging der Prostitution eher sporadisch nach, bis ich dann irgendwann entschied, sie ist im Grunde genommen der Beruf, der mir die meisten Freiheiten gibt, mir die größte Selbstständigkeit gewährleistet. Natürlich, unsere Gesellschaft hat ein Problem mit der Prostitution. Aber: Wenn ich sehe, welches Drama manche Frauen um eine simple Handentspannung machen, oder wenn ein Mann oralen Sex möchte?

Mein Gott, ich frage mich, wo liegt das Problem? Ich sehe es so: Ich gehe vielleicht mit weniger Geld nach Hause als in anderen Berufen, habe aber meine Freiheit.

Was freilich nicht der einzige Grund war, der für Prostitution sprach. Was sie für mich ebenfalls ungemein reizvoll machte, war das Spiel mit der Sexualität. Bereits wenn man in einer Bar hinter der Theke steht und Getränke ausgibt oder Geld kassiert oder die Tür öffnet, ansonsten aber wenig Ahnung von der Prostitution hat – das hatte ich damals ja so gut wie gar nicht –, war es trotzdem sehr anregend für mich, dass die Männer Interesse an mir hatten und sich überaus freundlich zeigten. Natürlich begegnete man einem solchen Verhalten und den anzüglichen Anwandlungen der Männer auch in der »normalen« Gastronomie, in der ich viel gearbeitet hatte, aber dort waren sie nicht so offensichtlich. Das fand ich in der Prostitution ehrlicher. Da wurde gesagt: »Du bist hübsch.« Oder: »Wir haben uns nett unterhalten, können wir nicht etwas zusammen trinken?« Es wurden zwar Freundlichkeiten ausgetauscht, aber auch ganz klar geäußert: »Ich würde gerne mit dir Sex machen. Wie ist das? Machst du das?«

Das ist natürlich in der »normalen« Gastronomie sehr wohl auch der Fall, wird aber nicht so konkret ausgesprochen, mehr verschleiert. Diese Klarheit in der Prostitution jedoch war für mich spannend.

Ich werde vielfach gefragt, ob es für mich eine Hürde gewesen sei, mich und meinen Körper zu verkaufen ... Aber ich habe mich ja gar nicht verkauft! Alle benutzen immer den Begriff »verkaufen«. Diesen Begriff habe ich nie gespürt, und kann auch heute nur sagen, er ist absolut falsch. Damals, als ich begann, wurde angeboten: Sex! Ich für meinen Teil konnte zunächst überlegen: Finde ich den Mann attraktiv? Hat er das Vorgeplänkel, das Etwas-Zusammen-Trinken, das Umwerben, so nett inszeniert, dass ich es attraktiv fand und es auch attraktiv fand, mit ihm Sex zu machen?

Und dann natürlich auch die Frage des Preises. Wenn ich als junges Mädchen draußen auf das Begehren des Mannes eingehe, kamen in meinem konservativen Umfeld sofort Überlegungen ins Spiel wie: »Heirate ich ihn?« Und: »Treffe ich ihn morgen wieder?« Oder: »Was sagen meine Eltern zu ihm?« Das alles fiel in der Prostitution weg. Das war auch eine Erleichterung für mich. Ich konnte dem Moment folgen und konnte überlegen: »Habe ich jetzt Lust, mit dem Mann Sex zu machen oder nicht?« Ich wusste genau, ich befinde mich in dem geschützten Rahmen der Bar, ich kann mich hinterher mit den Kolleginnen austauschen – oder sie wiesen mich vorher auf etwas hin. Ich genoss den Sex, oder ich probierte ihn einfach aus. Ich musste den Sex ja nicht einmal genießen. Es war einfach etwas, was ich ausprobieren konnte. Und ich wusste: Es hat für mich *keine* Konsequenzen. Ich gehe mit dem Geld nach Hause. Selbst wenn ich dem Mann am nächsten Tag begegne, ich muss ihn nicht einmal grüßen; ich muss auch nicht überlegen, ob ich wieder mit ihm ins Bett gehe oder ob ich meinen Eltern davon erzähle. Es war abgehakt!

Diese Freiheit, über den Mann, den Gast, den Freier zu entscheiden, darüber zu entscheiden, ob ich Sex mit ihm habe oder nicht, war mit Sicherheit auch eine Grundbedingung für mich, in der Prostitution tätig zu sein. Und bis heute: Ich kenne nichts anderes. Ich bin diesbezüglich mit Sicherheit eine sehr privilegierte Prostituierte. Ich habe nie Zwangssituationen erlebt, in denen ich – bis auf wenige Ausnahmen – nicht frei hätte entscheiden können. Ich habe immer diesen gewissen Kitzel erlebt: »Ja, ich will mit diesem Mann Sex machen.« Es gibt sicherlich eine ganz niedrige Hürde, bei der ich Lust habe; aber ich musste nie an andere Dinge denken. Auch das Geld war für mich – bis auf wenige Ausnahmen – nie so wichtig, dass ich sagen musste: »Ich mache heute den Mann, obwohl ich ihn nicht mag.« Also über Gebühr mit einem Mann Sex machen. Mit einem Mann, den man nicht mag. Oder außerhalb meiner Arbeitszeiten. Das alles musste ich nicht.

»Ziele habe ich mir immer andere gesetzt. Ich habe immer gesagt: »Ich will einen roten Sportwagen haben.« An solchen materiellen Dingen verlor ich am Ende aber ebenfalls immer schnell das Interesse. Den roten Sportwagen jedenfalls habe ich bis heute noch nicht.«

Mit anderen Worten, ich habe mir auch Grenzen gesetzt. Das finde ich das Allerwichtigste in der Prostitution. Es gibt für mich bestimmte Dinge, die ich in meinem Job nicht mache: Ich küsse nicht, also keine Zungenküsse. Ich küsse den Körper, aber nur privat küsse ich mit der Zunge. Ich kann mir auch nur privat – unter bestimmten Voraussetzungen – vorstellen, unsafen Sex zu machen. Alles andere läuft mit Kondom, tausendprozentig, sonst läuft überhaupt nichts. Das andere hat Nuancen des Unterschiedes von Intimität und von Vertrauen und von Symphatie. Einen Menschen, den ich liebe und mit dem ich meine Privatzeit verbringe, dem bringe ich natürlich von mir sehr viel mehr entgegen, was aber nicht heißt, dass ich nicht auch einem Gast intim und freundlich begegne, aber das freilich mit einer ganz anderen Tiefe. Natürlich freue ich mich über einen Stammgast, wenn er kommt, mache guten Sex mit ihm und wünsche ihm alles Gute – aber es ist natürlich eine zeitlich begrenzte »Beziehung«. Er hat keinerlei Verantwortung mir gegenüber, während im privaten Bereich natürlich die Verantwortung immer eine Rolle spielt.

Sich Grenzen zu setzen, ist sehr wichtig, das habe ich vielleicht auch von zu Hause aus gelernt, oder in dem Umfeld, in dem ich groß geworden bin: Sich Grenzen zu setzen, das heißt, im Kontext mit anderen, etwas für mich selbst zu lernen und zu gucken: Was will ich? Wo sind meine Grenzen? Natürlich gehört dazu auch, die

Grenzen zu verschieben, neue Dinge auszuprobieren, sagen zu können: »Jetzt bin ich zu weit gegangen.« Und dann wieder zurückzukehren. Sexualität hat sehr viel mit Ausprobieren zu tun. Herausfinden, wo die eigenen Freuden sind. Jeder mus mal Gruppensex machen, jeder muss mal gleichgeschlechtlichen Sex probieren. Jeder muss mal verrückte Dinge erleben ... im Wald ... Bondage ... SM. Finde ich jedenfalls. Denn erst dann kann man sagen: »Okay, das war richtig, ich mache es nie wieder. « Oder: »Das sollte ich weiterverfolgen.«

Ich für meinen Teil kann sagen: Ich habe Dinge erlebt, die ich erleben wollte. Wenn man so will, bin ich auch mit gewissen Erwartungen in die Prostitution gegangen. Denn ich bin grundsätzlich ein bisschen neugierig. Ich bin allerdings auch schnell gelangweilt, wenn ich bestimmte Dinge erlebt oder erreicht habe. Dann wiederum zeige ich mich neuen Dingen aufgeschlossen und es passiert auch etwas Neues. Deshalb kenne ich – das macht mich heute ein bisschen stolz – sämtliche Prostitutionsarbeitsplätze. Ich habe sowohl im Wohnmobil gearbeitet als auch im SM-Studio. Ich habe zumindest immer ein paar Tage in alle Bereiche reingeschnuppert und weiß, was dort die Anforderungen sind. Ich weiß nach einer Woche SM, das kommt für mich überhaupt nicht in Frage. Überhaupt nicht. Straßenstrich finde ich klasse, aber nur zur Sommerzeit und bei schönem, sonnigen Wetter. Am liebsten würde ich in München arbeiten, Haus- und Hotelbesuche machen, weil die Preise super sind und es tolle Hotels gibt. Das Klima mit den meisten Gästen ist prima. Hier in Berlin arbeite ich in einer eigenen Wohnung, das finde ich auch nicht schlecht.

Meine Familie ist mit meiner »Berufung« gar nicht umgegangen. Meiner Familie habe ich – entsprechend der Sozialisation, das hatte ich schon kapiert – nichts erzählt. Dadurch erlebte ich unterschiedliche Dinge, die für mich sehr brenzlig wurden. Zum Beispiel kam in der Bar, in der ich hinter der Theke stand, ein Mann aus unserem Dorf, der mich sofort darauf ansprach und meinte: »Du bist doch die Tochter von dem und dem, die Nichte von der und der ...« Woraufhin ich das in meiner Dummheit bestritt und entgegnete: »Das stimmt doch gar nicht, du musst mich verwechseln.« Der Mann trank sein Bier und ging. Ich hatte Schiss, dass er noch einmal kommt, weil er angeblich Stammgast des Hauses war, oder auch dass er von seiner Begegnung mit mir im Dorf erzählen würde. Das hat er offensichtlich nicht gemacht, zumindest ist es nie an mich herangetragen worden.

Dann hat es Zeiten gegeben, in denen ich ein nicht so offensichtlich seriöses Leben vorweisen konnte. Als ich studierte oder einen »seriösen« Job hatte, war ja nach außen hin ersichtlich, dass ich mich ordentlich verhielt und nicht der Prostitution nachging. Aber wenn es Zeiten dazwischen gab und ich trotzdem Geld hatte, fragte man schon nach: »Was machst du den ganzen Tag? Wieso bist du telefonisch nicht erreichbar?« Ich log eindeutig herum und baute Geschichten auf, die mir das Leben schwer machten und den anderen mit Sicherheit auch.

Es war schwierig, dieses Doppelleben aufrecht zu erhalten. Ich tingelte ein bisschen durch Deutschland, arbeitete auch in anderen Jobs. Schließlich landete ich bei Hydra e.V. in Berlin, wo ich eine Stelle als Sozialarbeiterin bekam. Damit war automatisch auch Öffentlichkeitsarbeit verbunden. Glück für mich, denn ich konnte mich fortan hinter dem Angestelltenvertrag und der seriösen Arbeit als Sozialarbeiterin verstecken und all denen, die Zweifel hatten, sagen: »Ich engagiere mich für die, die ich berate.« Dass ich in der Öffentlichkeit von »wir« sprach, läge also nur in meiner Arbeit begründet – so zumindest konnte ich meiner Familie gegenüber argumentieren. Trotzdem war es für meine Familie ein Knackpunkt und mit Sicherheit haben sie überlegt, ob das bei mir nun eine Überidentifikation sei oder ich ebenfalls anschaffen ginge ...

Ich muss ganz ehrlich sagen: Ich habe bis zuletzt meinen Eltern keinen reinen Wein eingeschenkt. Es gab viele Momente, in denen meine Eltern angesprochen wurden; ich weiß auch, dass sie nie den Mut hatten, mich anzusprechen. Ich beispielsweise schrieb meine Diplomarbeit als Sozialarbeiterin über Prostitution – zuhause! Meine Eltern kochten mir währenddessen das Essen, versorgten mich rundum, mein Vater las die einzelnen Seiten und stellte mir immer wieder die Frage: »Warum dieses Thema?« Für mich war es eines von vielen Themen, ein spannendes Thema, und so antwortete ich ihm auch. Doch ich denke, er spürte genau, dass ich mehr mit dem Thema zu tun hatte, als ich zugab.

Ob ich es heute bereue, mit meinen Eltern nie offen gesprochen zu haben? Das ist eine schwierige Frage. Ich glaube, ich hätte ihnen gegenüber ehrlicher sein müssen, weiß aber nicht, ob es dann nicht zum Bruch gekommen wäre. Ich kann mir durchaus vorstellen, dass meine Eltern gesagt hätten: »Mir dir wollen wir nichts mehr zu tun haben.« Und das wäre mir auch sehr schwer gefallen.

Hinzukommt, über meine ganze berufliche Entwicklung habe ich auch nie ausschließlich von der Prostitution gelebt, auch heute nicht, weil mir das auch zu langweilig ist. Ich finde Prostitution als Kommunikation mit anderen Menschen, als das Angebot von Sex sehr interessant, auch das Geld, was im Vergleich zu Einkünften in anderen Bereichen sehr interessant ist, aber es werden andere Dinge, die für mich wichtig sind, vernachlässigt. Und deswegen muss ich mich auch heute mit anderen Sachen beschäftigen, um rundum das Gefühl zu haben, ich bin ausgefüllt. Ich habe seit einigen Jahren die für mich glücklichste Lösung gefunden, indem ich rund um Prostitution alles anbiete: Ich verkaufe Arbeitsmaterialien wie Kondome, Gleitgel, Toys – weil ich selbst anschaffen gehe, weiß ich, wie die Materialien sind, welche Qualitäten sie haben und kann entsprechend erklären, wie man sie anwendet –, setze durch meine politische Arbeit das um, was ich praktisch erlebe, setze mich gegen einzelne Mängel und Diskriminierungen ein oder bewege mit Kolleginnen bei eigenen Veranstaltungen etwas.

»Natürlich könnte ich als Sozialarbeiterin arbeiten, was ich ja auch gelernt hatte, klar, das könnte ich auch machen. Will ich aber nicht! Was würde es bringen? Ich würde durch die Gegend laufen, Dinge erzählen, die die Frauen am Ende doch nicht machen – das kann ich mir auch sparen.«

Dass ich heute keine Doppelrolle mehr lebe, sondern als Prostituierte arbeite und mich auch öffentlich engagiere, das war eine Entwicklung, die sich zwangsläufig ergab. Mit Sicherheit rührt mein Engagement auch von der Erziehung und dem Klima in meinem Elternhaus her, in dem meine Eltern mir beigebracht haben: Wir sind soziale Wesen und wir müssen uns für das einsetzen, was einen persönlich und was die anderen betrifft, man muss manchmal auch mehr wagen als nur an sich selbst zu denken. Für mich war es als Jugendliche selbstverständlich, mich zu engagieren, für mich war dies später und ist es bis heute selbstverständlich. Im übrigen hätte ich das in jedem anderen Beruf auch gemacht. Ich habe es auch in anderen Berufen gemacht. Das ist für mich eine gewisse Notwendigkeit. Ich kann nicht vor mich herleben und denken: »Es ist alles Friede, Freude, Eierkuchen und ich sehe die Begrenzungen nicht.« Wenn ich selbst betroffen bin, muss ich etwas dagegen machen, am besten mit Gleichgesinnten, um auch wirklich etwas bewegen zu können.

Gleichwohl ich sagen muss, dass ich im Gegensatz zu vielen anderen Prostituierten gewiss nicht so viele schlechte Erfahrungen gemacht habe. Ich weiß natürlich und wusste schon immer, dass die Gesetzeslage gegen uns Prostituierte ist und wir keine Rechte haben. Aber weil ich auch Einblick in andere Berufe hatte, wusste ich, dass ich damit benachteiligt bin ... Durch die Arbeit bei Hydra kam ich deshalb zunehmend mehr in die Öffentlichkeit. 1995 – da war ich von Hydra weg und arbeitete als Prostituierte, hatte mein eigenes Geschäft aufgebaut – hatte ich das Erlebnis mit dem Freier, der mir nur die Hälfte des vereinbarten Lohnes zahlte. Da war es für mich eine logische Konsequenz: Wie oft hatte ich auf den Arbeitstreffen mit anderen Prostituierten die geltenden Gesetze kritisiert und erklärt, wir müssten ein eigenes Fallbeispiel vor Gericht treiben? Dann plötzlich erlebe ich genau dieses Beispiel, das passend ist – und ich mache einen Rückzieher und treibe es *nicht* vor das Gericht? Das hätte ich mir selbst gegenüber nicht vertreten können!

Es war also eine logische, politische Konsequenz. Vor allem wenn man im Kontext von Hurenbewegungen, mit Kolleginnen und Rechtsanwälten ständig überlegt, wie man Politiker dazu bewegen kann, Gesetze zu verändern, und dabei zu dem Ergebnis kommt: Es geht nur über Einzelfälle, die man vor Gericht bringt, um entsprechenden Druck aufzubauen. Nein, ich hätte nicht mehr in den Spiegel blicken können, wenn ich es nicht gemacht hätte.

Also zog ich vor Gericht – und ging als Siegerin daraus hervor. Also ein auf den ersten Blick positiver Ausgang. Obschon das Positive an diesem Fall nicht so wahnsinnig positiv ist. Der Freier erschien nicht zum Gerichtstermin, nahm sich keinen Rechtsanwalt und reagierte auch sonst in keinster Weise. So brauchte der Richter in der Verhandlung die Prostitution nicht zu bewerten und den Fall lediglich darauf reduzieren, ich hätte eine Forderung, die Forderung blieb unwidersprochen, also müsse die gegnerische Seite zahlen. Punkt. Es war von daher nur das Urteil eines Amtsgerichtes, das von höheren Instanzen nicht bestätigt wurde. Ich könnte mir durchaus vorstellen, dass dieser Richter am Amtsgericht, auch wenn er die Prostitution hätte bewerten müssen, zum gleichen Ergebnis gekommen, von nächster Instanz aber gerügt worden wäre.

Wie auch immer, ich war mir zumindest in keinster Weise sicher, dass ich mit einem positiven Urteil aus der Angelegenheit herausgehen würde ... Aber dass der Freier sich überhaupt nicht rührt, damit habe ich überhaupt nicht gerechnet. Ich habe mir natürlich gewünscht, dass es zu einer rechtlichen und gerichtlichen Neuformulierung von Prostitution kommt. Das hätte uns letztendlich weitergebracht. Das ist durch das Stillschweigen des Freiers und die schnelle Entscheidung des Richters natürlich ausgeblieben. Andererseits hat das Urteil unter uns Kolleginnen trotzdem ganz klar einiges bewegt. Uns war klar: Wir haben Rechte und wir können diese Rechte vor Gericht erstreiten. Dieses Urteil ist durch sämtliche Medien gegangen und wird noch heute immer wieder von Studenten und von Rechtsanwälten herangezogen; es hat also schon eine positive Wirkung. Es hat was für das Empowerment und Selbstbewusstsein gemacht – und ich stand im öffentlichen Licht.

Es war also eine Zwangsläufigkeit. Nicht dass ich die Öffentlichkeit gesucht habe, aber sie gehörte dazu, um für die Rechte der Prostituierten eintreten zu können. Nicht alle Prostituierten können die Öffentlichkeit suchen. Aber ich genieße den Vorteil, ich bin nicht verheiratet und habe keine Kinder. Das ist eine Freiheit, die ich besitze, denn ich muss nicht auf Menschen Rücksicht nehmen, die gegebenenfalls mitdiskriminiert werden. Gerade beim Thema Kind kann ich jede Prostituierte verstehen, die sich eben wegen ihrer Kinder bedeckt hält. Warum soll denn ein Kind im Kindergarten gehänselt werden? Von Partys ausgeladen werden? Oder nicht zu den Nachbarkindern spielen gehen?

Ich will nicht behaupten, es sei meine bewusste Entscheidung gegen Familie und Kind. Und gewiss ist es auch nicht der Fall, dass ich nicht den richtigen Mann gefunden habe. Aber trotzdem ist an beidem etwas Wahres. Und ich glaube, es ist nicht leicht mit mir zu leben, weil ich mir nicht alles gefallen lasse und weil ich keine typische Hausfrau und Mutter bin, auch bestimmte Ansprüche an eine Beziehung stelle. Natürlich spielt auch der Beruf eine ganz wichtige Rolle, denn die meisten Männer kommen damit nicht klar. Am Anfang finden Männer es noch spannend, man ist in irgendeiner Form attraktiv. Es werden Klischees in den Raum gestellt, oder die Hoffnung, man habe ganz viel Ahnung von Sex, davon könnten sie, glauben die Männer, profitieren.

Aber dass man sich in einer Beziehung mit mir genauso anstrengen und selbst aktiv werden muss wie in jeder anderen Beziehung auch; das sind ganz normale Prozesse, die die Männer nicht nachvollziehen können. Die meisten Männer haben dann früher oder später tatsächlich Probleme, sie kommen damit selbst nicht klar und haben auch Probleme in ihrem Bekanntenkreis dazu zu stehen, dass ihre Partnerin eine Prostituierte ist. Wenn sich dann Freunde und Familienangehörige von ihnen abwenden und sie praktisch mitdiskriminieren, ist es schwierig, sich mit mir zusammenzuschließen und hinter mir zu stehen. Da gerät dann ein Weltbild ins Wanken ... und es braucht nur ein kleiner Streit zu kommen und der Mann sagt: »Naja, ich stelle mich dann doch lieber auf die Seite der bürgerlichen Gesellschaft.«

Nicht zu vergessen, das sexuelle Problem ist natürlich auch entscheidend. Die meisten Männer betrachten Frauen als ihr Eigentum und können es *überhaupt* nicht akzeptieren, dass ihre Partnerin Sex als Prostituierte macht; und der Gedanke, dass sie auch noch Spaß daran haben könnte, es also nicht nur um Geld geht, ist für die meisten Männer nicht erträglich. Obwohl sie selber alle Sex mit vielen Frauen haben wollen ...

Es gibt viele Prostituierte, die erklären, ihr eigenes Lustempfinden würde durch die Prostitution in Mitleidenschaft gezogen werden. Ich kann dem nicht so beipflichten. Es ist eine Sache, wie man arbeitet, welche private Sexualität man hat. Wenn man früher in einem Laden gearbeitet hat, konnte man locker zehn Gäste am Tag bedienen, mal mehr, mal weniger. Wenn ich das fünf Tage die Woche gemacht hätte, hätte ich wahrscheinlich auch keine Lust gehabt, an diesen fünf Tagen noch Sex mit meinem Partner zu haben. Oder eher unwillig. Oder ich hätte von mir aus keine Initiative ergriffen. Ich kann mich erinnern an Zeiten, in denen ich Termingeschäfte machte, ganz viele Stunden arbeitete – damals hätte ich abends nicht zum Partner gehen und Sex mit ihm machen wollen. Das ist dann ein Stück weit die Ernüchterung; aber ein Postbote will abends bestimmt auch keine Briefe mehr austragen und ein Masseur abends nicht mehr seine Partnerin massieren müssen.

Aber die Zeiten habe ich immer nur phasenweise mitgemacht und mir große Freiräume dazwischen ermöglicht. Dadurch, dass ich nie so wahnsinnig viel in der Prostitution arbeitete, auch nie so sehr im Milieu, im so genannten »kriminellen Milieu« steckte – mit Zwang und Druck kam ich nie in Berührung –, nie ausschließlich nur von Prostitution lebte, hatte ich auch immer Lust auf privaten Sex. So ist es auch heute noch. Ich arbeite für gewöhnlich von zwölf bis 18 Uhr in meiner Wohnung in Berlin Prenzlauer Berg, versuche diese Zeiten auch sehr regelmäßig einzuhalten. In der Zeit können Gäste ganz einfach kommen, denn Gäste, die ich nicht kenne, halten in der Regel keine Termine ein. Darüber hinaus können Gäste, die ich kenne, auch andere Termine vereinbaren. Manchmal bin ich auch an den Wochenenden in der Wohnung. Vorher und nachher, das heißt vor zwölf Uhr und nach 18 Uhr, kann ich alles andere machen. Ich kann Kondome verkaufen, zu Sitzungen gehen, Aktionen machen zum Beispiel für den Bundesverband Sexuelle Dienstleistungen e.V., aber auch ins Kino oder Theater gehen, zuletzt war ich in der »Dreigroschenoper« – solche Sachen eben ...

Dass ich den Bundesverband mitgründete, war ebenfalls eine logische Konsequenz. Ich habe jahrelang Haus- und Hotelbesuche gemacht sowie den Kondomverkauf aufgebaut. Das heißt, ich war mehr oder weniger alleine, habe deshalb den Austausch mit meinen Kolleginnen gesucht – einmal den Erfahrungsaustausch über die Arbeit, die Kunden und die Rahmenbedingungen, aber auch über politische Dinge, die man gemeinsam bewegen könnte. Ich traf mich mit Kolleginnen zum Essen, schloss kleine Bündnisse, aus denen ein großer Kreis an Kolleginnen hervorging, mit denen ich Kontakt hielt und ihn auch pflegte. Dann habe ich Lust gehabt, etwas Neues anzufangen und habe die Veranstaltungen im Westend Grand Hotel angeboten. Ich lud die Leute ein, mit denen ich in Kontakt und Kommunikation stand, lud einen Referenten ein, wir hörten uns an, was er zu sagen hatte, diskutierten mit ihm und haben den Erfahrungsaustausch hinterher in der Bar fortgesetzt. Das Ambiente behagte mir, das Treffen sagte mir zu, die Tatsache, dass jemand von außen kam, der uns Input gab, gefiel mir, so dass ich spürte, dass wir auf dem richtigen Weg waren. Nach der Verabschiedung des Prostitutionsgesetzes war es eine logische Konsequenz, einen Bundesverband zu gründen.

Es gab mal einen Journalisten, der mich fragte, ob der Bundesverband so etwas wie eine »Alterssicherung« für mich wäre.

O Gott!

Natürlich, die Prostitution hat sich die letzten Jahre verändert. Heute ist es mit Sicherheit kaum möglich, zehn Kunden am Tag zu bedienen. Zum einen liegt das an meinem Alter. Ich denke, mit zunehmendem Alter hat man weniger Kunden und dann vielleicht den einen oder anderen besseren, der länger bleibt und mehr bezahlt. Aber die geringere Kundenzahl hat eindeutig auch mit der Wirtschaftslage zu tun. Viele Männer haben einfach nicht mehr so viel Geld. Außerdem gibt es ein enorm hohes Angebot an Prostituierten insbesondere hier in Berlin, was zu einem Preisverfall beziehungsweise zu Konkurrenz führt. Die Männer haben also einfach sehr viel mehr Möglichkeiten, sich zu amüsieren. Ich denke, das sind die Hauptgründe dafür, dass man als Prostituierte heutzutage kaum noch zehn Männer am Tag bedienen kann.

Aber um auf die Frage zu antworten: Für mich ist der Bundesverband keine Alterssicherung. Ich denke eher daran – und auf diesem Weg sind wir auch –, ihn mehr auf eigene Beine zu stellen und mich dann wieder freizustrampeln. Wir haben jetzt 50 Mitglieder, das ist für andere vielleicht eine kleine Zahl, für uns ist es eine enorm große Zahl, weil unsere Branche es nicht kennt, sich zusammenzuschließen, Betriebsinterna auszutauschen, gemeinsam auf politische Strategien zu setzen und darin auch einen Erfolg zu sehen – deswegen sind 50 Mitglieder in unserer Branche und für die kurze Zeit sehr viel.

Wir haben beschlossen, dem Bundesverband Räumlichkeiten zu suchen. In dem Moment, wo wir diese Räume haben, werden wir eine Sekretärin einstellen. Sie wird mir für die täglichen Geschäfte Entlastung bieten. Und wenn wir schließlich die nächste Hürde überwunden haben, vielleicht 100 oder 150 Mitglieder erreichen, wird es eine Geschäftsführerin geben und ich kann als »graue Eminenz« abtreten. Die Geschäftsführerin zumindest werde nicht ich sein, soviel ist klar.

Eine Zukunft ohne aktive Prostitution kann ich mir zum gegenwärtigen Zeitpunkt jedenfalls nicht vorstellen. Ich denke auch nicht daran, weil ich nicht wüsste, warum. Es ist auch ein Klischee, dass man nur als junge Frau der Prostitution nachgehen kann. Mich stört auch nicht, dass mich manche komisch angucken. Die Tatsache, dass ich mein Geld verdiene und damit überleben kann, beweist, dass es für mich ein Geschäft zumindest von heute und morgen ist. Und solange ich den Spaß habe, warum soll ich an etwas anderes denken?

»AM LIEBSTEN HÄTTE ICH EINE NORMALE ARBEIT GEHABT. WELCHE WAR MIR WURSCHT!«

Antje, 48 – Ex-Prostituierte

Ich bin im Kinderheim aufgewachsen. Meinen Vater lernte ich erst mit 20 kennen. Da hatte ich bereits zwei Kinder von meinem Freund. Mit 21 bekam ich einen Brief – darin die Todesanzeige von meinem Vater. Das war's ...

Ein Jahr zuvor war mein Freund arbeitslos geworden. Er hatte wiederum einen Freund, der Mädels in Amsterdam laufen ließ. Mein Freund meinte, ich solle ihn doch unterstützen und das auch machen. Er war total nett und lieb. Mit 20 begann ich für ihn hinter den Fenstern in Amsterdam zu arbeiten. Wenn man mich heute fragt, warum ich das gemacht habe – ich war einfach verliebt und wollte alles tun, damit mein Freund sich wohl fühlt. Ich wurde damals also, sagen wir mal, auf eine »nette Art« dazu gezwungen. Ich heiratete dann auch meinen Freund.

Das erste Mal mit einem Freier war seltsam. Ich sagte ihm, dass es für mich das erste Mal sei. Er zeigte Verständnis. Ich versuchte ihm das Kondom überzustreifen, was mir natürlich nicht gelang. Er hatte Geduld, und am Ende meinte er, er würde wiederkommen, wenn ich richtig im Geschäft wäre.

Der Weg dorthin war nicht einfach. Die Freier legen ihr Geld hin und meinen, sie können alles mit dir machen. Als wärst du ihre Puppe! Mit der Zeit stumpft man ab. Und ganz ehrlich: Das Geld ist einfach verdient.

Aber wenn man mich fragt, ob ich glücklich war, dann weiß ich eines: Nein, ich war es nicht. Denn am liebsten hätte ich eine normale Arbeit gehabt. Welche war mir wurscht! Von mir aus auch in der Fabrik. Aber das war nicht einfach. Auch wenn man nicht anschafft, man hat den Stempel aufgedrückt bekommen. Man beginnt sich unsauber zu fühlen. Man schämt sich. Vor sich selbst.

Ich habe auch ein Problem mit meiner eigenen Sexualität bekommen. Was ich ganz sicher nicht mehr machen kann sind One-Night-Stands. Da hätte ich das Gefühl, ich ficke mit einem Kunden, und der legt mir nach der Nummer das Geld auf den Tisch. Bei mir muss Gefühl dabei sein – unbedingt! Ohne Gefühl könnte ich mit keinem Mann einfach so schlafen ...

Viel schlimmer war die Erkenntnis, dass mein Mann mich nicht wirklich liebte. Er machte keine Anstalten einen Job zu finden. Ich merkte, es war alles geplant von ihm. Ich sollte für ihn anschaffen. Er war auch nicht mehr lieb und nett zu mir. Er war sadistisch. Er drückte mir Zigaretten auf dem Rücken aus, schob mir kaputte Glasflaschen in die Scheide. Ein paar Mal habe ich versucht wegzulaufen. Ich bin immer wieder zu ihm zurück. Manchmal hat er mich irgendwo gefunden, manchmal hat er mich über die Kinder zurückgeholt. Er hat mir gedroht, sie mir wegzunehmen.

Welche Wahl hatte ich? Bis 1983 arbeitete ich hinter den Fenstern in Amsterdam. Dann bekam ich unerwartet die Möglichkeit, in einem Club zu arbeiten. Es war ein Chauffeur, der die Frauen herumfuhr, der von einem Club erzählte, dessen Betreiber aufhören wollten. Das war für mich die Gelegenheit, mich selbstständig zu machen, mich auch von meinem Mann zu lösen. Ich wollte ihn Stück für Stück aus meinem Leben drängen, ohne dass er es so recht merkt.

Ich nahm mein Erspartes und übernahm den Club. Er lag außerhalb einer Wohngegend, hatte eine gültige Konzession, die es erlaubte, Sex anzubieten. Das war in Holland im Gegensatz zu Deutschland erlaubt. In dem Club gab es einen Barbereich, einen Whirlpool mit Sauna, zwei Zimmer mit Bad, zwei normale Zimmer mit jeweils einem Waschbecken. Weil die Nachfrage danach groß war, hatte ich auch einen SM-Bereich. Mir war sehr wichtig: Es sollte ausreichend Waschmöglichkeiten geben. Die Räumlichkeiten sollten sauber sein. Die Mädels suchte ich per Annonce. Sie mussten einen gültigen Ausweis haben, volljährig sein. Dick oder dünn war egal, Hauptsache eine saubere Erscheinung. Es gab ein Gesetz: Nur mit Gummi! Wenn ich dahinterkam, dass die Mädels sich nicht daran hielten, flogen sie raus! Und ich selbst erlaubte es mir, nicht mehr mit den Männern aufs Zimmer zu gehen. Ich arbeitete nur noch hinter der Bar. Mir ging es gut.

Der Club lief richtig gut. Bis mein Mann merkte, dass ich die Distanz wollte. Er war zwar noch immer an meiner Seite, auch im Club, aber unglaublich aggressiv. Ich bat ihn daher, während der Öffnungszeiten fernzubleiben. Er klinkte aus und eines Tages, nach fünf

Jahren, steckte er meinen Club in Brand. Natürlich erzählte ich der Polizei davon. Aber sie konnten es ihm nicht nachweisen.

Nachdem der Club abgebrannt war, arbeitete ich ein Jahr in einem anderen Puff, musste natürlich wieder mit den Freiern bumsen. Dort lernte ich auch einen lieben Mann aus Deutschland kennen. Der kam zwar als Stammkunde in den Club, aber schlafen wollte er nicht mit mir. Sicherlich dadurch entstanden auch Gefühle bei mir für ihn. Er verhalf mir schließlich zu einer Flucht nach Deutschland. Das sollte mein Ausstieg werden. Aber Arbeit? Ich konnte kein Deutsch. So landete ich erneut in der Prostitution und ging anschaffen, jetzt in Deutschland.

Ich heiratete meinen Freund und versuchte es mit ihm in Österreich. Dort wurde er allerdings wegen Urkundenfälschung, Versicherungsbetrug und Diebstahl gesucht, Delikte, die er noch vor meiner Zeit begangen hatte, die er mir verschwiegen hatte. Er wurde verhaftet, was mich sehr betroffen machte. Ich war erst mal wieder alleine. Was sollte ich tun? Welche Wahl hatte ich alleine in einem fremden Land?

Ich kehrte nach Holland zurück. Dort drohte mir von meinem Ex-Mann keine Gefahr mehr. Ich hatte erfahren, dass er inzwischen eine neue Frau an seiner Seite hatte. In Holland ging ein Traum in Erfüllung. Ich bekam einen Job in einer Fabrik für Mieder & Dessous und arbeitete dort ein Jahr – bis ich 1992 per Zufall den Chef kennen lernte. Es war ein ehemaliger Kunde von mir. Und weil er Angst davor hatte, dass ich sein »dunkles« Geheimnis preisgeben würde, musste ich die Firma sofort verlassen. Da mein Mann in Österreich fünf Jahre Knast aufgebrummt bekam, ging ich wieder anschaffen, um Geld zu verdienen.

Das letzte Jahr war mein Mann bereits auf Bewährung draußen. Wir eröffneten ein Autohaus in Deutschland. Da mein Mann natürlich keinen guten Leumund hatte, lief das Autohaus auf meinen Namen. Ich selbst war kaum im Geschäft, das regelte mein Mann. Die erste Zeit lief das Geschäft bombig, es ging uns gut, ich brauchte nicht mehr anschaffen. Bis es im Oktober 2001 eine Anzeige wegen Steuerhinterziehung gab. Wieder hatte mein Mann hinter meinen Rücken etwas ausgefressen. Immerhin, ich konnte die Staatsanwaltschaft davon überzeugen, dass die Firma nur auf meinen Namen lief, ich ansonsten aber nichts mit dem Geschäftsbetrieb zu tun hatte. So bekam ich zum Glück nur acht Monate auf zwei Jahre Bewährung.

Und wieder stand ich alleine da: Eine Autofirma mit Neuwagen. Keine Ahnung davon. Dazu Steuerschulden in Höhe von 400.000 Mark. Ich beantragte Konkurs, beantragte die Scheidung. Allerdings bekam ich so viele Bitt- und Bettelbriefe von meinem Mann, er wolle sich doch ändern, ich solle ihm noch eine Chance geben, dass ich den Antrag auf Scheidung wieder zurücknahm.

Aber – ich war selbstständig, bekam kein Arbeitslosengeld, war 48 Jahre. Wo steh' ich jetzt? In einer Bar hinter der Theke. Ich bin zu alt fürs Geschäft. Wer will noch mit mir vögeln? Ich mag gar nicht an die Zukunft denken. Ich habe keine Zukunft! Ein Freund meinte kürzlich, ich solle was Neues wagen, Abendschule oder so ... Ich haben keinen Bock mehr. Wenn ich mit der Schule aufhöre, bin ich 51. Wer stellt mich dann noch ein?

Ich muss halt zusehen, dass ich den Kopf über Wasser halte. Von Männern habe ich die Schnauze voll. Ich habe keinen Respekt mehr vor Männern. Es kotzt mich an: Der Mann kommt in den Club, geht mit mir nach oben: »Du bist so lieb. Du bist aber schön. Du brauchst diesen Job doch gar nicht!« Das sind genau die Worte, die der Mann gebraucht hat, in dessen Firma ich später nicht arbeiten durfte, weil er mein Freier war. Das kotzt mich an. Welchen Job soll ich denn dann machen?

Oder: Ich war einmal in einer Discothek und spürte, wie sich jemand über mich unterhielt. Es war ein Freier mit seinen Kumpels. Sie redeten über mich. Das kotzte mich an. Ich ging hin: »Redest du über mich? Hast du deinen Kumpels erzählt, dass du mit mir gefickt hast? Hast du ihnen auch gesagt, dass du dafür bezahlt hast?«

Da hat er so eine Birne gekriegt. Das war ihm so peinlich. Das kotzt mich an. Es war einer, der noch auf dem Zimmer zu mir sagte: »Aber das hast du doch gar nicht nötig!« Das kotzt mich an.

»WARUM NICHT? GUCKST ES DIR EINFACH FÜR EINE WOCHE AN.«

Wibke, 36 – Ruhrgebiet

Es ist eine Weile her, dass ich in die Prostitution ging. Und eigentlich geschah es nur durch einen Zufall. Aber das ist es ja meistens, irgendwie. Damals wohnte ich mit meinem Freund zusammen. Dessen bester Kumpel war mit einem Mädchen zusammen, das anschaffen ging. Sie wollte damals nach Hannover zur CeBit, weil sie dort für die Dauer der Messe gut Geld verdienen konnte. Sie wollte aber nicht alleine nach Hannover. Es ist immer heikel, wenn man als Prostituierte neu in einem Puff anfängt. Man kennt niemanden, vor allem die anderen Frauen nicht, deshalb ist es eigentlich immer besser, wenn man eine Freundin dabei hat. Es ist ein hartes Geschäft, auch von wegen Mobbing und so. All das wusste ich damals natürlich noch nicht, obwohl ich schnell lernte. Doch der Reihe nach.

Meine Freundin arbeitete damals in einem Puff in Essen. Von ihren Kolleginnen dort wollte aber keine sie begleiten. Sie fragte mich, ob ich nicht Lust hätte. Das war im April, ich hatte zwei Wochen Zeit bis zum Abi. Ich dachte mir: »Warum nicht? Guckst es dir einfach für eine Woche an.« Wobei von »angucken« freilich keine Rede war. Natürlich spielte ich mit dem Gedanken, selbst auch anzuschaffen. Meine Freundin hatte mir von der Kohle erzählt, die man dabei verdienen konnte – und das faszinierte mich daran. Also fuhr ich mit ihr nach Hannover, schaffte an und verdiente dabei eine Menge Geld.

Schwierigkeiten hatte ich keine, meinen Körper preiszugeben. Ich meine, es ist jetzt fünfzehn Jahre her, und vieles ist mit Sicherheit über die Jahre verklärt ... Aber sicher ist auch, damals haben die Frauen im Puff noch ganz anders gearbeitet. Sie haben den Gästen alles versprochen, das Blaue vom Himmel gelogen. Ähnlich wie: »Da musst du mir noch 50 Mark geben! Ach, und ich habe da noch eine Idee, gib mir noch mal 50 Mark. Dann können wir noch dies und das machen.« So ging das eine Weile, der Freier zahlte und zahlte und zahlte, und wenn er irgendwann dann keinen Pfennig mehr im Portemonaie hatte, gab es eine fixe Handmassage. Wenn er deswegen rummaulte, kein Problem, wurde der Wirtschafter gerufen, der den Freier schnell und unsanft vor die Tür setzte. Insofern war es eigentlich gar nicht so schwer anzuschaffen.

Es war alles easy und locker, also kam es für mich auch nicht in Frage, nach dem Abi einen anderen Job zu suchen. Es war schnell und einfach verdientes Geld, und zwar ziemlich viel. Wir haben die Gäste über viele Jahre abgezockt. Zum Schluss ging es nicht mehr, weil das Geld knapper wurde und wir mehr oder weniger auf Stammgäste angewiesen waren. Da mussten wir schon ein bisschen mehr machen fürs Geld. Aber die ersten Jahre, mein Gott, was haben wir die Leute verarscht!

Freilich war mir klar, dass meine Familie mit meinem Job nicht so einfach klarkommen würde. Gesellschaftlich genoss die Prostitution damals ein ganz anderes Ansehen, als sie es heute tut. Ich habe versucht, die Prostitution zu verheimlichen. Leider vergebens. Es war meine Freundin, die eigentlich dachte, dass meine Mutter davon wüsste. Sie waren beide zusammen im Urlaub und meine Freundin sprach ganz locker dieses Thema an, als wäre es das N ormalste der Welt. Meine Mutter fiel aus allen Wolken. Für sie brach eine Welt zusammen. Sie war sehr geknickt, sehr, sehr enttäuscht von mir. Es herrschte Funkstille zwischen uns, wenngleich ich wusste, dass das nicht ewig so weitergehen konnte. Meine Mutter ist ein Harmoniemensch, ich im Grunde auch. Deswegen war mir klar, dass wir irgendwann schon wieder einen Schritt aufeinander zugehen würden.

So war es auch. Meine Mutter hat mich ein halbes Jahr später, als wir beide zusammen im Urlaub waren, in einer ruhigen Minute darauf angesprochen. Naja, leugnen ging ja eh nicht mehr. Also habe ich es ihr versucht zu erklären, aber sie wollte nichts von Rechtfertigungen und Gründen wissen. Deshalb haben wir das Thema abgehakt und seitdem nie mehr darüber gesprochen. Ich glaube, heute hat sie es akzeptiert, was aber vielleicht auch daran liegt, dass sie weiß, dass ich nicht allzu lange mehr in dem Job arbeiten werde.

Inzwischen mache ich mir meine Gedanken über einen Ausstieg. Es ist ja auch nicht so, dass ich an meinem Job hänge. Es ist, wie gehabt, leicht verdientes Geld, auch wenn von uns Frauen heute ganz sicher mehr verlangt wird als vielleicht vor zehn Jahren noch.

Es ist auch nicht so, dass mein eigener Sex darunter gelitten hat. Das wüsste ich auch von anderen Frauen nicht, zumindest von den Frauen, mit denen ich zusammengearbeitet habe. Wir reden immer offen darüber, und ich glaube, viele trennen es strikt, unbewusst vielleicht, aber sie trennen es.

Von daher sind das alles keine Gründe, um über einen Ausstieg nachzudenken. Vielmehr ist es die Wirtschaft, die in Deutschland am Boden liegt und auch den Bordellen zu schaffen macht. Das glaubt man eigentlich gar nicht, weil es doch normalerweise so schön heißt: »Gefickt wird immer!« Stimmt ja auch, denn die Leute kommen noch immer zu uns. Aber eben nicht mehr so oft, statt zwei oder drei Mal im Monat nur noch einmal. Und dann ist ein wichtiger Faktor, dass darf man nicht vergessen: Ich werde ganz bestimmt nicht jünger. Inzwischen bin ich gut und gerne eine Generation älter als die Mädels, die heute in das Geschäft drängen, im weitesten Sinne eine Konkurrenz.

Was ich danach machen werde, weiß ich noch nicht. Ich habe zwar mein Abitur, aber nicht wirklich einen Job gelernt. Ich habe die letzten fünfzehn Jahre zwar viel verdient, aber auch gut gelebt, so dass nicht so viel auf der hohen Kante liegt. Es reicht auf jeden Fall nicht für einen ruhigen Lebensabend. Kann sein, dass mein Freund, der selbst mal im Milieu gearbeitet hat, mir einen Job bei einem Kumpel besorgen kann, der demnächst einen Nachtclub in Köln eröffnet. Der ist auf der Suche nach einer Wirtschafterin, die den Laden führt, sich um die Organisation der Frauen, den Ablauf im Haus, die Warenbestellung kümmert. Das wäre doch was für mich. Ich meine, ich weiß genau, wie es läuft. Was B esseres kann er sich für seinen Laden doch nicht wünschen, oder?

»FÜR EIN BISSCHEN KOHLE LASSE ICH MICH BENUTZEN.«

Uschi, 24 – Prostitutierte, Berlin

Ich bin stolz eine Hure zu sein? Pah! Ich kann mir beim besten Willen nicht vorstellen, wer das sein kann. Wie kann man stolz darauf sein? Hallo? Ganz langsam – zum Mitschreiben: Ich verkaufe meinen Körper. Und da helfen auch nicht solche Rechtfertigungen wie »Ich verkaufe mich doch nicht, ich vermiete mich nur.« Das ändert nichts an der Tatsache, dass ich jemanden für ein bisschen Kohle mich benutzen lasse, auf Teufel komm raus, ohne Rücksicht auf Alter, Aussehen oder Charakter. Die Kohle bitte, die Beine breit, den Schwanz rein, abgespritzt. Fertig, der Nächste bitte! Fast wie am Fließband.

Klar, ich kann verstehen, dass die Frauen sich ihr Ehrgefühl, von mir aus auch ihre Scham, bewahren wollen. Aber ich glaube, sie reden sich ihren Job nur schön. Sie reden sich ein, sie selbst wären es doch, die die Männer benutzen, diese armen Schweine, die daheim keinen hoch kriegen, weil die Ehefrau sich weigert, sich ihnen in Strapsen zu präsentieren, geschweige denn ihnen einen zu blasen. Nein, es ist genau umgekehrt: Wir Huren sind die armen Schweine, denn wir müssen mit diesen Männern vögeln, die sonst keiner will, ob wir wollen oder nicht. Guck dir doch die Säcke an, die an mir vorbeifahren! Da kommt dir manchmal das Kotzen. Und trotzdem machste die Augen zu und fickst sie. Weil du keine andere Wahl hast. Wenn ich die Wahl hätte, mag sein, dass ich dann eine stolze Hure wäre. Aber ich habe nicht die Wahl. Ich arbeite in keinem Bordell, in keinem Club, ich arbeite auf der Straße und ich nehme, wer kommt. Die Männer fahren anschließend weg, aber ich komme hier nicht weg. So einfach ist das.

Ich bin arbeitslos. Ich habe keinen Job, nur einen Hauptschulabschluss. Der hilft mir auch nicht viel. Nach der Schule arbeitete ich als Verkäuferin, zwei Jahre, dann machte der Laden dicht und ich stand auf der Straße. Dort stehe ich heute noch, im wahrsten Sinne des Wortes. Und das nur, weil es die einzige Möglichkeit für mich und meine Tochter ist, über die Runden zu kommen. Ich habe eine Tochter von einem Typen, der mein Traumtyp war. Jedenfalls dachte ich es. Ich träumte den Traum in Rosarot. Als meine Tochter im Anmarsch war, verpisste er sich. Und mein Traum zerplatzte.

Meine Freundin Ellen brachte mich auf die Idee. Anfangs war ich entsetzt zu hören, womit sie sich ihr Taschengeld aufbesserte – *gelegentlich*. Sie hatte mir nie etwas davon erzählt, ich hatte nie etwas bemerkt. Das machte sie umso stolzer. Ob das nicht was für mich sei, fragte sie mich. Und pries in den allerhöchsten Tönen: Es habe niemand gemerkt, man verdiene eine Heidenkohle, alles sei cool. So cool!

Das mochte ich nicht glauben und lehnte ab. Nicht aus falschem Moralempfinden. Oder weil mir gar angst und bange um mein Ansehen war. Ich war arbeitslos, seit zwei Jahren, das alleine war oft schon Grund genug, dass Nachbarn mich von der Seite ansahen. »Guck dir die Arbeitslose an!« Oder: »Typisch, und noch ein Kind am Hals!« Oder: »Die kümmert sich doch um nichts!« Oder: »Die hängt den ganzen Tag faul zuhause rum!« Ich glaube, Hure zu sein, hätte die Situation für mich nicht wirklich verschlimmert.

Und dass ich mich und meine Sexualität schonen wollte, war ebenso wenig ein Grund. Mein Sex war nie sonderlich ausgeprägt. Entweder ich hatte Sex oder ich hatte ihn nicht, fehlen tat er mir zumindest nicht, wenn ich ihn nicht hatte. Und meine Tochter war mehr oder weniger ein Zufall, wenn auch ein angenehmer, wie sich nach der Geburt herausstellte. Ohne ihren Vater kann ich gut leben, ohne meine Tochter möchte ich nicht mehr sein. Das nur zum Thema Sex.

»Männer sind irgendwie alle Freier. Sie wollen nur das eine, und wenn sie es bekommen haben, können sie nicht schnell genug verschwinden.«

Nein, irgendetwas an Ellens Schilderung missfiel mir, und ich glaube, es war das Wörtchen »cool«. Ich konnte mir einfach nicht vorstellen, dass es cool sei, Sex gegen Geld zu machen, und zwar mit jedem Mann, der wollte. Heute weiß ich, dass daran einiges wahr ist. Doch heute ist es bereits zu spät. Ich merkte rasch, dass das Arbeitslosengeld hinten und vorne nicht reichte. Der Vater meiner Tochter lebte selbst von der Stütze, viel war von ihm auch nicht zu holen. Ich war mit zwei Monatsmieten im Rückstand, als ich erneut bei Ellen vorstellig wurde.

Sie wies mich ins Geschäft ein. Mein Glück war – oder mein Pech, je nachdem, von welcher Seite man es betrachtet –, dass meine Freundin mir den ersten Freier vermittelte, einen älteren Herrn, Mitte 50, seriös, durch und durch geschmackvoll, entspannt. Ich möchte nicht behaupten, dass es angenehm war mit ihm – meinen Partner im Bett stelle ich mir dann doch ganz anders vor –, aber es hätte auch wesentlich schlimmer kommen können. Mit anderen Worten: Es war ganz okay. So okay, dass ich dachte, halb so wild, wenn ich damit ein bisschen Kohle mache. Schneller kann man die Kohle gar nicht verdienen. Erst wollte ich nur für ein paar Monate, solange bis ich meine Miete bezahlt hatte. Dann wollte ich noch ein bisschen länger, bis ich mir und meiner Tochter neue Klamotten bezahlt hatte. Nur so lange, nicht länger. Heute stehe ich noch immer am Straßenrand. Ich brauche die Kohle. Ich möchte nicht darauf verzichten, das ist ja das Verhängnisvolle. Und da ich ansonsten keine Chancen auf dem Arbeitsmarkt habe ... Ich habe es wirklich versucht. Keine Ahnung, wieviele Bewerbungen ich geschrieben habe. Absagen über Absagen. Für Leute wie mich gibt es kaum Chancen, nicht jetzt. Keiner mag mehr Geld ausgeben. Nur für Sex geben sie weiterhin Kohle aus. So soll es sein, bitte schön.

Auf dem Amt wissen sie nichts von meiner Nebenbeschäftigung. Mir ist bewusst, dass ich mit dem Feuer spiele. Natürlich kriegt der Staat mich dran, wenn er mich erwischt. Dann ist es aus mit der Stütze. Aber gut, dann stehe ich halt statt vier Mal sieben Mal die Woche am Straßenrand. Was macht das schon aus? Natürlich würde ich viel lieber im Büro sitzen. Aber als ich kürzlich mal wieder auf dem Amt war, nur um zu fragen, ob was für mich da wäre, meinte die Mitarbeiterin: »Sie brauchen nicht zu uns kommen. Wenn wir was für Sie haben, melden wir uns.« Ich warte seit zwei Jahren, dass sie sich bei mir melden.

Ich finde, der Staat verarscht mich, also verarsche ich ihn. Nur mit den Freiern gelingt es mir noch nicht. Wenn die Freier gehen, fühle ich mich verarscht.

»ICH VERZICHTETE LIEBER AUFS GELD, ANSTATT MIT EINEM EKELPAKET AUFS ZIMMER ZU GEHEN.«

Angelina Schawe, 37 –
Ex-Bordellbetreiberin, München

Anfang der 80er Jahre lernte ich Friseuse, brach die Lehre ab, jobbte verschiedentlich und heiratete schließlich. 1986 kam unsere Tochter zur Welt, mein Mann war damals Alkoholiker, verprügelte mich regelmäßig, so dass ich irgendwann die Scheidung einreichte. Weil ich nichts mehr hatte außer immens viele Schulden, kehrte ich erst einmal zurück zu meinen Eltern. Ich arbeitete ganz normal, nahm jeden Job an, putzte, jobbte in einer Druckerei, in einer Reinigung – aber das alles langte nicht, um die Schulden zu begleichen. So kam ich zur Prostitution. Da war ich 20.

Damals hatte ich noch überhaupt keinen Bezug zur Prostitution. Ich muss gestehen: Ich hatte wahnsinnige Furcht davor, richtige Panik. Es war die Ungewissheit über das, was mich erwartete, die Angst davor, an Zuhälter zu geraten, derer ich mich nicht erwehren konnte, die mich wieder verprügeln würden. Das war eigentlich meine größte Sorge. Natürlich auch die Angst davor, nicht mit den Freiern umgehen zu können. Ich hatte Horrorbilder im Kopf, dachte, die Freier würden Unmögliches von mir verlangen. Leider sah ich in meiner Situation keine andere Möglichkeit als die der Prostitution: Die Schulden zerrten an meinen Nerven, ständige Auseinandersetzungen mit meinem Ehemann, der mir noch dazu mein Kind wegnehmen wollte, dann ein Prozess um das Sorgerecht – ich fand keinen anderen Ausweg mehr aus meiner misslichen Lage.

Ich kannte jemanden aus einer Discothek, ich wusste, er war ein »Zuhälter«. Er meinte zu mir, alles sei doch gar nicht so schlimm, er wies mich darauf hin, dass ich zum Gesundheitsamt müsste. Was ich dann auch machte. In der Zeitung studierte ich schließlich die Anzeigen. Ich rief bei einigen Läden an und dort, wo sich die netteste Stimme am Telefon meldete, fuhr ich hin und stellte mich vor. Das war mein Einstieg in die Prostitution.

Mit meinem ersten Freier hatte ich dann leider tatsächlich Pech. Er war ein richtiges Arschloch, ich weiß noch, er nannte sich Barbarossa. Grausamst! Okay, hinzu kam, er hatte Alkohol getrunken, ich hatte – dank meines Mannes – eine absolute Abneigung gegen Alkohol, das war mir einfach nur zuwider. Weil er so besoffen war, war er sehr grob, und ich habe mich damals, weil er eben der erste Freier war, nicht getraut so zu wehren wie jemand, der schon länger im Geschäft ist. Ich habe ihn zwar in die Schranken gewiesen, aber sehr vorsichtig und zögerlich. Ich wusste ja nicht, flippt er aus? Tut er mir was an? Ich war nun mal alleine mit ihm auf dem Zimmer, daher ein wenig ängstlich.

Es hat eine Weile gedauert, bis ich meinen Eltern und Geschwistern von meiner neuen Arbeit erzählte. Meine Eltern waren, als sie schließlich davon erfuhren, sehr traurig. Sie konnten es nicht nachvollziehen. Aber ich stand dazu und begründete den Job, indem ich meiner Mutter erklärte: »Mama, in dem Geschäft geht es mir besser als bei meinem eigenen Mann. Der hat mich nur verprügelt, hat mir die Nase gebrochen, die Zähne ausgeschlagen. Ich bin von meinem eigenen Mann vergewaltigt worden!« Dann sagte ich ihr: »Bei meiner Arbeit bestimme ich über meinen Körper und lasse auch nur das zu, was ich möchte.« Ich betonte: »Ich habe meinen Körper in der Gewalt. Ich sehe daran nichts Anstößiges.« Meine Schwestern konnten sich eher damit anfreunden. Sie fragten immer wieder mal nach, das waren damals für mich bisweilen sehr lustige Fragen zu Dingen, die für mich längst normal geworden waren.

Natürlich war es wichtig, dass ich mir Grenzen setzte, das war für mich eine Grundbedingung. Zum Beispiel hätte ich nie auf anal arbeiten können. Ich hätte nie mit Gästen arbeiten können, die Kaviar gewünscht hätten. Für mich war immer die Ästhetik wichtig, der Gast sollte angenehm riechen, sollte vorher duschen gehen, er sollte mir sympathisch sein.

Ich lehnte auch Gäste ab. Wenn ein Gast kam, der zwar super aussah, wir im Gespräch aber nicht miteinander klarkamen, wies ich ihn ab. Selbst wenn ich dadurch an einem Tag nichts verdiente, war mir das egal. Ich verzichtete lieber aufs Geld, anstatt meinen inneren Schweinehund zu überwinden und mit einem Ekelpaket aufs Zimmer zu gehen.

Ich habe mir quasi meine Freiheiten herausgenommen. Mit Sicherheit hob ich mich dadurch von anderen Frauen in der Prostitution ab. Ich kannte sehr viele Frauen und kenne auch heute noch sehr viele Frauen, die immer noch anschaffen gehen, die sich zum Schluss billigst verkauften und mit jedem Mann mitgingen. Ich denke, das ist auch der Grund, warum viele an der Arbeit kaputtgehen. Weil sie nicht mit sich zufrieden sind, zu sich selbst aber auch nicht ehrlich.

Ich für meinen Teil war immer glücklich. Andere Prostituierte konnten das nicht verstehen, sie meinten: »So ein Blödsinn.« Denen hielt ich entgegen: »Ich gehe mit einem Arschloch nicht mit.« Ich kann mich noch genau erinnern, mir hat schon mal ein Freier Geld aufs Bett geschmissen und gesagt: »So, und nun mach mal!« Ich grinste nur, nahm mir die Freiheit und das Geld, rollte es zusammen, gab es ihm und meinte: »Du, schieb es dir ins Arschloch rein.« Und: »Mich kannst du mit Sicherheit nicht kaufen. Und jetzt raus!«

Ich gebe zu, ich war vielleicht extrem arrogant. Aber ich habe mich dabei verdammt wohl gefühlt. Ich sagte mir: »Das ist mein Körper. Darüber bestimme ich. Und ich bestimme, wer mich anfassen darf und wer nicht.« Das hat mir eigentlich immer Zufriedenheit gegeben, im Gegensatz zu vielen anderen Frauen. Okay, viele von ihnen nahmen Drogen, die waren auf das Geld angewiesen und nahmen infolgedessen jeden Freier mit. Dann gab es noch die Frauen, die einen Zuhälter hatten, die mussten auch jeden Mann mitnehmen, da der Zuhälter täglich seine Summe verlangte. Solche Probleme hatte ich nicht. Ich hatte weder mit Drogen zu tun, noch hatte ich einen Zuhälter, der mich nötigte. Ich blieb diesen Strukturen fern, einfach indem ich »nein« sagte. Das klingt einfach, aber war es auch. Ich distanzierte mich, mied Mädchen, von denen ich wusste, sie haben Zuhälter. Ich ging nie mit ihnen gemeinsam weg. Ich bin immer allein zur Arbeit, arbeitete nur in Clubs, stand sieben Jahre auf der Straße ... Sicher hatte ich auch Kontakte zu anderen Leuten im Gewerbe, aber ich suchte sie mir selbst aus. Ich hielt sie mir vom Leib, sobald ich merkte, sie wurden zudringlich. Mir ging es daher gut, ich fühlte mich wohl in dem Gewerbe.

Ich konnte das Private auch gut von dem Beruflichen trennen. Ich arbeitete meist am Stück 14 Tage, danach nahm ich vier oder fünf Tage frei. Der erste dieser Tage war meist mein Tag. Ich wollte mit mir alleine sein, lange schlafen, mal nicht die Zähne putzen oder duschen gehen. Ich ließ den Tag gemächlich an, ging am Nachmittag spazieren, erfreute mich an der Natur, jedem Baum und jeder Blume. Am Abend relaxte ich auf der Couch, bei einem heißen Tee, zu einem schönen Film, bei dem man nichts denken musste ... Die nächsten Tage dann verbrachte ich mit meinem Partner. Es war für mich auch nicht wirklich ein Problem, einen Partner zu finden, anders als für andere Prostituierte. Mein Partner ging sehr gut mit der Situation um – und tut es noch heute. Wahrscheinlich auch, weil er mich mittlerweile kennt.

Irgendwann sahen deshalb auch meine Eltern, mir ging es gut, ich hatte keinen Zuhälter, es war niemand da, der mich schlug, ich konnte – was mir die größte Befriedigung gab – meine Schulden tilgen. Dadurch konnten sie später ganz gut mit meiner Arbeit umgehen.

Das war im Grunde auch mein Ziel gewesen: meine Schulden zurückbezahlen. Das war das Wichtigste. Danach, so hatte ich mir vorgenommen, wollte ich aussteigen und mein Kind wiederbekommen. Man hatte mir mein Kind genommen, weil bei der Verhandlung ums Sorgerecht herausgekommen war, ich würde in der Prostitution arbeiten. Deshalb war es, kaum dass die Last der Schulden von mir war, mein nächstes Ziel, zu arbeiten, Geld zu sparen, um ein schönes Heim für mich und meine Tochter zu schaffen. Als das zum Greifen nahe war, setzte ich mich mit dem Jugendamt in Verbindung, was aber nichts brachte. Immerhin, ich hatte jetzt zumindest eine schöne Zweizimmerwohnung, in der ich mich wohl fühlte ... Weil ich mein Kind nicht zurückbekam, weil es mir in der Prostitution gut ging, weil ich mich wohl fühlte, beschloss ich, dabei zu bleiben.

Meine Mutter meinte: »Du spinnst! Das kann ja wohl nicht sein!« Sie konnte nicht begreifen. Doch ich erklärte ihr: »Ich sehe es als nichts Anrüchiges. Ich komme damit zurecht, mir macht es Spaß. Ich bin mein eigener Herr. Ich kann mir meine Arbeitszeit selbst einteilen. Ich arbeite gern.«

Meine Mutter sagte: »Du legst dich ja nur hin und lässt dich poppen!«

Ich entgegnete: »Mama, und genau das ist es eben nicht.«

Ich setzte mir zum Ziel, ein eigenes Bordell, offiziell einen »Nachtclub«, zu eröffnen, das alles nicht ohne Grund: Ich hatte die letzten Jahre in der Prostitution so viele Frauen kennen gelernt, denen es wirklich dreckig ging, dass ich dachte: »Das kann doch nicht wahr sein, warum?« Ich hatte in vielen Clubs angeschafft, die Wucherpreise an Mieten verlangten, die aufzubringen es einigen Frauen schier unmöglich war. Ich selbst hatte in so vielen verschiedenen Häusern gearbeitet, mit denen ich unzufrieden gewesen war, dass es nun mein Wunsch war: Ich picke mir aus jedem Club das Beste heraus und setze es in einem eigenen Bordell um.

Dieses Ziel verfolgte ich und erreichte es auch. 1993 eröffnete ich mein Bordell. Ich habe es als das »ideale» Bordell konzipiert. Mir war immer wichtig: Es durfte nicht verdreckt sein. Ich empfand immer Ekel, wenn ich mich in einem Haus vorstellte und es war verdreckt. Deshalb war für mich klar: Das kommt bei meinem eigenen Bordell überhaupt nicht in Frage. Es muss blitzeblank sein. Ich habe ein großes Faible für schöne Düfte, gute Parfüms, erfrischende Blumen, wohlriechende Duftkerzen – das alles war eine unbedingte Pflicht für mein Haus. Ich wollte ein helles Bordell, nichts Dunkles, weg von dem Schmuddeligen. Es sollte strahlend und freundlich sein, einladend, damit der Gast sich wohlfühlt.

Ich versuchte die Mädchen, die bei mir arbeiteten, in ein Team zu integrieren. Am Ende waren wir auch eine richtige Familie. Die Mädels halfen sich gegenseitig aus; am Wochenende passte die eine auf die Kinder der anderen auf, damit diese mehr arbeiten konnte, und umgekehrt. Anders als in anderen Bordellen, in denen die Frauen ständig wechseln, blieben viele der Mädchen Jahre bei mir. Alles das war eher unüblich fürs Milieu, aber wir fühlten uns pudelwohl dabei.

In dieser Zeit führte ich auch viele gute Gespräche mit meiner Mutter. Sie wollte wissen: »Was sind das für Männer, die zu dir kommen?« Ich lud sie dann einmal in mein Bordell ein. Sie blieb einen Abend, trank Kafffee, schaute sich den Betrieb an und bekam ein anderes Bild von den Mädchen. Sie sagte: »Es sind wirklich nette Frauen.« Sie bekam sogar Mitleid mit einem der Mädchen, weil es so mager war. Ich erklärte meiner Mutter: »Sie hatte Drogenprobleme, sie ist jetzt weg von den Drogen, trinkt aber dementsprechend viel.«

Meine Mutter lernte sogar die Gäste kennen; ich zeigte ihr – freilich mit vorgehaltener Hand – einen Stammgast und erklärte: »Er ist verheiratet, hat zwei Kinder.« Für meine Mutter war das unverständlich: »Wie, der ist verheiratet, hat zwei Kinder? Und dann geht er in den Puff?«

Ich bestätigte: »Ja, er kommt zu uns, um abzuschalten. Er erzählt mir von seinen Problemen auf der Arbeit. Auch für solche Dinge werde ich bezahlt, wenn ich die Zeit dafür aufbringe.«

Meine Mutter empfand meine Arbeit mit der Zeit, eigentlich, als ganz normal. Sie kam mich öfters im Bordell besuchen, fand es interessant. Das Einzige, was passierte, war, wenn mal wieder die Zeitungen berichteten: »Prostituierte tot aufgefunden!« Oder: »Prostituierte erwürgt.« Dann stand meine Mutter senkrecht im Bett, fand keinen Frieden, nicht bevor sie mich telefonisch erreicht hatte ...

Am 14. Dezember 1999 stürmte die Steuerfahndung das Haus. Ich wurde in Untersuchungshaft genommen, nach drei Tagen kam ich heraus. Meine Wohnung war so gut wie leergeräumt, der Club war leergeräumt. Das Schlimme war: Ich wusste nicht, worum es dabei eigentlich ging. Für mich war die Zeit ein Albtraum. Das Amt legte eine Eile an den Tag, alles geschah viel zu schnell, um überhaupt nachvollziehen zu können, was Sache war. Selbst meine Rechtsanwälte wussten nicht so recht, wo das Problem lag. Sie faselten etwas von Lohn- und Umsatzsteuerhinterziehung. Das war mir unverständlich. Ich hatte doch über all die Jahre einen Steuerberater, meine Finanzen ordentlich geführt; ich begriff einfach nicht, was passierte – und zwar nicht nur mir.

Ich war damals kein Einzelfall; nach mir kamen alle anderen Bordelle in München dran, wirklich alle. Keiner konnte es verstehen, alle schüttelten den Kopf. Wir setzten uns zusammen, jeder versuchte zu erklären, was er selbst nicht begreifen konnte. Wir kämpften dagegen an, ich rief eine Selbsthilfegruppe ins Leben ... Ich war so verzweifelt, ich begann in den Jahren danach sogar eine Umschulung zur Steuerfachangestellten, um endlich die Situation verstehen zu können.

Heute verstehe ich sie. Ich weiß, das Finanzamt hat eine Lücke im Gesetz gefunden, die es sich zu Nutze machte, indem es erklärte, die Prostituierten in meinem Club seien meine Angestellten gewesen, ich hätte somit für die Mädels Lohn- und Umsatzsteuer abführen müssen ... Prostitutierte gelten allgemein als Selbstständige. Genau das bezeugten auch die Mädels in der Vernehmung; sie hätten bei mir kommen und gehen können, wann sie wollten. Soweit kein Problem, auch nicht für meinen Nachtclub, den ich führte – eigentlich. Doch das Finanzamt meinte zu mir: »Frau Schawe, hätte Sie rund um die Uhr geöffnet, hätten die Frauen tatsächlich kommen und gehen können, wann sie wollen. Weil Sie in ihrem Etablissement aber festes Barpersonal eingestellt und feste Öffnungszeiten hatten, sorgten Sie für einen geregelten Arbeitsablauf. Das heißt, Sie haben abends um 20 Uhr aufgesperrt und morgens ab 6 Uhr geschlossen, weswegen die Frauen eben nicht kommen und gehen konnten, wann sie wollten, sie konnten nur zu den festen Öffnungszeiten kommen. Und durch diese festen Öffnungszeiten ist ein Arbeitnehmer-/Arbeitgeberverhältnis entstanden.«

Da fasse ich mir an den Kopf: Was ist denn das für ein Scheiß? Die BMW-Produktion macht doch auch irgendwann um 7 Uhr in der Frühe auf und macht abends um 6 Uhr zu – und hat trotzdem freie Mitarbeiter, die kommen und gehen, wann sie wollen und als Selbstständige, nicht als feste Angestellte behandelt werden ... Warum soll das bei uns Prostituierten anders sein?

Ich weiß warum: Weil es um Geld geht. Natürlich zahlen nicht alle Prostituierten Steuern. Natürlich ist es für die Finanzämter schwierig, alle Prostituierten zu registrieren, das wäre ein nicht zu bewältigender Aufwand. Also geht das Finanzamt auf die Betreiber los. Das Absurde ist nur: Anhand der vielen Razzien in München hat das Finanzamt jetzt die Namen vieler Frauen; diese sollen ebenfalls Steuern zurückbezahlen. Das heißt, es würde doppelt besteuert werden. Die Frauen sollen ihre Steuern zurückzahlen, ich soll für sie die Lohnsteuern zahlen ...

Im Raum stand eine Summe in Höhe von neun Millionen Euro, die ich angeblich hinterzogen hätte. Dieser Ansicht war das Finanzamt damals, dieser Ansicht ist es heute noch. Ich warte seit über vier Jahren auf meinen Prozess; er soll Anfang 2004 beginnen. Ich weiß nicht, ob ich erleichtert sein soll oder schockiert ... Ich stehe der Angelegenheit mit gemischten Gefühlen gegenüber. Denn damals wurde meine Welt ruiniert. Ich stand vor dem Nichts. Ich musste zum Sozialamt und lebe seitdem von der Sozialhilfe.

Daran wird sich wohl auch nichts mehr ändern. Was sollte ich denn auch tun? Welche Perspektive hätte ich? Erst einmal habe ich die finanziellen Mittel nicht mehr, um noch einmal von vorne anzufangen und mir etwas Neues aufzubauen. Dann bin ich jetzt in einem Alter, in dem ich sage, ich möchte nicht mehr anschaffen gehen. Sagen wir so: Ich hätte kein Problem, mich noch einmal hinzustellen, bloß ich selbst möchte es nicht mehr, noch einmal die

Hosen herunterlassen. Vor allem aber habe ich mit den Zinsen, die hinzugekommen sind, 14 oder 15 Millionen Euro Steuerschuld. Selbst wenn ich also arbeiten gehen würde, man würde mir 1000 Euro im Monat zum Leben lassen, und alles, was ich darüber verdiene, bekommt Vater Staat. Im Ernst: Für das wenige Geld lege ich mich nicht mehr hin, insbesondere nicht solange man uns Prostituierte mit einer Doppelmoral begegnet, uns im Grunde nicht wirklich gerne sieht ...

Ich könnte natürlich was in Sachen Steuern machen, jetzt nachdem ich die Umschulung absolviert habe. Aber dieses Thema macht mir, ehrlich gesagt, nicht wirklich Spaß. Bereits während der Ausbildung zeigte sich mir, ich hatte wochenlang mühsam etwas erlernt – und gerade das Steuerfach ist extrem schwierig – und ein halbes Jahr später wird ein Gesetz geändert und alles das, was ich weiß, kann ich über den Haufen schmeißen. Dazu noch die vielen Schicksale der Mandanten, die ruiniert werden, weil Paragraphen hier, Paragraphen dort berücksichtigt werden müssen. Und man versucht dem Mandanten zu helfen, kann es aber letztlich nicht wegen irgendwelcher Scheißparagraphen ...

Meine Mutter meint manchmal zu mir: »Hättste doch mal bloß die Finger von allem gelassen.« Das sehe ich mit gemischten Gefühlen. Ich denke, genau das hätte mir auch in anderen Berufszweigen passieren können. Dann stünde ich heute vor genau den gleichen Problemen. Im Nachhinein die Entscheidungen zu bedauern, das halte ich ohnehin für falsch. Hätte, wenn, aber. Ich sagte meiner Mutter: »Hättest du nicht gepoppt, wäre ich heute nicht auf der Welt!« Woraufhin meine Mutter schmunzeln musste.

Nein, ich bereue nichts von alledem. Ich bin fest davon überzeugt, eben weil ich so lange in der Prostitution arbeitete, mich dort relativ sicher fühlte und auch eine gewisse Selbstsicherheit entwickelte – mit ein paar kleinen Korrekturen würde ich jederzeit alles wieder ganz genauso machen. Welche Korrekturen das wären? Ich würde mir im Vorfeld mehr Informationen holen und mir ganz sicher auch schriftlich bestätigen lassen, dass ich, wenn ich Entscheidungen treffe, ganz sicher nicht mit dem Gesetz in Konflikt geraten würde. Das heißt, ich würde mich noch mehr absichern, als ich mich ohnehin schon abgesichert habe.

»ICH FAND, DER SEX WAR SOZUSAGEN EIN REIN GESCHÄFTLICHER AKT.«

Saskia Sommer, 30 – Privatclub-Betreiberin, Münster

Kaum dass ich die Schule verließ, begann ich zu arbeiten. Nein, nicht auf dem Strich oder in einem Club, das kam erst später und war zu dem Zeitpunkt noch nicht absehbar. Ich begann in der Gastronomie zu arbeiten, richtig hart, beinahe immer sechs oder sieben Tage die Woche, zwölf oder vierzehn Stunden am Tag. Das fiel mir nicht schwer, ich war jung, fit, voller Tatendrang und darauf aus, schnell viel Kohle zu verdienen. Ich wollte nicht so enden wie meine Eltern oder meine Freunde, spießig und bieder und so alltäglich, so am Minimum ihres Lebensglücks entlangkrebsend.

Also gab ich alles und verdiente mit 17 Jahren bereits meine sechstausend, siebendtausend Mark im Monat.

Regelmäßig wechselte ich damals die Bars und Discotheken, in denen ich mal als Kellnerin, mal als GoGo-Girl jobbte. Ich brauchte die Abwechslung. Bloß keine Langeweile, immer Nervenkitzel und Spannung. So kam es, dass ich eines Tages, ich war gerade 20 geworden, zunehmend in Discotheken und Bars arbeitete, in denen Leute aus dem Milieu verkehrten. Natürlich dachte ich mir meinen Teil und war um Vorsicht bemüht. Andererseits ging es in den Locations immer locker zu, ich lernte alle möglichen Leute kennen. Ich kam nicht umhin und lernte die Leute aus der Rotlichtszene kennen. Ich stellte fest: Sie waren immer lustig und cool drauf. Sie hatten keine Probleme. Sie interessierte es nicht, ob die Wäsche auf 30 oder auf 60 Grad gewaschen wird, ob die Oma krank zu Hause liegt oder der Vater was an der Schilddrüse hat. Kurzum: Diese Leute gefielen mir. Es dauerte nicht lange, da dachte ich mir: »Das sollte ich auch mal tun.«

Tja, das ist der Grund, warum ich ins Milieu ging. Weil ich das Milieu reizvoll fand. Der Reiz war nicht finanzieller Natur. Erstens verdiente ich in der Gastronomie ohnehin eine Mörderkohle, zweitens wusste ich damals noch gar nicht, welcher finanzielle Rahmen mir im Milieu offenstand. Manche Leute, denen ich davon erzählte, wollten mir nicht glauben. Sie glaubten, ich hätte Schulden, könnte meine Miete nicht mehr zahlen, weswegen ich in die Prostitution ging. Aber ich schaffte nicht aus finanziellen Gründen an, wirklich nicht.

Ich lernte jemanden kennen und bat ihn, mir einige Läden zu nennen, in denen ich anfangen könnte. Er sagte mir: »Du, ich zeig' dir die Straße, ich zeig' dir 'nen Puff, ich zeig' dir 'nen Club, ich zeig' dir 'ne Bar, ich zeig' dir 'n Privathaus. Such dir aus, was dir am besten gefällt.«

Als erstes fuhren wir zu einer Adresse in Münster, wo er mir eine große Exklusivvilla zeigte. Deren Räumlichkeiten gefielen mir sehr gut, Chef und Chefin auch. Das war von Anfang an ein positiver Eindruck: Ein Pärchen betrieb den Club und gab sich große Mühe, die Kunden mit Mädels und Interieur entsprechend zu begeistern. Ich arbeitete einen Tag und blieb von da an dort, ohne mir andere Örtlichkeiten und Möglichkeiten anzuschauen. Ungelogen: Ich arbeitete einen Tag in der Villa, hatte meinen ersten Gast. Ich kann nicht behaupten, dass mir der sonderlich schwerfiel. Eine große Hemmschwelle, meinen Körper gegen Geld zu verkaufen, hatte ich auch nicht. Überhaupt nicht. Ich fand, der Sex war ein rein geschäftlicher Akt. Ich dachte dabei nicht an meinen Orgasmus oder geschweige denn daran, mich von dem Mann verwöhnen zu lassen. Ich verwöhnte den Mann und ich versuchte, ihn glücklich zu machen. Das war's.

Diese uneigennützige Haltung habe ich mir bis heute bewahrt. Sie hat ganz bestimmt viel damit zu tun, dass ich selbst gar nicht viel Bock auf Sex habe, noch nie hatte. Seit ich 17 bin, habe ich keinen Bock auf Sex. Ungelogen: Ich war noch nie richtig geil, noch nie jeden Tag geil, vielleicht einmal die Woche – aber noch nie war ich der Typ Frau, der auf Männer oder womöglich auf den eigenen Freund zuging und sagte: »Wollen wir miteinander schlafen?« So war das bei mir von Anfang an nicht. Das kannte ich gar nicht. Und irgendwie wollte ich das auch gar nicht. Ich kann mehr auf Streicheln, Kuscheln und auf andere Spielchen – aber der Verkehr selbst, den brauchte ich noch nie. Wahrscheinlich fiel es mir deshalb damals so leicht, meinen Arsch zu verkaufen.

Jedenfalls arbeitete ich einen Tag in der Villa, machte den ersten Freier und für mich war alles klar. Ich schickte meinem Chef die Kündigung, löste den Mietvertrag für meine Wohnung in Gelsenkirchen und zog sofort nach Münster. Ich brach alle Zelte hinter mir ab, ausnahmslos. Selbst meine Freunde ließ ich hinter mir. Dadurch, dass ich von Gelsenkirchen nach Münster zog, in das horizontale Gewerbe ging und ohnehin nur Freunde in Gelsenkirchen hatte, die soliden Berufen nachgingen und mit dem Milieu so gar nichts anfangen konnten, ließ ich die Kontakte einschlafen. Ich wollte mit diesen Leuten nichts mehr zu tun haben. Denn eines hatte mir das alles gezeigt: Das Leben machte mir mit meinen alten Freunden keinen Spaß, wirklich nicht. Sie dachten mir zu – *gesellschaftlich*. Oder würde man sagen: konventionell? Damit sie morgens um acht Uhr aufstehen konnten, mussten sie abends um zwölf ins Bett. Keiner konnte bis um zwei oder drei Uhr nachts wachbleiben, geschweige denn dass er es wollte. Diese Leute machten mir keinen Spaß und deswegen fiel es mir nicht schwer, mich von ihnen zu verabschieden. In gewisser Weise war das Anschaffen für mich wohl auch die Chance, den gesellschaftlichen Konventionen zu entfliehen. Ja, ich glaube, das war es.

Das klingt jetzt alles ziemlich einfach. War es im Grunde auch, wäre da nicht noch meine Familie gewesen. Meine Familie wohnt nur wenige hundert Kilometer weiter, ich hatte also keine Chancen, meinen neuen Job vor ihnen zu verbergen. Wären wir in Köln oder Berlin, wahrscheinlich wäre es mir gelungen. Und vielleicht wäre es meinen Eltern sogar egal gewesen. Aber wir leben nun mal in Münster. Die Stadt ist im Vergleich zu Köln oder Berlin ein Kuhkaff, in dem jeder jeden kennt, vor allem wenn er schon so lange im Ort lebt wie meine Familie. Was Menschen in einem Dorf ertragen müssen, wenn bekannt wird, ihre Kinder üben, ich sage mal, gesellschaftlich eher unkonventionelle Berufe aus, das ist ja hinreichend bekannt. Doch ich kam nicht einmal dazu, es vor meinen Eltern zu verbergen.

Im Grunde wollte ich es auch nicht. Ich bin ein offener Mensch, ich hätte es nie ein halbes Jahr lang verheimlichen können – und auch nicht wollen. Ich bin mit 17 zuhause ausgezogen, ob meine Mutter das wollte oder nicht. Ich habe mein Leben immer so gelebt, wie ich es wollte. Ich habe auch dazu gestanden. Das gilt auch für meine Zeit im Milieu. Ich finde, so wie ich arbeite, konnte ich schon immer dazu stehen. Ich war nie drogenabhängig, bin nie in der Gosse gelandet oder war von Natur aus die Schlampe. Ich konnte immer zu dem stehen, was ich gemacht habe. Für mich war immer klar: Wenn mich jemand in der Stadt ansprechen und nach meinem Job fragen würde, dann würde ich ihm die Wahrheit sagen: »Ich bin Prostituierte! Na und?«

Aber eigentlich wollte ich es meinen Eltern selbst und vor allem behutsam beibringen. Pustekuchen, das war leider nicht möglich! Direkt am ersten Tag, an dem ich in Münster arbeitete, rief meine Mutter bereits im Puff an und fragte nach ihrer Tochter, ob ich wohl da wäre. Sie hatte es von meinem Ex-Freund erfahren, der sie – wohl sauer – angerufen und Bescheid gegeben hatte, dass ich fortan in einem Bordell in Münster stehe.

Mir blieb also nichts anderes übrig; ich fuhr zu meiner Mutter und stellte alles klar. Meine Mutter kam sogar nach Münster und hat sich das Etablissement angeguckt – und dann war es gut. Klar, es gab einige Auseinandersetzungen. Aber nachdem meine Mutter sah, dass das Bordell okay war, es nicht dem Klischee entsprach, nicht alles dunkelrot und keine Zuhälter oder Brutalität vorhanden waren, wusste sie, dass es ihrer Tochter gut geht – und mir ging es wirklich sehr gut –, das hat sie erfreut.

Von da an war ich im Geschäft. Ich legte meinen alten Namen ab, nannte mich Saskia Sommer, der klang besser, erotischer, geiler. An meiner Einstellung änderte sich indes nicht viel. Wie ich schon sagte, ich habe die Männer verwöhnt und versuchte, sie glücklich zu machen. Wirklich, ohne Abzocke! Ich kenne viele Mädels, die Falle schieben und die Kunden abzocken. Ich habe noch nie abgezockt und den Freier, obwohl er für eine Stunde bezahlt hat, in einer halben Stunde abgefertigt. Die Männer waren für mich auch nie nur Freier. Für mich waren sie Gäste, denen ich eine Dienstleistung erbringen wollte. In gewisser Weise eine Sozialleistung am Mann. Denn es gibt ja auch wirklich arme Würmer, ich sage mal: arme Gäste, die krank sind, die einen psychischen Schaden haben, die ... ich weiß es nicht, welche Probleme sie haben. Viele von ihnen kommen zu mir, weil sie ihr Sexualleben daheim nicht ausleben können. Dies können sie nicht, weil sie nicht kommunizieren können. Und dafür sind wir Huren da. Deshalb sind wir wichtig, weil die Männer es zu Hause alleine nicht hinkriegen.

Es gibt ja das Gerücht, viele der Männer kämen zu den Prostituierten, um am Ende nur mit ihnen reden zu wollen. Vergiss es! Um zu reden kommt wirklich keiner. Das passiert bei tausend Männern vielleicht einmal. Die Wahrheit ist: Die Männer wollen ihre Sexualität ausleben. Und wir Huren wissen, wie sie ihre Sexualität ausleben möchten. Bei uns brauchen sie sich nicht überwinden und mit uns sprechen. Natürlich, einige Männer müssen reden, sie müssen sagen, dass sie auf Oralsex, Analsex, Peitschenspiele oder, ein bisschen extremer, Natursekt und Kaviar stehen. Wie auch immer, das ist es doch, was sie sich zu Hause nicht zu sagen trauen; sie leben lieber mit einer Lüge der Partnerin gegenüber und geben Geld im Bordell aus, anstatt der Partnerin ihre Wünsche zu äußern. Das finde ich traurig. Aber andererseits setzt da natürlich meine Arbeit an, und es ist gut, dass es uns Prostituierte gibt. Ich meine, wir sorgen dafür, dass diese Männer ihren Druck abbauen können. Schlimmer wäre es doch, die Männer würden aus unterdrückter Lust üble Dinge tun. Ich wollte diese Männer glücklich machen. Und wenn es ihnen Spaß machte, dann machte es auch mir Spaß. Wenn ich dann noch sah, dass diese Männer zu mir wiederkamen oder mich anriefen und einen neuen Termin vereinbarten – dann war das eine tolle Sache.

Natürlich war nicht jeder Kunde ein Zuckerschlecken. Jede Prostituierte wird wahrscheinlich ihre eigenen Geschichten und Erfahrungen zu erzählen wissen. Ich für meinen Teil kann nur sagen, mir ist nachhaltig in Erinnerung geblieben, dass viele Männer, die zu Prostituierten gehen, dreckig sind und stinken. Ich habe nicht gezählt, wieviele davon mir untergekommen sind. Der Großteil von ihnen sind Geschäftsleute, ungelogen. Es sind meist Männer, die vermögend sind und in Anzügen von Versace hereinkommen. Außen hui, innen pfui. Da wird einem recht schnell klar, warum bei denen daheim sexuell wenig läuft. Ganz einfach: Weil die Männer noch nicht einmal wissen, wie sie ihren Schwanz waschen müssen. Und dann wundern die sich, dass ihre Frau sie seit Monaten nicht mehr anpackt ... Das ist wirklich so! Okay, es ist nicht so, dass man es vor Gestank nicht aushalten kann, aber es gibt Fälle, da zieht man die Vorhaut zurück und denkt sich: »Was ist das? Was ist das da unten? Blumenkohl? Rosenkohl?«

Natürlich kann es auch sein, dass der Mann es mit der Pflege nicht mehr so genau nimmt, weil daheim sexuell nichts läuft. Aber meist läuft gerade deswegen sexuell zu Hause nichts, weil der Mann ein Schwein ist, und seine Frau kann ihm nicht sagen, dass er ein Schwein ist. Da sind wir dann wieder bei dem Problem Kommunikation in Beziehungen.

Ausgerechnet ich als Prostituierte, die im Grunde dafür bezahlt wird, ihr Maul zu halten und den Job zu erfüllen, muss dem Kunden dann stecken, dass das unmöglich ist, was er an Dreck herumschleppt. Selbstverständlich muss ich mir vorher genau überlegen, wie ich es dem Mann am besten klarmache. Ich muss sehr viel Vorsicht walten lassen. Natürlich kann ich nicht sagen: »Mein Gott, wie siehst du denn aus? Sieh zu, dass du dich waschen gehst!« Das kann ich nicht machen, das ist geschäftsschädigend. Ich muss abwägen, ob ich ihn darauf ansprechen kann oder nicht. Oder sollte ich die Augen zumachen und durch? Das kommt drauf an. Manchmal kann ich es dem Mann einfach nicht sagen. Dann Prost Mahlzeit!

Wenn man mehrere von solchen Typen hatte, kommt das Männerbild ganz schön ins Wanken. Mag sein, dass andere Frauen anders damit umgehen. Von vielen Kolleginnen weiß ich aber, dass sich ihr Männerbild über die Jahre verändert hat. Meines auch, definitiv. Ich habe ein anderes Männerbild bekommen. Ich habe keinen Respekt mehr vor Männern. Ich weiß genau, wie sie denken, wie sie sind. Und es dreht sich immer nur ums eine – ums Ficken. Darum habe ich den Respekt vor den Männern verloren und Frauen mehr geachtet.

Ob das freilich eine Erfahrung ist, die jede Frau in ihrem Leben einmal machen sollte, weiß ich nicht. Ich glaube, das kommt darauf an, wie man dieses Geschäft angeht. Wenn man es so angeht wie ich – ohnehin ohne Bezug zu Männern, deren und der eigenen Sexualität – , dann sollte jede Frau diese Erfahrung machen. Aber wenn man das Geschäft angeht, weil man Geld verdienen will und der Rest scheißegal ist, man also immer noch Spaß am Sex hat, auf die große Liebe wartet, dann sollte man es lieber lassen. Dann hat man nichts in dem Gewerbe verloren. Davon bin ich überzeugt.

Aber für mich ist es eine Erfahrung, die ich nicht missen möchte. Bis heute habe ich es nicht eine Minute bereut. Aber ich weiß auch, ich stehe mit meiner Denkweise alleine auf weiter Flur. Aber was soll's? Ich war schon immer Einzelgänger und hab' mein Ding durchgezogen, ob es den anderen passte oder nicht. Ich habe meine Erfahrungen gemacht und ich weiß, mir kann keiner mehr etwas vormachen. Ich sehe, wie es abläuft auf den Zimmern, sehe, was manche Gäste wollen: Natursekt oder Kaviar. Dann reibe ich sie mit Scheiße ein. Das sind Leute, die ich angucke und wo ich nur denke: »Das kann doch gar nicht sein!«

Es ist manchmal sehr erschreckend, und es ist nicht immer gut, wenn man das alles mitkriegt. Es ist auch nicht gut, wenn man das alles immer mitmacht. Auf jeden Fall sollte man sich seine Grenzen setzen, nicht nur den Dreck und die Sauberkeit, vor allem die Gesundheit betreffend. So habe ich beispielsweise niemals Französisch ohne Kondom gemacht, geschweige denn Verkehr ohne Kondom. Ich habe mir nicht in den Mund spritzen lassen. Ansonsten habe ich eigentlich immer alles gemacht. Es hat mich, bis auf mein Männerbild vielleicht, auch nicht wirklich verändert. Wie ich zu Anfang bereits sagte, ich selbst brauchte Sex nicht. Ich schauspielerte den Sex, ohne dabei viel zu empfinden. Ich war schon immer so, noch bevor ich im Milieu landete. In gewisser Weise ist das absurd. Es ist komisch, aber es ist so. Es ist total schizophren, paradox. Aber es ist so. Und deshalb bin ich davon überzeugt, die Prostitution ist mein Traumjob. Ich dachte nie darüber nach: »Hätte ich doch bloß mal was anderes gelernt. Hätte ich bloß mal was anderes gemacht!« Nein, diesen Gedanken hatte ich nie.

Eher diesen: Ich hätte von der vielen Kohle, die ich verdient habe, vielleicht mehr sparen sollen, dann bräuchte ich jetzt gar nichts mehr machen. Dann könnte ich mit meinem Hintern in Spanien in der Sonne liegen und bräuchte nicht mehr dieses Geschäft zu führen. Das ist vielleicht der einzige Fehler, den ich gemacht habe. Ansonsten würde ich nichts anders machen wollen. So aber muss ich nach wie vor in meinem Club hocken. Der Club gehört mir. Es war nicht mein erklärtes Ziel, irgendwann einen eigenen Club zu betreiben. Irgendwie ja, irgendwie nein.

Ich kann auch gar nicht mehr so genau sagen, wie es zu der Idee kam. Ich weiß nur, ich arbeitete in der Villa in Münster knapp anderthalb Jahre. Es war ganz okay in dem Exklusivclub. Ich verdiente jeden Monat ein Vermögen, Monat um Monat, und es hörte nicht auf. Aber jeder Tag war wie der vorhergehende, die Gäste waren die gleichen, die Frauen, die im Club arbeiteten, ebenso. Das wurde mir auf Dauer zu langweilig. Wieder zeigte sich: Ich brauchte Abwechslung, Spannung, Nervenkitzel.

Die Leute in dem Privatclub gingen mir irgendwann ziemlich auf die Nerven. Ich dachte, ich muss etwas anderes sehen. Somit bin ich für ein paar Monate nach Holland, nach Belgien, arbeitete auf verschiedenen Messen in Berlin, Düsseldorf oder Köln. Überall, wo große Messen liefen, arbeitete ich in Nachtclubs. Irgendwann landete ich in Bielefeld und stellte nach all den Jahren in den Nachtclubs fest, es gibt nichts Schöneres als in Privatclubs zu arbeiten. Ein Nachtclub ist ein Puff mit Barbetrieb, der ausschließlich nachts seine Gäste empfängt. Hier lebte ich nicht nur von der Fickerei, sondern auch von den teuren Getränken, die ich mir von den Gästen spendieren ließ. Spendieren lassen musste, denn an deren Erlös kassierte ich meinen Anteil. Es ist nun mal so: Je mehr du mit dem Kunden trinkst, umso mehr Geld bekommst du, umso weniger Kraft hat der Kunde nachher noch fürs Vögeln.

Doch das Problem ist: Durch den ganzen Alkohol, der ausgeschenkt wird, sieht man irgendwann dementsprechend aus. Wenn man das mehrere Jahre durchzieht, nimmt das den Körper ganz schön mit. Darum habe ich mich danach gesehnt, morgens um 10 mein Geschäft aufzuschließen und abends um 10 einfach wieder abzuschließen – und nicht mit Alkohol konfrontiert zu werden. Ein Privatclub ist, wie der Name sagt, im privaten Rahmen, ohne Bar, ohne Alkohol, nur Männer, Geschäftsleute, Bauarbeiter, Mittagspausler, die – im wahrsten Sinne des Wortes – auf Termin »kommen«. Und das Beste: Man sieht was vom Tag, hat noch was von der Nacht, man hat überhaupt was vom Leben und wird nicht alt dabei.

Darum bin ich nach Münster zurückgekehrt, damals schon mit der festen Absicht, mir einen eigenen Laden aufzubauen, und zwar was Exklusives. Das bedeutet für mich: Keine Futton-Betten, keine Blümchentapeten, kein brauner Teppichboden, keine Kunstblumen in der Ecke. Exklusiv ist für mich: heller, lieblicher, teurer gestaltet, einfach schön eingerichtet. Was anderes kam für mich gar nicht in Frage. Ich selbst hatte meine ersten Sporen in einer Exklusivvilla verdient, wusste also, welche Bedeutung ein gehobenes Ambiente hatte. Dafür zahlen Männer gerne auch ein paar Euro mehr. Und wenn du exklusiv bist, kannst du auch andere Preise nehmen. Wenn du als Mann für 55 Euro in einem Nachtclub gut und gerne eine Stunde vögeln kannst, dann gibt es bei mir dafür nur 15 Minuten Französisch oder Verkehr.

Als ich dann in der »Heim und Welt«, einer Koch- und Strickzeitschrift, die einmal die Woche mittwochs erscheint und im Innenteil Anzeigen aus dem Milieu hat, eine Anzeige entdeckte: »Wohnung zu vermieten. 3 Zimmer, Küche, Bad – auf Tagesmiete«, bin ich nach Münster gefahren und guckte mir die Bude an. Sie wurde zwar schon als Privatclub genutzt, allerdings stand er in keinem Vergleich zu dem, was mir vorschwebte. Oben wohnten Alkoholiker, unten Drogensüchtige und in der Mitte war die Wohnung mit Müllberg vor der Tür soweit das Auge reichte. Die Zimmer waren sehr klein, alle mit Futtonbetten eingerichtet, die Einrichtung hatte alles in allem vielleicht 5.000 Mark gekostet. Ich dachte mir: »Egal!« Ich putzte 14 Stunden, entfernte den Müll, kaufte Gardinchen, stellte ein paar Blümchen rein, habe alles schön gemacht und den Laden eröffnet. Ich setzte eine Anzeige in die entsprechenden Blätter vor Ort: »Saskia ist wieder da!«

Bis zu meinem Abschied in der Luxusvilla seinerzeit hatte ich meinen festen Kundenstamm, der regelmäßig zu mir kam und nur zu mir. Ich vertraute darauf, dass, wenn ich mich zurückmeldete, einige Männer erfreut aufhorchen und wieder zu mir kommen würden. Und so war es auch. Es hat gerappelt in meiner Wohnung, trotz dieses Scheißambientes. Wirklich, die Männer kamen in Scharen. Irgendwann vermietete ich ein Zimmer der Wohnung an eine zweite, sehr hübsche Kollegin unter ...

Gleichwohl wusste ich, die Location war nichts von Dauer. Immer noch schwebte mir die Vision einer exklusiven Villa vor Augen. Ich beauftragte einen Immobilienmakler mit der Suche nach einem Haus im Gewerbegebiet. Er wurde fündig, ich traf den Vermieter und weihte ihn in meine Pläne ein. Kein Problem. Zur gleichen Zeit ging ich zum Gewerbeamt und holte mir einen Gewerbeschein als Hostess- und Begleitagentur. Eine andere Chance hatte ich ja nicht, Prostitution war sittenwidrig, Bordelle nicht gewerbefähig, also musste dieser Berufszweig her. Ich ließ mir dies sogar vom Ordnungsamt beglaubigen und begann in das Haus zu investieren. Und nachdem alles fast fertig war, kam das Ordnungsamt rausgefahren und meinte: »Uns ist zu Ohren gekommen, dass Sie keinen Hostess- und Begleitservice betreiben, sondern einen Bordellbetrieb. Es wird Verkehr in diesem Haus stattfinden.«

Ich gestand: »Das ist richtig.« Die Stadt Münster meinte zu mir – sinngemäß: »Es tut uns leid, aber dann nehmen Sie die Motorsäge, zersägen Sie alles und suchen Sie sich einen anderen Platz aus. Verkehr wird in diesem Haus nicht geduldet, dafür ist die Konzession nicht ausreichend.« Was aber für Clubs in Münster nichts Ungewöhnliches war. Clubs gibt es in Münster, ach, was rede ich, im Münsterland, Ruhrgebiet, Rheinland überall zuhauf, viele davon liegen – der Sperrgebietsverordnung in den Kommunen entsprechend, die keine anderen Freiflächen ausweisen – in Gewerbegebieten und niemanden stört es. Mein Pech war: Zwölf Nachbarn hatten Widerspruch eingelegt. Welche Wahl blieb mir? Ich verklagte die Stadt Münster, das Bauamt, das Ordnungsamt. Ich hatte meine Vision, wollte mein Ziel erreichen, und ich war bereit, dafür zu kämpfen. Bis es zum endgültigen Prozess kam, vergingen 13 Monate. Man halte sich das bitte vor Augen – 13 Monate! 13 Monate musste ich das Haus geschlossen halten, verdiente keinen Cent, musste aber trotzdem Miete zahlen, die Anwälte bezahlen und wusste noch nicht einmal, ob ich mit meiner Klage durchkommen würde oder nicht. Doch nach 13 Monaten gewann ich vor Gericht und erhielt erstmals und als einzige in Münster eine Konzession für einen Hostess- und Begleitservice mit bordellartigem Betrieb.

Seitdem läuft mein Laden. Damit es keinen Ärger mit den Nachbarn gibt, komme ich ihnen sogar entgegen: Ich lasse abends nur bis 22 Uhr geöffnet, sonntags ist geschlossen, um die Privatatmosphäre der anderen Bewohner in der Straße nicht zu stören. Aber das Verhältnis hat sich nicht verändert. Sie grüßen mich, aber das war's. Sollen sie doch. Ich habe ebenfalls meine Gründe, sauer auf sie zu sein. Und ich renne ihnen ganz bestimmt nicht hinterher. Nein, ich habe meine Konzession und der Rest ist mir wurscht.

Heute arbeiten acht Frauen für mich. Viele von ihnen sind Studentinnen, die sich ein Zubrot fürs Studium in Münster verdienen. Andere arbeiten drei Tage im Kosmetikstudio und zwei Tage bei mir, um zusätzlich Geld zu verdienen. Ihnen geht es aber anders als mir, als ich damals anfing, nur ums Geld, um nichts anderes. Nicht um eine Dienstleistung, nicht um dabei zu sein, von wegen Milieu, coole Typen, spaßige Zeit. Aber ich glaube, diese Zeiten sind ohnehin vorbei. Das Milieu hat sich verändert. Und wir, die wir im Milieu waren, auch. Ich selbst nehme mich ja ebenfalls zunehmend aus dem Geschäft heraus. Ab und zu samstags, alle vierzehn Tage, gehe ich noch auf die Zimmer, weil ich mich von meinen armen Jungs nicht ganz verabschieden möchte. Das sind Gäste, die ich schon seit acht, neun Jahren habe. Die lieben mich über alles und wenn ich für die nicht mehr da wäre, würde eine Welt zusammenbrechen. Von daher bin ich alle vierzehn Tage für sie da, und wirklich nur für meine Stammgäste. Nur auf Termin. Ich empfange keine Gäste, die einfach an der Tür klingeln. Auch keine neuen Gäste. Nur Gäste, die ich seit Jahren habe. Das bin ich ihnen schuldig.

»ICH HASSE ES. ICH HASSE AUCH DAS, WAS ICH TUE.«

Sebastian, 18 – Stricher, Berlin

Nenn mich nicht Stricher. Das ist ein Scheißwort. Ich kann mich daran erinnern, als ich noch zur Schule ging, auf die Hauptschule, da war das ein Schimpfwort. »Du Stricher, du«, haben wir Jungs uns an den Kopf geschmissen, wenn wir sauer aufeinander waren und den anderen verletzen wollten. »Stricher«, das war für uns ein Schimpfwort. Wer das zu jemandem sagte, dann nicht aufpasste und sich rechtzeitig verdrückte, bekam links und rechts ein paar in die Fresse. Dabei wusste eigentlich keiner von uns, was ein Stricher tatsächlich macht, was er überhaupt ist, was es bedeutet, ein Stricher zu sein. Heute kenne ich ein paar Jungs, die sind richtige Stricher. Woran ich das festmache? Diese Jungs machen alles mit. Sie finden das zwar auch nicht toll, aber hey, ihre Würde ist im Arsch, im wahrsten Sinne des Wortes. Fuck, Stricher! Es klingt scheiße. Ich hasse es. Ich hasse auch das, was ich tue. Aber es ist die einzige Möglichkeit, Kohle zu verdienen. Eine andere Wahl habe ich nicht. Aber ich bin kein Stricher, denn ich mache nicht alles. Und ich gehe auch nicht mit jedem Typen heim. Ich suche mir die Typen ganz genau aus, mit denen ich nach Hause gehe. Würde das ein Stricher machen? Ein Stricher hat wirklich keine andere Wahl. Ein Stricher ist am Ende und nimmt Drogen. Okay, auch ich nehme Drogen, manchmal ein bisschen Ecstasy, wenn ich auf 'ner Party bin, manchmal ein bisschen Speed. Das flasht gut. Ich habe zwei, drei Stammfreier, die mir ein bisschen Gras zustecken. Wahrscheinlich tun sie das, weil sie mich mögen. Ha, vielleicht mögen sie auch nur meinen Arsch. Was weiß ich. Auf jeden Fall rauche ich mit ihnen ab und zu einen Joint, und manchmal geben sie mir auch den Stoff mit; den ich nicht immer selbst rauche. Für ein paar Mark kann ich ihn an andere Jungs am Bahnhof verkaufen, dann brauche ich für einen oder zwei Abende mal nicht meinen Arsch hinhalten. Deswegen, glaube ich, habe ich meine Ehre behalten. Ich bin vielleicht eine arme Sau, aber ich bin kein Stricher.

Ich habe die Hauptschule nicht beendet. Meine Eltern ließen sich scheiden, als ich 12 war. Mein Vater zog aus, weil er eine neue Schnecke hatte. Seitdem habe ich nie mehr was von ihm gehört. Vielleicht hat er ja versucht, Kontakt zu mir aufzunehmen. Aber mit meiner Mutter ging es danach schnell den Bach hinunter. Wir mussten raus aus unserer Bude und zogen in eine andere Stadt, wo die Mieten billiger und die Wohnungen kleiner sind. Und dann kam schon bald der Tag, an dem ich mich selbst aus dem Staub machte. Meine Mutter schleppte eines Tages einen neuen Macker an. Der Typ war anfangs ganz locker und ich dachte, alles würde wieder halbwegs in Ordnung kommen. Durch unseren Umzug hatte ich die Schule wechseln, meine Freunde zurücklassen müssen, und neue Freunde hatte ich an der neuen Penne noch nicht gefunden.

Kaum dass der neue Typ meiner Mutter bei uns eingezogen war, zeigte sich, er war nicht locker, seine Hand saß nur ziemlich locker. Er prügelte auf meine Mutter ein, er prügelte auf mich ein. Man konnte nicht einmal voraussehen, wann er es tat. Manchmal überkam es ihn einfach. Vielleicht, weil sein Lieblingsverein verloren hatte, Fortuna Düsseldorf. Vielleicht, weil das Bier abends alle war. Vielleicht, weil er einfach Bock darauf hatte. Scheiße, das war die Hölle. Meine Mutter machte jedoch keine Anstalten, den Typen in den Wind zu schießen. Als ich mich einmal bei ihr beklagte, gab sie mir doch tatsächlich eine Ohrfeige. Hey, ich stand damals weinend vor ihr und zeigte ihr den blauen Fleck, den ihr Macker mir auf dem Arm verpasst hatte. Was tat sie? Sie gab mir eine Ohrfeige. Sie selbst war mit der Situation überfordert. Und dass ich mich bei ihr beklagte, gab ihr wohl den Rest. Wie kam ich bloß dazu? Sah ich nicht, dass sie selbst schon genug Probleme hatte? Wie konnte ich sie bloß mit meinen eigenen, kleinen Problemen belasten?

Also hielt ich fortan meine Schnauze und sah zu, dass ich dem Typen tunlichst nicht über dem Weg lief. Was nicht immer einfach war, weil er ständig bei uns in der Wohnung herumhockte. Er hatte es sich richtig bequem gemacht. Er ließ es sich gut gehen. Auf unsere Kosten. Und wenn wir nicht so wollten, wie er wollte, dann knallte es.

Also setzte ich mir das Ziel, daheim auszuziehen, und zwar so schnell wie möglich. Das war natürlich völlig abwegig. Ich war 14 und niemand hätte mir eine Wohnung vermietet. Aber ich nahm mir fest vor, mein eigenes Schicksal selbst in die Hand zu nehmen, und daran glaubte ich. Woran auch sonst? Wenn ich morgens zu meiner Mutter meinte: »Ich gehe zur Schule!«, war das meist ein verdammter Witz. Drei Mal die Woche jobbte ich in einem Großhandel im Lager, kassierte die Kohle schwarz auf die Hand, sparte mir das Geld an. Davon wollte ich mir eine eigene Bude nehmen. Träume hat jeder, ha ha. Absurde Illusion. Genauso wie meine Annahme, dadurch, dass ich noch zwei Mal die Woche zur Schule ging, würde garantiert niemandem auffallen, dass ich an den drei anderen Tagen nicht dorthin ging.

Irgendwann stand das Jugendamt vor unserer Tür. Kann sein, dass die Schule es geschickt hatte. Ich glaube aber, einer unserer Nachbarn hatte sich über die Verhältnisse bei uns beschwert. So kam eines zum anderen. Ich weiß noch genau, der Behördenfuzzi stand vor meiner Mutter und meine Mutter stellte ihren Macker als den allerliebsten Typen dar, den es auf der Welt gab. Wirklich, es würde keinen besseren geben. Schläge? Nie! Streit? Wir doch nicht! Alles war Friede, Freude, Eierkuchen. Kotz! Erst als das Jugendamt fragte, ob sie wisse, dass ich die Schule nicht mehr regelmäßig besuchen würde, flippte meine Mutter aus. Sie beschimpfte aber nicht die Leute vom Amt, sondern mich. Sie schimpfte mit mir. Verkehrte Welt! Irgendwann war dann sogar die Rede von einem Heim, in das man mich im schlimmsten Fall bringen würde. Mag sein, dass es soweit nie gekommen wäre. Für mich war das damals aber der absolute Schocker. Darauf hatte ich nun gar keine Lust. Ein Heim, das klang für mich wie Gefängnis. Was würde sich für mich ändern? Man würde mich aus dem Gefängnis daheim befreien, aber dafür in ein anderes Gefängnis stecken. Nein danke!

Ich dachte mir, verpiss ich mich doch einfach. Nur für ein paar Tage. Ein bisschen herumstreunern, gucken, was das Leben noch so bereit hält. Das klingt romantisch. Vielleicht habe ich mir so etwas in der Richtung auch vorgestellt, wie im Fernsehen, dem Sonnenuntergang entgegen. In den Filmen ist es doch immer so, dass ein Junge von zu Hause ausreißt und er tolle Abenteuer erlebt, bevor er heimkehrt, wo sich alles zum Besten wendet. Nur ein paar Tage wollte ich mich verdrücken. Vielleicht würde das ja meine Mutter aufrütteln. Ich denke schon, dass ich das gehofft habe. Um alles andere machte ich mir zumindest keinen Kopf. Schule? War mir inzwischen längst egal. Wozu Schule? Lernen? Hausaufgaben? Das Leben ist die beste Schule. Und so jung wie ich war, ich hatte inzwischen verdammt viel über Menschen gelernt. Einer von der üblen Sorte Mensch saß jeden Tag in unserem Wohnzimmer.

Ich kam mir damals fürchterlich erwachsen vor und auf jeden Fall gewappnet für ein paar Tage auf der Straße. Ich lebte das komplette Klischee, selbst als ich mein Erspartes zusammenkratzte, meinen Rucksack packte und das Haus verließ, steckte ich in einem gottverdammten Film, den ich irgendwann mal gesehen hatte. »Ich geh zu einem Kumpel«, meinte ich zu meiner Mutter. Was natürlich ein verdammter Witz war, denn auf der neuen Schule hatte ich keine Freunde gefunden. Wie auch? Ich war mit anderen Dingen beschäftigt. Zum Beispiel in einem Film zu leben. Ein Film, in dem ich die Hauptfigur war. Cool war ich, ich kam mir vor wie der Retter in der Not. Alles würde gut werden. Heute bin ich schlauer. Nichts wurde gut.

Ich landete in Düsseldorf. Schnell merkte ich, dass es zwar cool ist, ein bisschen Geld zu haben, das alles es aber nichts bringt, wenn man 14 Jahre jung ist. Mir wurde ein Teil der Kohle geklaut und nach zwei Tagen stand ich bereits mit leeren Händen da. Es war kalt und regnerisch, ich in einer fremden Stadt und ich begann an den Abenteuern und der Mär vom Retter in der Not zu zweifeln. Ich hatte kein Dach über dem Kopf und fühlte mich hundeelend. Zugegebenermaßen nicht elend, wie ich mich daheim bei meiner Mutter und ihrem Typen fühlte, aber scheiße war's trotzdem. Ich war froh, als sich ein älterer Mann meiner erbarmte.

Man hört als Kind solche Geschichten, von wegen: »Gehe nicht mit fremden Männer mit!« Auch mir hat man sie in der Grundschule eingebläut. Aber schon damals glaubte ich verstanden zu haben, dass diese Warnung mehr an die Mädchen gerichtet war. Denn warum sollten Männer Jungs verschleppen? Das wollte mir nicht einleuchten. Die Biologie sorgte dafür, dass Mann und Frau zusammenpassen. Alles andere war unlogisch. Und nicht immer sind Menschen gemein und fies.

Heute weiß ich, wie das System funktioniert. Damals wusste ich es nicht. Der Mann lud mich zu 'nem heißen Kakao in die Altstadt ein, quatschte dabei mit mir, hörte mir zu, drängte nicht, brachte mich zum Lachen. Er schlug mir vor, ich könne bei ihm duschen, wenn ich wolle. Ich lehnte ab, stattdessen trafen wir uns einen Tag später erneut. Wieder hatten wir Spaß miteinander und ich fühlte mich wohl. Gerade das war das Tückische. Aber ich war zu jung, um das zu merken. Ich fuhr mit ihm mit und er ließ mich duschen. Ich dachte mir nichts dabei, als er währenddessen beiläufig ins Bad kam und im Schrank hantierte. Ich machte mir auch keinen Kopf, als er sich mit mir unterhielt, während ich mich abtrocknete und ankleidete. Er bereitete mir ein Abendessen und zeigte mir ein Gästebett. Dort standen ein Fernseher, eine Spielkonsole, eine Stereoanlage. Was Besseres konnte mir doch nicht passieren! »Wenn du magst, kannst du für eine Nacht oder zwei bleiben«, sagte er zu mir. Ich blieb ein dreiviertel Jahr bei Gerhard. Ich nenne ihn Gerhard, okay?

Er schien nicht zu arbeiten, zumindest tagsüber. Stattdessen verbrachten wir viel Zeit miteinander. Er umsorgte mich, kaufte mir Klamotten, Spiele und CDs. Es ging mir ziemlich gut und ich fühlte mich geborgen. Gerhard war es sogar, der mir vorschlug, mich bei meiner Mutter zu melden und ihr zu sagen, es ginge mir gut, sie brauche sich keine Sorgen machen. Ich meinte zu ihm, ich wäre mir gar nicht so sicher, ob sie sich überhaupt Sorgen machen würde. Er beharrte darauf und seine Sorge fand ich rührend. Heute kann ich mir denken, warum er so voller Sorge war. Er wollte seinen eigenen Arsch nicht in die Bredouille bringen.

Also rief ich bei meiner Mutter an. Was mich erstaunte: Sie machte mir nicht einmal einen Vorwurf. Ich glaube, sie hat sich ihren Teil gedacht. Vielleicht tat es ihr leid, vielleicht hatte sie ein schlechtes Gewissen, vielleicht sogar Schuldgefühle. Wer weiß. Sie sagte nichts, und als ich im Hintergrund ihren Macker krakelen hörte, war mir der Rest auch klar. Von da an meldete ich mich in unregelmäßigen Abständen bei ihr und genoss die Zeit mit Gerhard. Abends fläzten wir uns gemeinsam auf dem Bett und spielten Games oder guckten Videos. Einer der Filme war ein Porno, nicht unangenehm. Während wir den guckten, erkundigte er sich nach meinem Eindruck und meinen Empfindungen. Ich sah keinen Grund, ihm nicht zu antworten. Natürlich ließ er mich im Gegenzug auch wissen, was der Film bei ihm auslöste. Und er zeigte mir, was er bei solchen Filmen zu tun pflegte. »Wenn du das auch machen möchtest, halte dich nicht zurück.« Das war mir natürlich unangenehm. Andererseits war er ein guter Freund von mir geworden. Wir hatten keinerlei Geheimnisse, er hatte keine Hemmungen, warum sollte ich sie also haben? Also packte ich meinen Schwanz aus und wir wichsten gemeinsam vor dem Fernseher. Unnötig zu sagen, dass das in der

Folgezeit immer häufiger passierte. Irgendwann wollte er mich befriedigen. Mir machte das nichts aus, es war ja auch ein geiles Gefühl. Ich ließ ihn an meinen Schwanz ran, den er sogar in den Mund nahm. Als er allerdings bat, es ihm gleichzutun, war mir das dann doch eine Nummer zu heftig.

Das ließ ich ihn wissen. Gut möglich, dass ein anderer Typ anders reagiert hätte. Heute kenne ich die Männer. Ein anderer hätte mich vielleicht rausgeschmissen, mir eine gedonnert, mich dazu gezwungen, es ihm zu besorgen. Gerhard dagegen entschuldigte sich bei mir und meinte, er wolle mich nicht verletzen, er habe mich doch lieb, es wäre absolut in Ordnung; wenn ich nicht wolle, wäre das okay, völlig okay. Scheiße, auch das ist Methode. Die Typen sind verdammt gerissen. Denn natürlich hatte ich Schuldgefühle, das war es, was er wollte. Er hatte so viel für mich getan, und das war jetzt mein Dank? Das Ergebnis war, ich machte es ihm, wie er wollte. Es war eine Zweckmäßigkeit. Es machte mir nichts aus. Ich hatte ja meine Vorteile dadurch. Außerdem mochte er mich. Würde jemand, der mich mag, irgendetwas Schlimmes mit mir machen? Ich hatte daheim bei meiner Mutter Schlimmeres erlebt.

Ich war dort angelangt, wo ich heute bin.

Nach einem dreiviertel Jahr hatte sich das Thema Gerhard erledigt. Er wollte noch einen zweiten Jungen vom Bahnhof holen. Ich wollte nicht. Ich war eifersüchtig, verdammt. Das Ergebnis: Ich wurde ihm zu langweilig. Er hatte sich an meinem Arsch satt gesehen. Bittere Wahrheit, und ich stand wieder auf der Straße. Was ich machte? Ich hielt Ausschau. Nach einem neuen Freund. Nach einer neuen Liebe. Nach einem neuen Vater. O Mann, was war ich blöd. Gerhard lief mir ein paar Mal am Bahnhof über den Weg und es traf mich, ihn mit anderen Jungs verschwinden zu sehen. Ich machte daraufhin die Biege und flüchtete nach Köln. Ich wollte Kohle verdienen. Ich kapierte gar nichts. Ich war Frischling, trotz meiner neun Monate bei Gerhard. Glaubte ich tatsächlich, jeder wäre so einfühlsam wie er. Mein erster Freier spritzte mir ohne Ankündigung in den Mund. Der nächste Freier riss mir beinahe das Arschloch auf – ohne Kondom. Und dann beging ich sogar den Fehler, meinen Hintern in einer Schwulenkneipe anzubieten. Beinahe hätte man mich aus dem Laden geprügelt.

Heute lebe ich in Berlin. Hier stand ich die letzten zwei Jahre am Bahnhof Zoo. Nicht durchgehend. Ganz zu Anfang fand ich tatsächlich einen Typen, der mich für ein halbes Jahr in seiner Bude aufnahm. Doch im Grunde war ich zu dem Zeitpunkt schon zu alt für diese Geschichten. Ich hätte es wissen müssen: Männer, die Jungs für ein paar Monate bei sich aufnehmen, suchen junges Fleisch. Ich war 16 – und deshalb schon fast ein alter Sack. Trotzdem glaubte ich tatsächlich, den Freund fürs Leben gefunden zu haben. Ich war fest davon überzeugt, es konnten doch nicht nur so behämmerte Typen herumlaufen. Doch wie groß war meine Enttäuschung, als ich feststellte, dass auch dieser Typ nur auf meinen Arsch aus war. Die Trennung ging daher alles andere als glimpflich über die Bühne. Der Typ meinte, Ansprüche zu stellen nach dem Motto, er habe in mich investiert, ich habe daher die Leistung zu erbringen. Als ich mich widersetzte, kassierte ich einige Veilchen. Das schmerzte. Als ich mich immer noch wehrte, nahm er mich mit Gewalt. Ich sorgte daraufhin für ein ziemliches Chaos in seiner Küche – und wenn ich Chaos meine, dann meine ich Chaos – und schaffte es noch rechtzeitig, seine Wohnung zu verlassen. Möchte nicht wissen, was er ansonsten mit mir angestellt hätte.

Diese Erfahrung war mir eine Lehre. Den Traumprinzen finde ich mit Sicherheit nicht. Aus dem einfachen Grund, weil es ihn nicht gibt, nicht auf dem Strich. Weiß gar nicht, wie ich zu der Annahme kam, es würde ihn geben. Ich war wohl sehr naiv – und auf der Suche nach ein bisschen Geborgenheit. Heute weiß ich: Die Typen, die sich in der Szene rumtreiben, sind geil auf meinen Arsch, auf meinen Schwanz, auf meinen Körper. Das sollte ich mir immer vor Augen halten.

Deshalb wähle ich mir meine Freier auch aus. Ich habe keinen Bock auf Stinker oder Schmutzfinken. Typen, die den Eindruck machen, sie hauen mir die Fresse ein, wenn ich nicht spure, lasse ich links liegen. Lieber verzichte ich auf ein paar Euro, als dass ich SM praktiziere, oder das, was die Männer unter SM verstehen: auf die Schnauze hauen! Ich mache definitiv nicht alles mit. Ich kenne genügend Jungs auf dem Strich, die für ein bisschen mehr Kohle alles mit sich machen lassen. Das sind für mich Stricher. Aber ich bin ja noch nicht einmal schwul. Vielleicht ein bisschen bi. Ich meine, die Zeit mit Gerhard war schön und der Sex mit ihm sogar ziemlich geil. Also, warum sollte er mit Männern nicht genauso geil wie mit Frauen sein? Aber wenn ich nicht hundertprozentig schwul bin, dann muss ich auch nicht unbedingt alle schwule Praktiken mit mir machen lassen. Ich lasse mich zum Beispiel nicht fisten. Von mir aus pule ich den Typen, wenn sie es wollen, im Arsch herum. Ist ja nicht mein Darm. Aber in mein Arschloch kommt keine Hand rein, so viel ist sicher. Ein Schwanz ist das höchste der Gefühle. Und definitiv nur mit Kondom. Ohne mache ich nicht. Nicht mehr.

Ich muss mir diese Grenzen setzen. Ich bin keine Hure, die es schafft, die Freier zu bescheißen. Frauen haben viel mehr Möglichkeiten, die Freier zu bescheißen. Ich kann höchstens Kohle verlangen und mich dann schnell verpissen, ohne eine Leistung erbracht zu haben. Aber das kann ich nur bei Fremden machen, nicht aber bei den Männern, die sich regelmäßig mit uns treffen. Abzocke spricht sich schnell herum. Entweder bricht man mir mal die Knochen, oder ich habe irgendwann keine Typen mehr. Und darauf habe ich keinen Bock.

Ich denke, ich kann mir diese Einstellung erlauben. Ich habe eine Freundin, Ines. Sie ist ein Jahr jünger als ich. Wir verstehen uns ziemlich gut. Wir sind uns sehr ähnlich. Sie schafft auch an. Ich glaube, dass das eine gute Grundlage für eine Beziehung ist. Ich weiß, wie sie sich manchmal fühlt. Sie weiß, wie ich mich manchmal fühle. Wenn ich mal knapp bei Kasse bin, hilft mir Ines. Und wenn sie knapp bei Kasse ist, helfe ich ihr aus. Das ist ganz okay so, hat seine Vorteile. Sex spielt in unserer Beziehung keine so große Rolle. Die Lust daran ist uns vergangen. Irgendwie schade. Vielleicht aber auch nicht. Wir bekommen ziemlich viel ekelhaftes Zeugs zu hören und zu sehen. Wenn es das ist, was die Leute mit Sex verbindet, ohne uns.

Mir ist es wichtiger, von ihr in den Arm genommen zu werden, und ich glaube, ihr ergeht es ähnlich. Ich glaube, ich liebe Ines. Sie liebt mich auch. Das hat sie mir gesagt. Vielleicht schaffen wir irgendwann den Absprung. Zumindest für mich wird es Zeit auszusteigen. Ich merke es doch jetzt schon, wenn die jungen Typen mir die Macker vor der Nase wegschnappen. Mit 18 bin ich zu alt, auf jeden Fall. Was ich machen kann, weiß ich noch nicht. Ich habe ja keinen Schulabschluss. Ich habe letztens einen Streetworker getroffen, aber der konnte mir auch nicht so richtig helfen. Die wirtschaftliche Lage sei nicht so gut, meinte er, aber er wolle gucken, was er für mich machen kann. Auf jeden Fall möchte ich, dass Ines mit mir aussteigt. Ich habe keine Lust, dass ich unter die Seriösen gehe, und sie weiterhin ihre Schenkel breit machen muss. Auf keinen Fall.

»GEWALT WAR SCHON IMMER MIT DER STRICHERSZENE VERBUNDEN.«

Wolfgang Werner, 44 –
Streetworker bei SUB/WAY berlin e.V.

Ich habe zwei Berufe gelernt: zuerst Zollbeamter, dann Diplompädagoge. Der eine Beruf hat sich nicht zwangsläufig aus dem anderen ergeben, obwohl die Beendigung des einen über Umwege zum Beginn des neuen führte. Beide Berufe liegen auf zwei verschiedenen Etappen meines Lebens. Und dass ich heute Sozialarbeit in der Stricherszene leiste, das ist noch einmal eine ganz andere Geschichte.

Wie bei fast allen schwulen Männern gab es auch in meinem Leben Ereignisse, die dazu führten, dass ich mich, meine Situation und auch meinen Weg neu überdenken musste. Das Erste war mein Coming-out, das ich zwischen dem 18. und 24. Lebensjahr sehr heftig erlebte. Damals lernte ich gerade Zollbeamter, wurde mit einem Disziplinarverfahren konfrontiert und quasi »unehrenhaft« entlassen, was zu einer großen Lebenskrise führte. Ich war gezwungen, mich neu zu orientieren, machte mein Abi nach, begann zu studieren. Ich entschied mich für die Betriebswirtschaft, studierte sechs Semester, merkte dann aber, dass die Betriebswirtschaft nichts für mich war; ich schaffte nicht einmal das Vordiplom. Ich wollte mich daher »umimmatrikulieren«, schrieb mich für ein Fach ein, für das es nur wenig Bewerber gab, weil ich glaubte, auf diesem Wege ohne lange Wartezeit an ein neues Studienfach zu gelangen – per Zufall war es Diplompädagogik. So rutschte ich in diesen Beruf hinein.

Während des BWL-Studiums lernte ich Mitarbeiter des Berliner Gay-Switchboards »Mann-O-Meter« kennen, deren Arbeit in der Szene mich interessierte, und wo ich mich schon bald als ehrenamtlicher Mitarbeiter zu engagieren begann. Die Motivation, ehrenamtlich zu arbeiten, entsprang den Bedürfnissen, die zu dieser Zeit vorherrschten. Die Zeiten damals waren für die Schwulenszene sehr aufwühlend: Aids bestimmte den Alltag, aber keiner wusste wirklich damit umzugehen. Hinzu kam die Wiedervereinigung 1989, die neue Präventionsanstrengungen erforderte. Die DDR galt damals als »aidsfrei«; auf der einen Seite kamen die DDR-Bürger in die berliner Szene und waren mit der teilweise sehr sexualisierten Umgangsweise überfordert. Es gab eine Menge Fehlinformationen über Schwulsein, über Aids, über Ansteckungsgefahren. Auf der anderen Seite zogen sehr viele West-Berliner nach der Wende in die so genannte Provinz, um dort »Ossis« aufzureißen. Diese galten nämlich als »aidsfrei« und plötzlich konnte man wieder »ohne Probleme« unsafen Sex haben.

Der Beratungsbedarf wuchs, so wurde ich vom Ehrenamtler zum Hauptamtler. Ich bekam eine halbe Stelle als »Referent für Primär-Prävention Ost«. Meine Aufgabe war es fortan, mit Ostberliner Kneipenwirten, aber auch mit der Szene Kontakt zu halten, Aids-Prävention vor Ort für Gäste und Wirte zu betreiben, Materialien zu verteilen, dafür zu sorgen, dass immer ausreichend Kondome vorrätig waren, sowie als Ansprechpartner für alle Fragen rund ums Thema Schwulsein und Aids zu fungieren.

Heute arbeite ich als Sozialarbeiter in der Stricherszene. Für Außenstehende hat die Stricherszene nicht viel mit der Schwulenszene zu tun; selbst schwule Männer bestreiten die Parallelen. Unter schwulen Männern gibt es sogar eine starke Tendenz, die Stricherszene zu diskriminieren. Es sind sehr viele Unwahrheiten im Umlauf. Auch Ängste. Denn viele schwule Männer, die die Stricherszene heute diskriminieren, sehen sich morgen selbst als Freier und glauben diese ihnen drohende »Gefahr« abblocken zu müssen, indem sie auf das, was sie am meisten fürchten, einfach noch einmal draufhauen.

Für mich aber war die Stricherszene immer schon Bestandteil der schwulen Szene, auch weil in Schöneberg, wo Mann-O-Meter ansässig ist, der schwule und der Stricher-Kiez sehr eng verzahnt sind. Und noch heute liegen die Stricherkneipen dort umgeben von schwulen Kneipen und Einrichtungen. Auch viele schwule Männer wohnen in dem Bezirk. Ein Zusammenhang war also immer gegeben, und für mich war es eine Herausforderung, diese gegenseitigen Anfeindungen zu nihilieren.

Hinzu kommt, dass ich selbst in frühen Jahren Zugang zur Stricherszene gefunden hatte, das war zwischen 1976 und 1978. Ich ging über einen Zeitraum von zwei Jahren anschaffen. Ich tat dies

»offiziell«, um Kohle für Miete und Lebensunterhalt zu bekommen. Ich brauchte das Geld aber nicht zum Überleben, ich steckte nie so tief in der Szene wie andere. Ich denke, der »eigentliche« Grund für mich war vielmehr eine Kompensationshandlung für mein Coming-out, das typische Verdrängen des eigenen Schwulseins mit der Ausrede: »Ich bin nicht schwul, sondern ich kriege Geld dafür. Deswegen schlafe ich mit Männern. Und deshalb brauche ich mich nicht weiter damit auseinanderzusetzen.« Ich glaube, es war daher Teil meines Coming-out, auf den Strich zu gehen.

Als ich dann für Mann-O-Meter ehrenamtlich in der Schwulenszene zu arbeiten begann, erzählte ich einem Mitarbeiter des Gay-Switchboards von meiner Strichertätigkeit. Er reagierte sehr offen und brachte mich mit Mitarbeitern des Gesundheitsamtes in Kontakt. Sie betrieben mit einem ausrangierten BVG-Doppeldecker den »Beratungsbus am Bahnhof Zoo« für Junkies, Huren, Wegläufer, Trebegänger und für Stricher. Für die Arbeit mit Strichern suchte das Jugendamt eine Honorarkraft, die vor allem drogen- und prostitutionsfreie Freizeitangebote initiierte. Ich kannte den Bus aus der Zeit, als ich selbst noch anschaffen ging, und nahm das Jobangebot mit gemischten Gefühlen entgegen. Ich stattete dem Bus einen Besuch ab, sah mir die Mitarbeiter an, stellte fest, dass ich keinen von ihnen kannte – was für mich ausschlaggebender Punkt war, um dort zeitweise als Honorarkraft arbeiten zu können. Die Stricherarbeit am Bahnhof Zoo war allerdings nur die eine Seite. Zur gleichen Zeit setzten wir uns bei Mann-O-Meter das Ziel, neben der schwulen Szene auch die Stricherszene mit Prävention zu versorgen. Diese beiden Tätigkeiten waren quasi mein Einstieg in die Stricherarbeit.

Ich konnte bei einigen Strichern, auf die ich während der Streetwork traf, auf meine eigenen Erfahrungen als Stricher zurückgreifen, aber gewiss nicht bei allen. Denn »den Stricher« als fest zu definierendes Wesen oder gar Konstrukt gibt es nicht. Es gibt allenfalls Facetten in den Lebensläufen der Stricher, die einander ähneln. Zum Beispiel Probleme im Bereich der Sexualität, wie es bei mir der Fall war: Das heißt, viele Jungs gehen anschaffen, weil sie ihr Coming-out kompensieren. Manche werden möglicherweise auch nie ihr Coming-out erleben, sondern ihr Leben lang als Männer leben, die auch Sex mit Männern haben. Sie entwickeln bisexuelle oder andere Lebenskonzepte für sich. Manchmal ist es ein guter

Anknüpfungspunkt zu sagen: »Hey, ich bin auch mal anschaffen gegangen, ich kann deine Situation nachvollziehen.«

Gleichwohl kann ich daraus keine grundlegenden Tipps entwickeln, geschweige denn die Schiene der »Betroffenenkompetenz« als besondere Qualität meiner Arbeit betrachten. Was ich damit sagen will: Manchmal ist mir die Erfahrung hilfreich, manchmal eben auch nicht. Manchmal kommen Erinnerungen in mir hoch, die für die Arbeit mit den Strichern weniger hilfreich sind. Das sind Momente, die wie Blitzlichter in mir aufflammen. Zum Beispiel Gerüche. Der Bahnhof Zoo hat einen ganz bestimmten Geruch, der mir bis heute in der Nase geblieben ist. Wenn ich als Sozialarbeiter am Bahnhof Zoo unterwegs bin, dann erinnert mich der Geruch an die Zeit, in der ich selbst dort gestanden habe.

Was jetzt nicht heißen soll, dass mir die Arbeit dadurch schwerer fällt. Wäre das der Fall, könnte ich die Arbeit gar nicht machen, so viel ist sicher. Aber es ist auch für mich eine interessante Erfahrung zu merken, dass etwas aus der eigenen Stricherzeit hängen geblieben ist. Und das, obwohl ich nie schlechte Erfahrungen machen musste. Ich glitt nicht ab in die Drogenszene. Ich war nie obdachlos oder was sich sonst noch hinter den Schicksalen am Bahnhof Zoo verbirgt.

Heute weiß ich: Meine Erfahrungen sind ohnehin nicht vergleichbar mit den Schicksalen der anderen Jungs. Ganz offen: Wenn ich heute noch einmal in der Situation von damals wäre, ich glaube nicht, dass ich noch einmal anschaffen würde. Nicht weil sich die Stricherszene verändert hat, denn mein Anschaffen hatte wenig mit der Stricherszene zu tun. Es hatte was mit dem fehlenden Angebot der heute existierenden schwulen Jugendgruppen zu tun; so etwas wie Coming-out-Gruppen oder schwule Jugendgruppen hat es damals nicht gegeben. Hätte es sie damals gegeben, wäre ich wohl dorthin gegangen und nicht zum Anschaffen.

Viele Stricher sind Trebegänger, die von zu Hause oder aus dem Heim ausgerissen und jetzt obdachlos sind, am Bahnhof stehen und auf Freier warten, für ein paar Euro, für ein Dach über dem Kopf, einfach nur um überleben zu können. Das ist eine ungleich brenzligere Situation, die mit weitaus mehr Problemen behaftet ist als die meine es jemals war. Das ist manchmal traurig, bisweilen erschreckend, dennoch kann ich Streetwork nicht primär mit dem Ziel betreiben, die Jungs zu bekehren und sie von der Straße zu holen.

Mit diesem Vorhaben kann ich als Sozialarbeiter nicht in der Stricherszene arbeiten. Es würde niemandem nützen, ganz einfach weil ich den Jungs nur wenige schnelle Alternativen zu ihrer gegenwärtigen Lebenslage anbieten kann. Ich kann ihnen Lösungsmöglichkeiten für bestimmte Probleme offerieren, aber die Jungs von einem Tag auf den anderen aus der Szene herauszuholen ist fast unmöglich. Die meisten Lösungen sind mit Kosten verbunden – Jugend-WG –, die erst »geklärt« werden müssen. Ich finde, man muss meine Arbeit wie den Verzehr einer Salami betrachten: Man muss sie scheibchenweise essen. Ganz kann man sie nicht herunterschlucken. Das heißt, ich muss herausfinden, welche Probleme die Jungs beherrschen beziehungsweise welche Hilfen zur Lösung als erstes abgefragt werden. Diese Dinge muss ich angehen. Alles andere kann ich nicht oder nur zeitversetzt lösen.

Ich weiß nicht, ob ich diese Einstellung auch besäße, wenn ich selbst nicht angeschafft hätte. Ich weiß aber, dass Kollegen im Team von SUB/WAY berlin arbeiten, die die gleiche Philosophie wie ich vertreten und die nicht anschaffen waren. Ich glaube daher, es bedarf nicht der Erfahrung als Stricher, um in dieser Szene arbeiten zu können, sondern vielmehr einer gewissen Lebenseinstellung. Nicht jede Lebenseinstellung eignet sich dafür, in der Stricherszene zu arbeiten. Ich begegne Schicksalen, bei deren Anblick manch anderer vielleicht entsetzt sagen würde: »Jetzt finde ich eine Woche lang keinen Schlaf mehr!«

Eine Kollegin aus Hamburg hat mal gemeint, man müsse mit einem großen Maß an Voyeurismus in die Szene gehen können. Das reicht meiner Meinung nach nicht aus. Wichtiger ist: Als Sozialarbeiter muss man neugierig sein und mit dieser Neugier auch umgehen können. Man muss Lust haben zu gucken. Man muss Lust haben zu hinterfragen. Man muss aber auch Konfrontationen aushalten können. Denn als Sozialarbeiter stehe ich meistens »auf der anderen Seite« und werde von den Jungs zu Beginn immer erst einmal als störendes Element empfunden, bis ich ihr Vertrauen gewonnen habe. Viele Jungs müssen oder wollen Geld verdienen, um Party zu machen oder ihren Drogenbedarf befriedigen zu können. Ich stehe nicht auf ihrer Seite, weil ich das Thema Aids mitbringe, ich bin für sie vielmehr ein Kunstprodukt in einer künstlichen Szene. Ich möchte mich jetzt gewiss nicht als künstliche Intelligenz bezeichnen ... Scherz beiseite! Ich möchte als Sozialarbeiter dieser Szene etwas entgegensetzen. Ich möchte durch meine Arbeit Kontinuität, Verlässlichkeit, Vertrauen und Sicherheit in eine Szene bringen, die genau das nicht beinhaltet.

Ich befinde mich also immer wieder in Konfrontation mit Freiern und mit den Jungs und ihren Lebenskonzepten – falls vorhanden. Ich muss immer wieder versuchen, mich zurecht zu finden, denn hinter jedem Jungen steckt – wie ich bereits sagte – ein individuelles Schicksal. Deshalb muss ich auch konfrontationsbereit sein, immer wieder auf ein Neues. Aber ich muss ebenso offen und neugierig sein, um die Welt der Jungs zu akzeptieren. Was mich trotzdem nicht davor bewahrt, bittere Erfahrungen zu machen, wie zwei Beispiele verdeutlichen sollen: Vor einiger Zeit machte der Besitzer einer Berliner Stricherkneipe pleite und musste sein Lokal schließen. Am gleichen Tag versuchte sich ein Junge das Leben zu nehmen, sein Leben schien plötzlich sinnlos. Was nur zu gut verdeutlicht, welche emotionalen Bindungen in diesen Kneipen, in dieser Szene generell vorherrschen, weil andere fehlen.

Ein anderer Junge, mit dem ich zusammenarbeitete, nahm sich kurz vor seinem 18. Geburtstag das Leben. Er wurde zwischen den Ansprüchen seiner Erziehungsberechtigten, denen der Jugendbehörden sowie seinen eigenen Lebensvorstellungen so lange hin und her gerissen, bis er es nicht mehr aushielt und seinem Leben ein Ende setzte. Das hat mich schon ziemlich getroffen.

Die Leitphilosophie von SUB/WAY berlin ist, dass Jungs ein Leben ohne Zwang zur Prostitution führen sollten. Unter diesem Leitsatz sind auch die folgenden Aussagen zu betrachten. Dabei gilt auch, dass SUB/WAY berlin die Arbeit stark auf junge Jungs konzentriert, damit sie nicht in die Szene einsteigen – Stichwort: Prävention vor Prostitution – beziehungsweise, dass sie schnell aus der Prostitution aussteigen. Ab etwa dem 14. Lebensjahr beginnen wir, Prostitution akzeptierend zu arbeiten, was aber die intensive Arbeit an Alternativen beinhaltet. Ab dem 18. Lebensjahr kann dann jeder frei entscheiden, ob er anschaffen geht oder nicht. Natürlich helfen wir auch jungen Männern über 18, aus der Szene zu kommen, wenn sie wollen.

Unsere Arbeit darf sich nicht nur an Altersstufen und dem individuellen Entwicklungsstand der Jungs orientieren, sondern muss auch flexibel auf Änderungen in der Szene reagieren. Die Stricherszene in Berlin hat sich mit der Wende verändert. Zuvor war sie klein und stabil, in sich geschlossen, im Wesentlichen durch deutsche und türkische Jungs dominiert. Fast 50 Prozent der Szene waren türkische Jungs. Damals gab es auch noch ein großes System an Klappen, in denen angeschafft wurde. Jeder Westberliner Bezirk hatte irgendwo wenigstens eine Klappe.

Das hat sich mit dem Mauerfall verändert. Heute haben wir einen Migrantenanteil in der offenen Szene von bestimmt 70 Prozent. Türkische Jungs spielen dabei keine Rolle mehr, sie machen nur noch einen verschwindenden Anteil der Stricher aus. Wir stellen uns die Frage: Wohin sind diese Jungs verschwunden? Darauf haben wir noch keine Antwort. Es gibt einige Theorien, aber keine davon ist hieb- und stichfest, deshalb verliere ich darüber auch nicht viele Worte. Sicher ist nur, dass ein Verdrängungsprozess einsetzte, als die Grenzen geöffnet wurden, und anfangs sehr viele Jungs aus Polen nach Berlin kamen. Ihnen folgten die tschechischen, später die rumänischen Jungs. Zur Zeit ist die Szene in Berlin vor allem durch bulgarische, rumänische, tschechische und polnische Jungs und Jungs aus Ex-Jugoslawien geprägt, also aus dem ost- und südosteuropäischen Raum.

Auch die Zahl der Stricher insgesamt hat zugenommen. Viele Jahre hatten wir eine konstante Zahl, und die Westberliner Szene hatte sich »quasi durch Zellteilung« ständig erneuern müssen. Eine Pendelprostitution, eine Durchgangsprostitution, konnte sich gar nicht erst entwickeln. Heute ist Berlin – sowohl in der weiblichen wie auch in der männlichen Prostitution – eine große Durchgangsstation von Ost nach West geworden, auch ein Experimentierfeld. Auch landen sehr viele Migranten in der Prostitution, obwohl sie gar nicht dorthin wollten. Das heißt, es sind »Arbeitsmigranten«, die in Deutschland Arbeit suchen, keine finden und schließlich in der Prostitution landen. Das kann bereits ab einem Alter von 14 Jahren losgehen. Die Möglichkeiten, in Berlin anschaffen zu gehen, sind für jede Altersgruppe vorhanden. Meist müssen die Jungs mit 18, 19 Jahren aufhören, weil sie zu alt sind, denn die meisten Freier suchen nicht bestimmte Sexualpraktiken, sondern jugendliche Partner.

Allerdings herrscht auch eine Nachfrage nach älteren Jungs. Genau das ist das Betätigungsfeld vieler Migranten. Sie mögen zwar über zwanzig Jahre sein, besitzen aber einen »exotischen Touch«. Da sie anderweitig keine Arbeit finden, sind sie gezwungen anzuschaffen und können daher nicht so viel Geld nehmen wie Jungs, die jünger sind beziehungsweise über einen gesicherten Aufenthaltsstatus verfügen. Das heißt, dass viele Migranten auch die »preiswertere Kategorie« der Freier bedienen müssen. Sie sind gezwungen, für manchmal fünf oder zehn Euro Sex zu leisten.

In den letzten Jahren kommen aber auch sehr viele junge Männer aus diesen Ländern, um bewusst anzuschaffen und/oder Lebenspartnerschaften einzugehen. Hier setzt langsam eine Veränderung ein, die aber nicht über die Probleme der ausländischen Stricher hinwegtäuschen soll, zum Beispiel Aufenthaltsrecht, mangelhafte Gesundheitsversorgung und so weiter.

Es gibt Menschen, die mir vorwerfen, ich stelle mich blind, weil ich die Straftaten, die in der Szene so offensichtlich begangen werden, nicht zur Kenntnis nehme, zum Beispiel die Förderung der Prostitution Minderjähriger. Ich denke, ich muss unterscheiden: Wenn ich von tatsächlichen schweren Straftaten erfahre, bringe ich sie zur Anzeige, zum Beispiel Mord, schwerer sexueller Missbrauch von Kindern oder Ähnliches. Das ist gesetzliche Pflicht, das sage ich jedem, das weiß jeder. Wenn es allerdings darum geht, dass minderjährige Jungs anschaffen, ist das für mich weniger ein strafrechtlicher Aspekt, sondern ein moralischer. Dem kann ich zuerst entgegenhalten: Prostitution ist in Deutschland für den (deutschen) Prostituierten grundsätzlich nicht verboten, und Jugendliche zwischen 14 und 18 können ohne große Risiken durch Freier »gekauft« werden. Diese grundlegenden Tatsachen muss ich in meiner Arbeit berücksichtigen. Sicherlich wird die Lage der Kids durch erwachsene Männer ausgenutzt, keine Frage, deshalb konzentriere ich mich ja auf die Jungs.

Prostitution wird in Deutschland allgemein, auch im Heterobereich, als »Schweinerei« bezeichnet, Männer würden die Situation der Frauen ausnutzen und so weiter ... Trotzdem gibt es rund 400.000 Huren in Deutschland, die täglich mehrere 100.000 Kunden haben. Nicht jeder Freier geht täglich zur Hure, woraus zu folgern ist, dass wir mehrere Millionen »Schweine« in dieser Republik besitzen. Es ist eine Doppelmoral, die in unserer Gesellschaft beim Thema Prostitution vorherrscht. Natürlich weiß ich, dass auch ich unter diesem Druck der Doppelmoral arbeite und dass es ganz viele Leute gibt, die zu Huren oder Strichern gehen. Und was immer sie dort suchen, ob Liebe, bestimmte Sexualpraktiken oder einen jungen Körper – ich weiß nicht, was sie dort finden oder wie man es bezeichnen soll. Und unter diesen Männern gibt es viele, die sich der Prostituierten bedienen, aber auch offen gegen sie arbeiten, weil die Moral es so will.

Kommen wir zum Thema Recht zurück. Die Rechtsprechung schafft keine Klarheit, eher Verwirrung. Jeder glaubt: Das neue Prostitutionsgesetz ist in Kraft getreten, daher ist alles in Ordnung. Aber das ist es eben nicht. Denn das Gesetz gilt nur für (deutsche) Prostituierte ab dem 18. Lebensjahr. Was passiert also in dem Fall, dass ich mir eine Prostituierte oder einen Prostituierten unter 18 »kaufe«? Da sagt das Gesetz sehr schwammig eigentlich kaum etwas aus. Mal ernsthaft: Prostitution unter 18 müsste dem Gesetzestext nach verboten sein, ist es aber »real« nicht. Wenn man sehr genau nachliest, können sich Freier relativ straffrei Jugendliche ab 14 Jahren »kaufen«. Ab einem Alter von 14 Jahren gibt es so viele Grauzonen, dass es kaum zu Strafverfolgungen kommt. Und sollte es doch, muss im Einzelfall nachgewiesen werden, dass es zur Ausnutzung einer besonders schweren Lebenslage beziehungsweise zur Ausnutzung eines wie auch immer gearteten Abhängigkeitsverhältnisses oder zur Bezahlung für den Sex gekommen ist. Was voraussetzt, dass es jemand überhaupt anzeigt. Die Stricher tun es in den seltensten Fällen. Gleichsam muss es jemanden geben, der die Anzeige korrekt aufnimmt. Wer die überlastete Polizei kennt, der weiß, dass das selten der Fall sein wird. Das erklärt auch die gängige Polizeipraxis, bei Sex mit Jugendlichen unter 18 nicht immer strafverfolgend tätig zu werden, sondern erst bei Jungs unter 14, also in der Pädoszene.

Das ist die Szene, in denen Jungs unter 14 mit erwachsenen Männern Sex haben. Ein schwieriges Thema, das ich nur über die Jungs an mich heranlassen darf. Eigentlich ist das Thema auch nur über die Lebensbedingungen der Jungs zu diskutieren. Mit pädosexuellen Männern kann man nur sehr schwer reden. Als wir von SUBWAY berlin einen Aufklärungsflyer in Schwimmbädern verteilten, die bekannt dafür sind, dass sich Pädosexuelle dort aufhalten, kam einer der Männer zu uns in die Geschäftsstelle und beschwerte sich, sie hätten in ihrer Pädo-AG – so etwas gibt es, eine Arbeitsgemeinschaft pädosexueller Männer – lange über die Broschüre beraten und seien zu der Erkenntnis gekommen, es sei eine »üble Nazisprache«, die wir in der Broschüre anschlagen würden. Dabei hatten wir nur Anzeichen für pädosexuelle Übergriffe aufgelistet und Mittel und Wege, mit denen sich Jungs dagegen wehren können. Das zum Thema Diskussion mit pädosexuellen Männern!

Mir beziehungsweise uns von SUB/WAY berlin geht es auch darum herauszufinden, wie wir die Jungs, die in pädosexuellen Kreisen stecken, erreichen können. Gelingt es uns, die Jungs aus diesen Strukturen herauszumanövrieren? Und wenn ja, wie? Ganz sicher nicht, indem wir ihnen primär mit Ausstieg kommen, obwohl gerade das unser Ziel ist. Damit würde ich den Kürzeren ziehen. Die Jungs würden mich als störenden Faktor empfinden. In ihren Augen wäre ich der Böse, der sie aus der für sie eigentlich angenehmen Situation herausholen will in etwas Ungewisses, zum Beispiel ein Heim oder Pflegeeltern.

Doch was heißt: »angenehme Situation«? Natürlich würde der Junge, der mit einem pädosexuellen Mann zusammen ist, niemals nach außen hin erklären, es sei eine »unangenehme Situation«, in der er stecke. Vielfach tobt im Kopf der Jungs ein Kampf über das, was richtig oder falsch ist. Oft finden sie nicht die richtigen Worte für das, was sie dort tun. Deshalb verharren sie in einem Status Quo und glauben, es sei besser als das, was sie vorher bei ihren Eltern oder im Kinderheim erleben mussten. Dann aber gibt es Sachen, die sie machen müssen, die sie nicht machen wollen, aber in Kauf nehmen. Dieses »In-Kauf-Nehmen« geht so lange gut, wie der Junge »funktioniert« und nicht älter wird. Für den pädosexuellen Mann ist das Altern eines Jungen meist ein Trennungsgrund. Das ist der Moment, in dem sich die sekundären Geschlechtsmerkmale entwickeln, Haare an Stellen sprießen, an denen vorher keine waren. Dann entzieht der Mann dem Jungen nach und nach die Liebe. Zumindest hat er dem Jungen gegenüber immer behauptet, es sei Liebe, was sie verbände. Plötzlich muss der Junge Dinge tun, die er früher nie machen musste: Zum Beispiel abwaschen. Oder: Er wird ausgeschimpft, weil er das Zimmer nicht aufräumt. Oder: Er darf nicht mehr mit zum Schwimmen. Oder: Er muss auf dem Sofa schlafen, weil der nächste, jüngere Junge ins Haus kommt und sein Zimmer erhält. Und erst dann erfährt der Junge mit voller Wucht, wie schlecht für ihn die Situation tatsächlich war.

Der Junge wird also auf eine ganz miese Tour abgewickelt oder, noch schlimmer, weitergereicht an den nächsten Interessenten. Die Pädosexuellen teilen sich in unterschiedlichste Gruppierungen, die durch Alterspräferenzen gekennzeichnet sind. In diesen Kreisen wird der Junge kurzerhand an den nächsten Interessenten weitergereicht, wenn er eine Altersschwelle überschritten hat.

Für den Jungen ist dieser Beziehungsmissbrauch eine schlimme Erfahrung. Ich nenne es Beziehungsmissbrauch, denn der Junge und der pädosexuelle Mann haben eine Beziehung aufgebaut, die durch die Weiterentwicklung des Jungen zerstört wird. Damit das klar ist: Das alles hat nichts mit Menschen zu tun. Der Junge wird auf ein Objekt reduziert, auf ein »haarloses Etwas". Das wird der Junge früher oder später erfahren, aber leider erst in dem Moment, wo es passiert.

Damit schließt sich der Kreis. Meine Arbeit besteht darin, mit den Jungs zu reden und ihnen klar zu machen, dass das Leben in der Pädo-Szene ein großer Beschiss ist. Ich darf ihnen nicht mit Ausstieg kommen, allenfalls mit alternativen Lebensformen. Ich muss versuchen, sie stark zu machen. Den Ausstieg muss der Junge von sich aus wollen. Es gibt durchaus Jungs, die ich erreiche, die sich warnen lassen. Es gibt einige, die das nicht tun, und andere, die sagen, ihre Beziehung zu dem Mann sei gut verlaufen. Das kann durchaus so sein. Denn man muss sich eines vor Augen halten: Die Pädosexuellen sind nach außen hin nicht die großen Monster, als die sie manchmal dargestellt werden. Sie geben den Jungs auch etwas. Nämlich das, was die Eltern und Erziehungsberechtigten diesen Jungs nicht geben konnten: Aufmerksamkeit, Zeit und so weiter ... Dass dabei noch eine sexuelle Komponente ins Spiel kommt, ist für die Jungs erst einmal gar nicht relevant. Das wird im Rückblick vielleicht als unangenehm empfunden – und es ist auch der sexuelle Missbrauch, der eine Rolle spielt – aber der eigentliche Beziehungsmissbrauch hat schon viel früher stattgefunden. Er fand statt durch die Eltern oder Erziehungsberechtigten. Sie sind es doch, weswegen der Junge ausriss und überhaupt erst in eine Situation geraten konnte, die dann durch Pädosexuelle ausgenutzt wird.

Wenn ich also die Möglichkeit hätte etwas zu unternehmen, würde ich primär nichts gegen die Pädosexuellen – das ist Polizeiaufgabe –, gegen die Freier, gegen die Männer unternehmen, sondern gegen die Eltern oder die Erziehungsberechtigten, die dazu beigetragen haben, dass es überhaupt dazu gekommen ist, dass der Junge zu Pädosexuellen geht oder anschaffen muss. Oder gegen unfähige Jugendbehörden. Oder gegen andere Instanzen, die Verantwortung tragen.

Zurück zur Stricherszene. Es gibt sehr viele Freier, mit denen ich seit Jahren Gespräche über Verantwortung, Safer Sex und so weiter führe. Sie sind wichtige Multiplikatoren. Es gibt Freier, die mir von Anbeginn meiner Tätigkeit an über den Weg laufen, die, obwohl Stricherkneipen zugemacht haben, immer wieder in neuen Kneipen auftauchen. Diese Männer sind mir teilweise länger bekannt als die Jungs, die anschaffen gehen.

Die durchschnittliche Zeit, die ein Junge anschaffen geht, liegt bei drei bis vier Jahren, das ist zumindest der Regelfall. Es gibt einige, die durchaus auch länger anschaffen, aber meist sind es drei, vier Jahre, danach kommt die neue, jüngere Generation. Nur die Freier, die sind immer da. Einige Freier sprechen sehr offen mit mir, erstaunlich offen. Viele Freier geben an, dass ich als Sozialarbeiter der Einzige bin, mit dem sie offen über »ihre« Jungs reden können. Was nicht verwundert, es gibt schließlich keinerlei Geheimnis zwischen uns: Wenn ich als Streetworker eine Stricherkneipe betrete, dann gibt es dort auch nichts zu verheimlichen. Was die Männer dort machen, braucht nicht weiter erklärt zu werden. Ob die Männer mir wohlwollend begegnen oder etwas gegen mich haben, ist dabei erst einmal egal, denn wichtig ist nur, die Grundlage für ein Gespräch ist gegeben; wir beide – sowohl der Freier als auch ich als Sozialarbeiter – wissen genau, weswegen wir in der Szene sind: Ich, um soziale Arbeit zu leisten, er, um sich einen Jungen zu suchen. Wobei ich von Anfang an immer klarstelle, auf wessen Seite ich stehe: Auf der der Jungs!

Ich werde daher ganz sicher keine Abwasch- oder Staubwisch-Angelegenheiten klären. Das ist nicht mein Job. In meinen Gesprächen geht es ganz klar um Gesundheitsfragen, um Verantwortung und Grenzen und um Fragen in Sachen Aufenthaltsrecht und um Lebenspartnerfragen, wenn es sich bei den Jungs um volljährige Migranten handelt. Die Stricher haben keine Probleme damit, dass ich auch mit Freiern rede, sie wissen, dass ich es in ihrem Interesse mache. Sie wissen durchaus damit umzugehen, das ergibt sich unter anderem durch die Art, mit der ich die Szene betrete. In einer Kneipe, in der viel Betrieb ist, kümmere ich mich zuerst um die Jungs. Es gibt noch andere Rituale, die ich einzuhalten habe: Handschlagbegrüßung des Barpersonals, Begrüßungsrunde bei den Strichern, Personen, mit denen ich eine Runde Dart oder Billard spiele. Diese Rituale bekommen die Jungs mit. Selbst Jungs, die neu in der Stadt sind, sehen, dass ich die Kneipe betrete und bei den Leuten bekannt bin. Sie antizipieren mich anfangs als Freier. Ich stelle die Angelegenheit klar und weise darauf hin, dass ich Sozialarbeiter von SUB/WAY berlin bin und was meine Aufgaben sind. Die meisten haben von SUB/WAY berlin schon etwas gehört, ohne richtig zu wissen, was wir eigentlich machen.

Meist haben uns die Jungs, die neu in die Stadt kommen, sogar schon als Sicherheit im Hinterkopf, obwohl sie uns gar nicht persönlich kennen. Zum Beispiel sprach vor kurzem ein Junge einen Mitarbeiter von SUB/WAY berlin an, der den Jungen nicht kannte, und meinte: »Ich kenne euch aber schon seit fünf, sechs Jahren, aber ich brauchte euch bis jetzt nicht.« Ein anderer Stricher sprach mich mal an und sagte, er bräuchte mich eigentlich nicht. Aber er besäße eine uralte, verknitterte, verblasste Visitenkarte von mir, die ich vor zehn Jahren verteilt hätte. Er trug sie nach wie vor in seinem Portemonaie und meinte, es wäre sein Rettungsanker für den Fall, dass gar nichts mehr klappen würde. Das zeigt, dass wir den Jungs auch ein Sicherheitsgefühl bieten. Unsere Arbeit funktioniert. Die Jungs sollen wissen, wohin sie kommen können, wenn sie nicht mehr weiter wissen. Das ist wichtig für viele Jungs. Es ist ja auch nicht so, dass die Jungs von den Pädosexuellen beziehungsweise den Freiern nicht fort können. Sie werden dort nicht festgekettet, höchstens emotional. Sie können jederzeit gehen, gehen teilweise auch, kommen zu mir und sagen: »Jetzt reicht's, ich will was anderes!« Sie wissen auch, dass ich nicht den Finger heben und erklären werde: »Das habe ich doch gleich gesagt.«

Ich entgegne ihnen: »Wunderbar! Sag mir bitte, was du jetzt möchtest.« Ich erkläre den Jungs, dass die Entscheidungen, die sie treffen, immer die richtigen sind. Selbst wenn sie bei den Männern bleiben. Das ist eine Sache, die ich respektieren muss. Ich rede aber auch über die Konsequenzen, die ihre Entscheidungen nach sich ziehen können. Und dass es keine Niederlage für sie ist, wenn sie sich dann anders entscheiden. Seit Gründung von SUB/WAY berlin e.V. verteilen wir während der Streetwork eine Broschüre, auf deren Rückseite eine rote Karte geklebt ist, auf der steht: »Zeig jedem diese rote Karte, der dich vollquatschen will, auch wenn es ein Sozialarbeiter ist.«

Ich finde, das sagt vieles über meine Arbeit, meine Motivation und Intention aus. Ich gehe selbstbewusst in die Szene und erkläre den Jungs: »Wenn du nicht mit mir reden möchtest, ist es auch okay. Dann darfst du deine Ruhe haben.« Denn die Jungs werden im Laufe ihres Lebens von so vielen Leuten zugequatscht, dass ich da nicht auch noch gegen ihren Willen mit ihnen reden möchte.

Natürlich sind auch Gewalt und Drogen Themen in der Szene. Ein Stricher erfährt in seinem Leben sehr viel Gewalt. Die Frage ist: Wo fängt Gewalt an? Fängt sie in jenem Augenblick an, wo er seine Familie verlassen muss, weil die sein Lebenskonzept nicht mitträgt, vielleicht weil er ein Coming-out hat und daheim rausfliegt? Oder weil sexuelle oder brachiale Gewalt in der Familie geschieht, vor der er flüchtet? So oder so, in der Szene wird er ebenfalls auf Gewalt treffen. Natürlich sind die Umstände, unter denen die Jungs in der Obdachlosigkeit leben, die Abhängigkeiten, die damit verbunden sind, die Krankheiten, die Mangelerkrankungen, Formen der Gewalt. Fakt ist: Die Jungs erleiden jeden Tag Gewalt, es muss nicht immer brachiale sein. Es sind die Blicke, diese Fleischbeschau, wenn die Freier an ihnen vorbeilaufen, die geilen Blicke über die Körper streifen lassen, nach Hause gehen und sich dort einen runterholen. Das wissen die Jungs natürlich. Und es sind die vielen Versprechungen, die den Strichern täglich gemacht und nicht eingehalten werden: »Ich habe einen Job für dich!« Oder: »Wir ziehen zusammen.« Oder: »Wir machen eine große Reise.« Vertrauensmissbrauch – Beziehungsmissbrauch!

Dieses Angegrabschtwerden – für eine Cola nehmen Freier sich sehr viel heraus; sie meinen, wenn sie dem Jungen eine Cola ausgegeben haben, dürfen sie ihn auch begrabschen – das ist die tagtägliche erlebte Gewalt in Form der Grenzüberschreitung. Dann natürlich sexuelle Gewalt, zum Beispiel Vergewaltigung, die eigentlich jedem Stricher im Leben einmal passieren wird. Das kann man eigentlich jedem Stricher von Anfang an prophezeien. Ich kenne keinen Jungen, der keine Form sexueller Gewalt erlebt hat. Dass ich es damals nicht erlebt habe, ist Glück.

Natürlich kann ich Jungs, die neu dabei sind, vor Gewalt oder Drogenkonsum warnen. Aber nicht alle sind unbedingt Neueinsteiger, sie wissen gut Bescheid. Drogen und Gewalt waren ohnehin schon immer verflochtener Bestandteil der Stricherszene. Berlin ist heute eine Kokserhauptstadt. In Frankfurt ist Crack die Hauptdroge, in Hamburg mehr Heroin. Hier in Berlin wird der Sex sehr oft mit Koks bezahlt. Es kommen zwar immer wieder Jungs nach, aber sie kommen schon aus Szenen anderer Städte nach Berlin. Die wenigsten Stricher, die in Berlin anschaffen, sind Berliner. Das ist unter anderem so, weil Berlin wie ein Magnet wirkt. Die Stadt verspricht Action, vor allem im Partybereich der Technoszene. Und die Technoszene ist mit der Drogenszene gleichzusetzen. Die Sehnsucht nach Action und der Druck, (finanziell) mithalten zu müssen, bringen eben auch Gefahren mit sich, tiefer in Abhängigkeiten verstrickt zu werden. So geraten viele immer tiefer in die Stricherszene hinein. Viele Jungs stecken also in einem Kreislauf: Sie gehen anschaffen um ihren Drogenkonsum bezahlen zu können. Oder umgekehrt: Sie nehmen Drogen, weil sie das Anschaffen nicht aushalten. Ich selber habe beispielsweise nie »harte« Drogen genommen. Das war mir immer zu gefährlich, nicht weil ich die Gefahr des Stoffs gesehen habe, sondern weil ich Angst hatte, dass die Drogen mir zu gut schmecken.

Die Arbeit mit Strichern ist schon sehr vielfältig, so wie die Probleme der Jungs es eben sind. Ich arbeite mit den Jungs und im Interesse der Jungs. Das bringt manchmal die oben beschriebenen Komplikationen mit sich. Um im Interesse der Jungs arbeiten zu können, muss ich sehr feste Standpunkte im Leben haben, die auch als Signale für die Jungs dienen können. Nur so kann ich das notwendige Vertrauen schaffen und Orientierungshilfen bieten und ihnen vielleicht dabei helfen, ihren Weg für ein Leben ohne Zwang zur Prostitution zu finden.

TEIL 4

SCHLAGEN

»Der Schmerz macht die meisten Menschen nicht groß, sondern klein.«

Christian Morgenstern

»EINE GUTE DOMINA SOLLTE KEINEN WIDERWILLEN GEGEN MÄNNER HABEN.«

Lady Vera, 58 – Domina, Berlin

Ich bin gelernte Hypothekenfinanzierungsspezialistin, Rentenberaterin und Marketingexpertin. Heute arbeite ich als Domina, und das nicht aus einer Position der Schwäche heraus. Oft wird einer Frau, die in der Prostitution arbeitet, unterstellt, sie habe Schulden, keine andere Alternative, sei durch eine Notsituation zu dieser Arbeit gezwungen – überhaupt nicht!

Ich bin in der Adenauer-Ära aufgewachsen, die ich persönlich als sehr fragwürdig empfand, als nicht glaubwürdig. Die Frauen haben eine Rolle gespielt, die für mich absolut kein Lebensentwurf darstellte. Ich dachte mir, es muss doch auch Frauen geben, die sich um den ganzen Anstand, die Moral, vor allem um die falsche Moral über das, was man tun darf und was man nicht tun darf, überhaupt nicht scheren. Die einfach nur leben und voller Saft und Kraft sind. Ich war immer der Meinung, das könnte in der Prostitutionsbranche der Fall sein.

Von der Prostitutionsbranche hatte ich allerdings immer nur die schlimmsten Sachen gehört: »Darüber spricht man nicht! Rotlicht? Um Gottes willen!« Es gab in meinem kompletten Umfeld nicht eine einzige Frau, die wirklich offen damit umgehen und mir davon erzählen oder die mir zeigen konnte, aus welchen Büchern man sich ein tatsächlich fundamentales Wissen übers Rotlichtmilieu aneignen konnte.

Für mich war der Einstieg in die Prostitution also Neugier und das Bewusstsein, dass die Welt, die man mir präsentierte, einfach nicht die richtige für mich war. Das wollte ich nicht glauben. Ich lebte gewissermaßen in einem Traum. Und irgendwann fragte ich mich: »Wann will ich diesen Traum tatsächlich leben?«

Zu diesem Traum gehörte auch die SM, zumindest in gewisser Weise. Sagen wir so: Die SM war vorher in meinem Kopf, aber ich wusste nicht, wie ich damit umgehen konnte. Ich komme vom Land, aus Franken, das ist eine andere Welt. Für mich, die dort in gutbürgerlichen Verhältnissen aufwuchs, war SM kein Thema. Als ich Anfang der 90er Jahre in Berlin eintraf, kamen die ersten SM-Clubs auf. Das hatte alles den Touch von Keller und Schmuddelkram. Es gab sehr wenig Möglichkeiten, damit umzugehen beziehungsweise in Dinge hinabzutauchen, ohne dass man sich fragte: »Um Gottes willen? Hast du die Situation eigentlich noch im Griff?«

Zu der Zeit damals, das gebe ich zu, wusste ich gar nicht, was eine Domina ist und was sie macht. Das war einfach ein undefinierbares Knäuel an Fragen, die ich hatte. Ich merkte jedoch, dass das Thema Macht in der Beziehungen zwischen den Geschlechtern eine unglaublich große Rolle für mich spielte. Je weniger man damit umgehen kann, umso präsenter ist das Thema. Ich merkte, ich laufe vor Macht davon. Das waren diese üblichen Umgangsformen, ich habe das immer wieder erlebt, auf Partys, wo Alkohol im Spiel war. Jeder Mann versuchte irgendwann jede Frau abschlecken zu können. Dagegen habe ich mich immer gewehrt und mir oft den Vorwurf eingehandelt, wie prüde ich doch sei. Ich dachte mir: »So blöde können doch die Männer nicht sein, dass sie mich für prüde halten, nur weil ich diese Dinge nicht mitmachen will.«

Heute kann ich das wunderbar. Heute sage ich: »Mein Lieber, runter mit dir, auf den Boden! Und abwarten, bis ich wieder Lust habe, mit dir zu reden.« Damit entlaste ich auch mich. Mich hat mal eine Journalistin gefragt, ob ich die Männer nicht verachten würde. Früher habe ich das. Heute habe ich sehr viel Hochachtung vor diesen Männern, die mit ihren Neigungen in dieser kontrollierten Form umgehen können. Das ist für mein Verständnis besser als wenn man es immer wieder unterdrückt, bis irgendwann der Deckel hochfliegt.

Damals, als sich abzeichnete, dass ich in der Prostitution, genauer in einem Dominastudio arbeiten würde, habe ich mir natürlich sehr viele Gedanken gemacht. Ich lebte auch mit jemandem zusammen, was die Sache nicht unbedingt einfacher machte. Ich habe mit diesem Lebensgefährten alles besprochen, das Wenn und Aber, das Für und Wider. Er war derjenige, der meinte: »So wie du sprichst, habe ich das Gefühl, es geht hier nicht um einen Job oder einen Beruf, sondern um eine Berufung. Eigentlich musst du es einfach tun!«

Das hat mir natürlich sehr geholfen. Ich habe mir dann immer ein wenig Zeit gegeben, selber für mich herauszufinden, ob es sich lohnt darüber zu sprechen. Denn wenn ich es ein halbes Jahr gemacht und dann festgestellt hätte, die Realität habe mit meinen Träumen nicht im Entferntesten etwas zu tun, wäre es nur ein Experiment gewesen, das in die Hose ging. Dann hätte ich aus der Distanz der Vergangenheit mit jemandem darüber reden können.

Als ich jedoch merkte, dass das was ist, was ich weitermachen werde, habe ich auch mit meiner Tochter und meinem Schwiegersohn und nach und nach auch mit Freunden drüber gesprochen. Schwierigkeiten gab es eigentlich keine. Ich hatte schon damals den Ruf eines schrägen Vogels, was das Ganze erheblich erleichterte. Es gab sogar einige Freunde, die meinten: »Wir erleben, dass du der gleiche Mensch geblieben bist, mit allen Ecken und Kanten. Warum sollte es also in Zukunft Schwierigkeiten zwischen uns geben?« Es gibt einen einzigen Bekannten, bei dem ich mit der Zeit merkte, dass ich zu offiziellen Anlässen nicht mehr erwünscht war. Diese Freundschaft habe ich beendet.

Ich erfuhr in der Zeitung von dem Hurenprojekt Hydra e.V. in Berlin. Ich ging hin und sagte, ich wolle gerne als Domina arbeiten. Ich bekam erst einmal einen ziemlichen Rüffel. Sie sahen mich partout als potentielles Opfer, so nach dem Motto: »Hast du Schulden? Was hast du für Schwierigkeiten? Können wir dir helfen?« Ich erklärte ihnen, dass ich keine Schwierigkeiten habe: »Ich will es einfach tun!« Woraufhin sie mich fragten, ob ich vielleicht eine Therapie bräuchte.

Ein paar Monate später haben sie mir dann aber doch die Adressen dreier SM-Studios gegeben, die sich allerdings als Pleite erwiesen. Das war nicht meine Welt. Dann gab es bei Hydra eine Teestunde für Frauen, die ausgestiegen waren oder die planten auszusteigen, aber davor Angst hatten. Man bot mir an, daran teilzunehmen und zu erleben, welche Schwierigkeiten Frauen in der Prostitution zu bewältigen haben. Es war eine Domina dabei, die nach zehn Jahren aussteigen wollte und zu mir meinte: »So wie ich dich kenne, ist das Studio, in dem ich arbeite, genau das richtige für dich. Frage doch einfach nach, ob du meinen Platz, den ich hinterlasse, einnehmen kannst!«

Das habe ich gemacht, und das war's dann! Ich ließ mich zur Domina ausbilden. Eine Ausbildung zur Domina ist sehr individuell. Es gibt Leute, die meinen, man müsse, bevor man Domina wird, erst einmal als Sklavia arbeiten. Das hätte ich nie gekonnt. Ich hätte mich nicht fremden Männern überlassen können. Das lag völlig außer meiner Welt. Den erstbesten Mann, der mich hätte fesseln und hilflos machen wollen, hätte ich anschließend umgebracht ...

In meinem Fall zeigte man mir Verschiedenes. Ich lernte Menschen kennen, die mir von Büchern erzählten. Dann lernte ich Menschen kennen, mit denen ich reden konnte. Plötzlich waren alle Schwierigkeiten, die ich zuvor damit hatte, nicht mehr relevant. Es floss einfach! Und genau das ist es, was eine gute Domina ausmacht.

Eine gute Domina sollte keinen Widerwillen gegen Männer haben. Das wäre nicht gut. Sie sollte über medizinische, auf jeden Fall auch psychologische Grundkenntnisse verfügen. Sie sollte auch Lebenserfahrung haben. Man sagt allgemein, eine junge Domina ist in sich sehr unglaubwürdig, weil sie die Lebenserfahrung nicht hat. Eine gute Domina muss über SM-Praktiken Bescheid wissen. Sie muss viel Einfühlungsvermögen besitzen, um zu wissen, wie sie mit all diesen Dingen umgeht, mit denen sie konfrontiert wird.

Ich gestalte heute selbst Dominaausbildungen, und wenn Frauen sich für die Tätigkeit einer Domina interessieren, versuche ich zu erforschen, ob sie möglicherweise nur einfach nicht ins Bordell wollen, weil sie nicht vögeln, weil sie ihren Körper nicht hergeben wollen. Sie glauben, als Domina könnten sie den Abstand wahren. Ich meine jedoch, man kann auf eine oberflächliche und ritualisierte Art durchaus mit jemandem vögeln. Aber das, was man im SM-Studio treibt, ist zwar körperlicher Abstand, aber es kann einem wesentlich mehr an die Nieren gehen.

Deswegen sollte man sich als Domina von Anfang an auch Grenzen setzen; wobei sich viele natürlich erst im Laufe der Zeit ergeben, indem man mit Kunden und ihren Wünschen konfrontiert wird. Es gibt Praktiken, von denen Dominas sagen, sie machen sie nicht. Zum Beispiel Kaviar geben. Und es gibt Extremdominas, die bieten so genannte Ekelerziehung an. Das sind Dinge, die würde ich, nach Kenntnis meiner Person, nie anbieten. Das ist einfach eine Grenze, von der ich sage, selbst wenn ich irgendwann meinen eigenen Ekel überwinden könnte, will ich es nicht. Das geht über meine Grenzen. Aber unabhängig von den Praktiken, die eine Domina anbietet oder nicht, ich habe den Spruch meiner Lehrherrin im Kopf, die sagte: »Eine gute Domina braucht eigentlich nur zwei Dinge: Sie muss intelligent sein und sie muss ein großes Herz haben.«

Natürlich gibt es wie so oft im Leben wie eigentlich auch in jedem Beruf Situationen, in denen fließen die Dinge aus der Hand. Dann muss ich nicht überlegen, was ich mit meinem Kunden mache oder wie ich ihn mir vom Leibe halte. Die Situation ist einfach gut; er und ich, wir hätten uns genauso gut auf der Straße kennen lernen und auf das gleiche Spiel einlassen können. Das heißt im Klartext, das Anliegen des Kunden und meine Neigung treffen per Zufall aufeinander. Das ist ein wunderschöner Augenblick, das ist ein Highlight.

Dann gibt es manchmal aber auch Situationen, in denen ich einen Arzt verstehen kann, was ich vorher nie konnte. Ein Arzt hat mitunter auch Menschen vor sich, mit denen er privat nichts zu tun haben will, er sich aber sagen muss: »Ich bin Arzt, es ist meine Aufgabe zu helfen.« Da spielen Empfindungen eine Rolle, von Widerwillen bis hin zu Mitleid, nach dem Credo: »Jeder ist ein Geschöpf Gottes.« Mein Kunde kommt mit einem Wehwehlein, ob körperlich oder seelisch, wie auch immer – ich kann ihm helfen! Er vertraut mir, er vertraut sich mir an, egal was meine Qualifikation und Leidenschaft ist, das spielt in diesem Augenblick keine übergeordnete Rolle.

Kurzum: Die Wahrscheinlichkeit, dass eine Domina eine sadistische Ader hat, ist durchaus real. Da gibt es bestimmt einige. Aber ich weiß nicht, ob das die beste Alternative ist. Ich habe bereits von Fällen gehört, in denen Dominas austicken, weil sie in einen sadistischen Rausch geraten ... Ich denke daher, dass ich als professionelle Domina einen Abstand zu dem haben muss, was ich mit meinem Kunden mache, denn ich lebe mich im Prinzip nicht selbst aus. Ich muss die Fähigkeit und die innere Offenheit haben, auf ihn eingehen zu können, zwar nicht als bloße Dienstleisterin oder als Erfüllungsgehilfin seiner Ambitionen. Aber trotzdem: Er zahlt eine Menge Geld dafür.

Hier in Berlin haben sich 200 Euro pro Stunde durchgesetzt, das ist der übliche Satz. Vereinzelt verlangen Dominas auch 260 Euro. Man sagt immer, bis 150 Euro die Stunde hat man sehr viel mit primitivem Volk zu tun, das sollte man sich ersparen, es ist nur die Billigvariante. Es gibt auch Dominastudios, die nach einer Preisliste für einzelne Praktiken berechnen; zusätzlich zum Basispreis schlägt jede einzelne Praktik zu Buche. Der Vorteil bei einem Stundenhonorar ist, die Domina kann entscheiden, was sie in der Zeit tut und was nicht. Das gibt ihr eine gewisse Souveränität und macht sie nicht nur zum Erfüllungsgehilfen ihres Kunden. Wie aber auch immer, es ist für die Leute eine Menge Geld. Der Kunde hat also auch einen Anspruch darauf, das zu bekommen, was er braucht. Ich kann also nicht total an ihm vorbeilaufen und sagen: »Mir geht es nur darum, dass ich dir blutende Wunden zufüge, weil es mir Freude macht.« Das ist erst einmal dumm und zweitens verantwortungslos.

In meinen Dominaausbildungen vermittle ich sowohl handwerkliche als auch psychologische Kenntnisse. Psychologische Kenntnisse sind sehr wichtig. Zumindest für mein Verständnis, diese Art von Tätigkeit auszuüben. Das ist aber nicht überall der Fall. Ich kenne eine Domina, die hat, als ich bei ihr zu Besuch war, ihren Kunden gefesselt, ein wenig an ihm herumgespielt und mir dabei erzählt, was sie erlebt hat, was sie am Wochenende unternimmt ... »Donnerwetter«, dachte ich und war ziemlich konsterniert. Das ist nicht meine Art, mit Kunden umzugehen. Ich muss eine Kommunikation mit dem Kunden aufbauen, die aus Augenkontakt, aus Körpersprache, auch aus verbaler Sprache besteht. Ich muss ein Gefühl für die Situation haben.

Ein Beispiel: Ich kann eine Abstrafung, eine Auspeitschung, vornehmen und bei fünf verschiedenen Kunden kann sie in völlig unterschiedlichen Atmosphären stattfinden. Der eine ist ein Flagellant, der die Körperreize braucht; dabei agieren wir aber auf gleicher Augenhöhe, können in der Zwischenzeit miteinander reden und lachen. Er kann sogar einen Wunsch äußern – das ist alles möglich. Der andere dagegen braucht eine Abstrafung, weil er mir erzählt hat, dass er etwas gemacht habe, was nicht in Ordnung sei, weswegen er jetzt bestraft werden müsse. Und der nächste, der kommt, ist grundsätzlich der ausgepeitschte Sklave, der innerlich vor der Herrin unten sein will. Obwohl ich handwerklich also immer das Gleiche tue, geschieht alles in verschiedenen Atmosphären, darauf muss ich mich einstellen.

Das zeigt allerdings auch, dass meine Kunden unterschiedlicher nicht sein können. Allein ihr Alter reicht von 18 bis 80, ohne dass eine besondere Aufälligkeit erkennbar wäre. Da gibt es bildschöne Männer mit wunderbaren Körpern, zu denen ich sage: »Was tust du hier? Du kannst jede Frau der Welt haben!« Er sagt: »Aber keine, der ich zu Füßen liegen kann.«

Häufig wünschen die Kunden Flagellation. Außerdem masochistische Praktiken, aber auch Masochismus mit Sadismus von Seiten des Kunden. Es gibt aber auch Kunden, die einfach ein paar geile Spiele, ein bisschen das Spiel mit Distanz und Nähe erleben wollen. Im Prinzip spiele ich dabei die Frau, die auf den Sockel gestellt und angebetet wird und die mit ihrer eigenen Lust spielt, aber den Mann nicht wirklich an sich heranlässt.

Unterm Strich bin ich dann so etwas wie die Ersatzmutter. Denn dieses Spiel entspricht der ödipalen Phase eines männlichen Kindes: Es begehrt die Mutter, erlebt ihren Duft und ihre Nähe – und trotzdem ist sie immer ein Stück weg, denn wie Papa darf es nicht ran. Häufig sind bei meinen Kunden auch sehr viele Schuldgefühle vorhanden und der Wunsch, nach der Abstrafung, wenn also die Geilheit endlich aus dem Körper herausgeprügelt wurde, wieder der artige, brave Junge zu sein. Das sind im Grunde Pubertätsspiele.

Bei einigen Männern lassen sich diese Spiele auf tatsächliche Schuldgefühle oder ein reales Erlebnis beziehungsweise Trauma zurückführen. Das merke ich während der Sessions. Andere Kunden sind wie Austern zugeklappt. Es macht keinen Sinn zu fragen, sie sind dann nur verschreckt. Ich denke, viele Kunden kommen zu einer Domina, weil ihr Eheleben oder ihr normales Leben sie langweilt. Sie wollen aber auch nicht wirklich vögeln, sie wollen treu sein, sie wollen mit dem Gefühl heimgehen, eigentlich gar nicht fremdgegangen zu sein, eigentlich haben sie ja nichts Böses gemacht. Sie wollen einfach etwas anderes erleben, ein bisschen Neugierde.

Man erfährt nicht bei allen die Beweggründe, warum sie zu einer Domina gehen. Manchmal ist es auch nur meine eigene Interpretation. Wenn eine Kunde nach einem Rollenspiel verlangt und ich ihn frage: »Was für ein Rollenspiel?« Und er mir antwortet: »Weiß ich nicht!« Ich frage ihn: »Wie alt sind Sie denn im Rollenspiel?« Woraufhin er meint: »So dreizehn, vierzehn.« Dann kann ich mir vorstellen, dass es etwas mit der Pubertät zu tun hat. Wenn er sagt: »Fünf, sechs Jahre alt«, dann hat er wahrscheinlich ein Initialerlebnis als Kind gehabt.

Aber das alles bleibt häufig nur mein Zusammenreimen. Das muss auch nicht wirklich der Ursprung sein, das kann im Grunde nur das sein, was er preisgibt. Deswegen sollte sich eine Domina auch nicht so wichtig nehmen und glauben, sie durchschaue die Menschen auf Anhieb. Da scheitern viele Dominas an ihrer Eitelkeit, sehen sich gar als Psychologe, Psychiater, Therapeut, womöglich auch als »Beichtmutter«, wenn sie durch Strafe für das »Vergehen« Vergebung schenken. Doch, wie gesagt, das ist nicht bei allen Kunden so. Es gibt auch Leute, die bei mir einen Kick erleben wollen.

Aber diese Tätigkeit hat, je nachdem wie man sie gestaltet, auf jeden Fall auch therapeutische Aspekte. Es gibt immer wieder Leute, die sagen, damit versuchen Dominas ihre Arbeit schönzureden und in gewisser Weise zu adeln. Das liegt mir völlig fern. Ich denke wirklich, es hat was mit therapeutischer Arbeit zu tun. Obschon ich nicht der Versuchung erliegen darf, den Kunden missionieren zu wollen. Sozusagen den Ursprung seiner Leidenschaft erkennen, mit dem Finger drauf zeigen und sagen: »Merkst du nicht, aus welcher Ecke das kommt? Sollen wir nicht darüber reden? Das wäre die Möglichkeit, dich davon zu befreien?«

Denn da ist einerseits ja noch die marktwirtschaftliche Seite. Warum sollte ich mir meine eigenen Kunden wegreden? Es sei denn, er möchte es. Wenn ich also merke, es herrscht ein echter Leidensdruck vor, dann bin ich da. Andererseits gibt es auch Menschen, die gar keine Therapie wollen. Sie kommen zu mir, gerade um die Therapie zu vermeiden. Ich hatte einmal einen Kunden – heute ist er ein sehr guter Freund –, der mir sagte: »Und selbst wenn du mir schriftlich geben würdest, aus welcher Ecke es kommt – es interessiert mich nicht. Ich bin froh, dass ich endlich jemanden habe, bei dem eine geschützte Atmosphäre herrscht, bei dem ich auf Verständnis stoße, bei dem ich die Achtung spüre, bei dem ich es endlich freudig ausleben kann, ohne dass ich irgendwelche Schuldgefühle habe. Geh mir weg damit, ich möchte es gar nicht wissen!«

Und dann gibt es Kunden, die mir am Ende gegenüber sitzen und nur erzählen wollen, immer mal wieder, ganz vereinzelt. Das sind dann Kunden, denen ich sagen muss, es tue mir leid, ich müsse passen, sie sollten zum Therapeuten gehen. Ein Beispiel: Ich hatte einen bildschönen, jungen Mann, der immer nur dann einen Orgasmus haben konnte, wenn er in der Badewanne saß und ich ihn gewürgt habe. Die Intensität des Würgens steigerte sich innerhalb eines Jahres derart, dass ich sagen musste: »Ich kann nicht mehr. Ich habe die Verantwortung, dass du hier wieder heil herausgehst. Jetzt ist Schluss! Tu mir den Gefallen, geh zum Therapeuten.«

Ich kenne einen Therapeuten, mit dem ich mich phasenweise über Einzelfälle unterhalte, ihn frage, wie ich damit umgehen und was ich machen kann. So auch im Fall dieses jungen Mannes. Der Therapeut sagte mir: »Es ist von der psychologischen Seite so, dass jemand, der dieses Gewürgt-werden-Wollen mit sich herumträgt und es nicht ausleben kann, irgendwann so unter Leidensdruck steht, dass es nur noch um das Würgen geht. Dann spielt es keine Rolle mehr, ob ihn jemand würgt oder ob er jemanden würgt.« Und dann wird es gefährlich.

Bevor ich daher mit einem Kunden in die Vollen gehe, rede ich mit ihm über seine Wünsche. Das ist wichtig, denn ich muss ein Gespür dafür bekommen, was sein Anliegen ist. Je nachdem, wie er sein Anliegen formulieren kann – es gibt ja auch Leute, die über ihre Gefühle, die sie haben, gar nicht sprechen –, muss ich durch Querfragen herausfinden, worum es eigentlich geht.

Häufig muss ich auch dabei bedenken, dass meine Kunden ein falsches Bild von sich haben. Es gibt Männer, die in ihrem Selbstbildnis ewig jung, gesund und schön geblieben sind. Wenn sie strenge Fesselspiele wollen und ich sie nach ihren Wehwehchen frage, erklären sie mir, alles wäre kein Problem. Sobald ich allerdings die ersten Fesseln anlege, stellt sich heraus, dass sie beispielsweise Hüftprobleme haben – aber das wollten sie zuvor nicht zugeben. Solche Dinge muss ich immer mit einbeziehen.

Deshalb gehört auch ein Codewort zu einer Session mit mir. Zumindest bei Neulingen bestehe ich darauf, dass ein Codewort vereinbart wird. Ich warne allerdings davor, es spielerisch zu benutzen. Nach dem Motto: Es pikst dem Kunden ein wenig und er sagt sofort das Codewort, nur damit ich sofort etwas anderes mache. So braucht er mir nicht kommen, da werde ich gnatzig. Mit dem Ergebnis, dass ich mich beim nächsten Mal nicht mehr drum kümmere und für gewöhnlich etwas strenger bin als vereinbart. Dann führe ich ihn an seine Grenzen. Es kommen auch Leute zu mir, die die Session gestalten wollen nach dem Motto: »Eine Domina ist auch nur eine blöde Nutte; ich bezahle hier das Geld und ich bestimme, wo es lang geht!« Die manipuliere ich!

Aber wenn ich jemanden kenne, wir darüber sprechen, dann kann es auch sein, dass wir auf ein Codewort verzichten. Ähnlich verhält es sich bei Langzeitbehandlungen, die über zwei oder mehre Tage andauern. Das mache ich nicht mit Leuten, die ich nicht kenne. Weil es eine relative Nähe ist, wenn ich sie hier in meinem Studio übernachten lasse. Ich mache mir zuvor ein Bild davon, was der

Kunde eigentlich will. Und ich kläre ganz realistisch, was ich bieten kann. Ich wecke keine allzu hohen Erwartungen. Ich werde zum Beispiel niemals vereinbaren, dass ich fünf Mal die Nacht vor ihm stehe und was mit ihm mache. Das bedeutet nämlich, fünf Mal die Nacht aufzustehen, sich zurechtzumachen, total müde und aus dem Schlaf gerissen irgendetwas zu tun. Das mache ich vielleicht bevor ich ins Bett gehe, eine längere Pause und wieder am Morgen. Öfter aber nicht.

Heute betreibe ich in Berlin-Mitte das etwas andere Dominastudio »5D«: Das Domizil Der Dominanten Damen. Das Besondere daran: Niemand ahnt, was hinter den Mauern dieses typischen Reihenaltbaus praktiziert wird. An der Tür habe ich ein unscheinbares Klingelschild: »D. Muth«. Das soll dem geneigten Kunden »Demut« implizieren, und dem Passanten, hier wohne ein Herr oder eine Frau D. Muth ... Das ist eine Sache der Unauffälligkeit. Denn ich wollte ein Klingelschild, das eine Assoziation weckt, sozusagen eine kleine Wortspielerei, die aber auch so diskret ist, dass niemand sich daran stoßen kann und soll. Da fand ich »D. Muth« äußerst passend; damit kann ich wunderbar spielen, auch am Telefon. Ich kann dem Kunden sagen, er solle bei »Demut« klingeln oder bei »Mut«, je nachdem wie ich meine, wie es bei ihm nötig ist. Und das »h« am Ende macht es noch unauffälliger.

Den Namen »5D-Studio« habe ich absichtlich nicht geschrieben. Ich finde, das wäre zu auffällig, und die Hausbewohner würden von Freunden, die sie besuchen, gefragt werden, was das für ein Studio sei ... So wie es jetzt ist, ist es unauffällig für die, die nicht direkt ins Studio möchten.

Als ich damals »5D« eröffnete, hörte ich, dass eine Domina ihr Studio beim Gewerbeamt als »Dominastudio« anmelden wollte. Sie wurde mit dem Bescheid weggeschickt, diese Tätigkeit sei nicht gewerbefähig. Das war noch zu einer Zeit, in der Prostitution als sittenwidrig galt.

Insofern musste ich mir was anderes überlegen, um mein Studio überhaupt anmelden zu können und nicht illegal tägig sein zu müssen. Ich wollte ganz offiziell Gewerberäume betreiben. Mein Glück war: Es gibt in Deutschland ungeschützte Berufsbezeichnungen, unter anderem die des »Atemtherapeuten«. Also wurde mein Studio eine »Praxis für Atemtherapie«. Niemand kann per Definition sagen, was man in den Räumlichkeiten vorfinden muss, damit sie eine Praxis für Atemtherapie sind, und was in Räumlichkeiten stehen muss, damit sie nicht mehr als Praxis für Atemtherapie, sondern als Dominastudio gelten. Falls sich ein Amt daran gestört hätte, hätte man diese Frage letztlich wohl nur in einem Prozess klären können.

Es gibt Prostituierte, die meinen, wir Dominas bilden uns eben wegen solcher Verklausulierungen ein, wir wären etwas Besseres. Es gibt auch Dominas, die sagen, sie seien keine Huren. Es gibt ein Sammelsurium an Argumenten, die in solche Diskussionen eingebracht werden, aber Fakt ist doch: Auch ich als Domina erbringe bei zweidrittel meiner Kunden eine sexuelle Dienstleistung. Die Kunden kommen her und haben Geilheit im Kopf oder in den Lenden. Und ob sie sich nun auf meinen Befehl hin selbst einen runterholen müssen oder ob ich das per Hand mache oder ob ich eine Maschine ansetze, ist völlig wurscht. Es ist eine sexuelle Dienstleistung. Das muss man ganz klar so sehen!

Es gibt auch Dominastudios, die Verkehr anbieten. Meine Entscheidung, es nicht zu tun, hat nichts damit zu tun, dass ich denke, ich sei was Besseres, oder ich wolle damit nichts zu tun haben. Es war einfach die klare Überlegung: Ich musste mir eine klare Nische suchen wie jedes andere Unternehmen auch. Ich musste meine Zielgruppe definieren. Und was immer ich anbieten wollte, ich musste es durchhalten. Ich wusste jedoch nicht, ob ich Sex durchhalte. Ich hatte das Gefühl, dass ich mich dabei übernehmen würde. Denn ich wollte innerlich frei sein, um eine private Beziehung leben zu können. Ich wusste nicht, ob ich die Kraft hätte, das alles unter einen Hut bringen zu können.

Mag sein, dass es SM-Studios gibt, die Sex anbieten. Ich selbst biete Sex nicht an. Zum Orgasmus bringe ich den Kunden dennoch. Aber das muss nicht sein. Es gibt auch Leute, die sagen: »Das will ich gar nicht.« Ich habe zum Beispiel einen Stammkunden, einen angenehmen, älteren Herrn; er macht mir sehr viel Freude und ich bin sehr stolz, dass er bereits jahrelang zu mir kommt. Er kommt immer frühmorgens, so gegen 9 Uhr, die Räume sollen frisch gelüftet, alles soll hell sein. Ich trage ganz normale Straßenkleidung mit Pumps, nichts mit SM. Er selbst zieht sich wie eine Dienstmagd an, trägt wie eine Pfälzer Oberbäuerin unsägliche Unterhosen bis unters Knie. Er übergibt mir einen Brief »seiner« Herrin. Diese Herrin schickt mir ihre Zofe – das ist er – zur Abstrafung, weil sie zu schlampig und nicht fleißig war. Dann erfolgt eine ganz harte Abstrafung, zwischendurch trinken wir Tee, währenddessen sie – er – mir ihr Leid klagt. Die Herrin sei so streng, die Zofe möchte doch alles tun, damit es der Herrin gut geht, aber sie werde so gefordert. Ich erkläre ihr: »Was soll ich tun? Du weißt, es ist dein Schicksal. Du kannst ihm nicht entkommen! Es ist so, nimm es endlich an!«

Ich könnte mir vorstellen, rein altersmäßig, von der Sprache und seiner gesamten Kultiviertheit her, dass er aus einer ostpreußischen Junkerfamilie stammt und er als kleiner Junge noch die Magd miterlebt hat, sie seine erste große Liebe war und sie so behandelt wurde. Das lebt er heute aus, dabei steht der Orgasmus, abgesehen davon, dass ich den Mann noch nie nackt gesehen habe, nicht im Vordergrund.

»DER GANZEN MANNSCHAFT HILFLOS AUSGELIEFERT«

Kirsten, 25 Jahre – Sklavin im Dominastudio, Bonn

Ich arbeite in einem Dominastudio und repräsentiere eine Männerphantasie, die der Sklavin. Die Vorstellungen einer Sklavin variieren von Mann zu Mann, ich bemühe mich daher um einen goldenen Mittelweg, um möglichst viele Phantasien bedienen zu können. Dass ich als Sklavin arbeite, hat mit meinen eigenen Neigungen zu tun. Ich bin, wie man in der Branche so schön sagt, eine naturveranlagte Sklavin. Mit anderen Worten: Es macht mir Spaß. Diese Neigung war schon immer in mir, glaube ich zumindest. Schon als ich während der Pubertät meine Sexualität entdeckte, träumte ich nicht wie andere Mädchen von dem Traumprinzen, mit dem sie auf sein Schloss reiten und der sie dort auf eine Wiese aus schönsten, weichen Blumen bettet, sondern von den Piraten, die kommen und mich entführen werden, damit ich dem Willen der ganzen Mannschaft hilflos ausgeliefert bin. Das war von Anfang an bei mir eine erotische Phantasie, und das hat mich in meiner, ich sage mal »normalen« Entwicklung ganz schön gebremst. Weil ich diesen Phantasien nachhing, konnten gleichaltrige Jungs nichts mit mir anfangen, ich passte nun mal nicht in das Bild des schüchternen Teenies, mit dem man den ersten Sex erlebt. Deshalb konnte ich mit den Jungs ebenfalls nichts anfangen, und selbst wenn mir dann einer gefiel, war die Umsetzung meiner Träume nur ein Reinfall. Kein 16-Jähriger, kein 18-Jähriger, selbst die wenigsten 20-Jährigen können mit diesem Spiel etwas anfangen, geschweige denn es umsetzen, wenn selbst die Partnerin keinerlei Erfahrungen in dem Bereich hat. Was dazu führte, dass ich sexuell eher ein Spätzünder wurde.

Nach dem Abitur dachte ich, dass endlich was passieren müsse, etwas, was mich meiner Neigung näher bringt, jetzt oder nie. Ich machte keine Ausbildung, jobbte hier ein wenig, dort ein bisschen, versuchte eine Lehre, das haute nicht hin, ich gab mich trotzig: »Dann eben gar keine Ausbildung!« Und jobbte nur noch. Nebenher verfolgte ich mein eigentliches Ziel. Ich schaltete Anzeigen in Zeitschriften und bot mich als Sklavin an, und zwar richtig. Ich suchte keine normale Beziehung, in der SM »nur« eine Rolle spielt – heute wäre das eher mein Wunschdenken –, sondern ich wollte mich richtig versklaven lassen, absolut und idealistisch. So wie man eben träumt, wenn man jung ist – und blauäugig. Für diese Blauäugigkeit habe ich ordentlich Lehrgeld bezahlen müssen.

Ich traf mich mit einigen der Männer und sammelte erste devote Erfahrungen. Diese waren ziemlich daneben. Schuld war ich aber selbst, keine Frage. Vieles von dem, was ich erlebte, ertrug ich in der Hoffnung, dabei irgendwie schon meinen Weg zu finden. Diese große Sehnsucht, die sich über die vielen Jahre zuvor in mir aufgebaut hat – und nichts anderes war es, eine riesige Sehnsucht! –, wollte endlich befriedigt werden. Ich stürzte mich kopfüber in eine Beziehung, die meinen Wünschen zu entsprechen schien. Rückblickend betrachtet verdient sie die Bezeichnung »Beziehung« gar nicht. Der Mann, mit dem ich zusammenlebte, schlug mich grün und blau, aber richtig. »Okay«, sagte ich mir und machte aus der Not eine Tugend, »ich trage die Spuren mit Stolz darauf, dass ich gelitten habe, und werde dafür lieb gehalten.« Doch stattdessen wurde ich böse angeschnauzt: »Zieh nicht einen so kurzen Rock an, das sieht scheiße aus. Du hast doch ganz blaue Beine!« Schließlich war ich mit meinen Nerven restlos am Ende und ich sagte mir: »Jetzt ist Schluss! Ich möchte mit keinem Menschen mehr etwas zu tun haben.«

Über Monate sonderte ich mich von allen Bekannten und Freunden ab und versuchte erst einmal zurück zu mir selbst zu finden, mit dem Ergebnis, dass ich beschloss, mit Männern nichts mehr zu tun haben zu wollen. Das Thema war für mich durch, definitiv. Ich war mir so sicher wie mit nichts anderem. Wenn ich mir das aus heutiger Sicht durch den Kopf gehen lasse, Mann o Mann, eine ganz schön harte Entscheidung für eine 19-Jährige. Der Entschluss hielt aber natürlich nicht lange vor. So ganz ohne Mann, das klappte auch nicht. Also machte ich mich auf die Suche nach einer normalen Beziehung: Normaler Sex, Händchen halten, Schmusen, Küsschen, und alles ohne SM, ohne Versklavung. Wenigstens das musste es doch bringen. Brachte es aber nicht, kaum überraschend. Denn ich lernte zwar einen Mann kennen, der meinen Ansprüchen entgegenkam – dachte ich zumindest. Tatsächlich aber nutzte er nur meine devote Seite aus. Was mir wiederum zeigte: Für eine »normale« Beziehung war ich zu devot. Ich konnte einfach kein gleichberechtigter Partner sein. Ich sagte zu allem ja und amen und tat alles, was mein Freund von mir wollte.

Heute weiß ich, es hatte vieles damit zu tun, dass ich keine Erfahrung besaß. Ich konnte diese verschiedenen Tendenzen und Nuancen, die SM beinhaltet, nicht unterscheiden, befand mich jeweils in einer absoluten Phase. Ich wollte mich hingeben, ausliefern, eben versklaven.

Glücklicherweise lernte ich nach dieser kleinen Katastrophe Achim kennen, meinen ersten richtigen Herren, der mich wirklich beherrschte. Dazu gehört eine große Portion positiven Egoismus und natürlich das Selbstbewusstsein, sich die Dinge einfach nehmen zu können. Viele Menschen können das nicht. Sie sagen. »Wenn du das für mich tust, dann tue ich dies oder jenes für dich.« So funktioniert es aber in der SM nicht. Es bedarf einer gewissen Gelassenheit, sagen zu können: »Du machst das jetzt!« Fertig und aus, ohne Wenn und Aber. Achim besaß diese Gelassenheit und noch dazu enorm viel Phantasie, um gewisse Szenarien umzusetzen. Er war froh, in mir die richtige Sub entdeckt, ich war überglücklich, den richtigen Herrn gefunden zu haben. Das war eine sehr schöne Zeit, in der ich zum ersten Mal all das ausleben konnte, was ich mir in meinen Träumen ausgemalt hatte. In Sachen SM brachte mich diese Beziehung einen großen Schritt weiter. Denn ich liebte Achim, und wenn man jemanden liebt, ist es kein Problem, sich viel mehr fallen zu lassen. Das Devote äußerte sich mit noch mehr Hingabe. Das Gefallenwollen wurde so immens groß, dass ich bereit war, Dinge zu tun, die ich zuvor nie für möglich hielt, und von denen ich später, als es die Beziehung nicht mehr gab, kaum glauben konnte, dass ich sie gemacht hatte. Das waren sehr schmerzhafte Erfahrungen, denn wir sind bis an meine Grenzen gegangen. Heute würde ich sagen: »Das mache ich nie wieder, dieses besondere Maß an Folter.«

Wir machten Rohrstock ohne Ende, auch an Stellen, an denen ich heute nicht einen Schlag ertragen würde. Wir haben an meine Schamlippen kurzerhand eine Wasserflasche gehängt solange, bis ich ohnmächtig wurde. Wir praktizierten Dinge, die auch in die Öffentlichkeit gingen, zum Beispiel dass ich unter meinem kurzen Röckchen extrem an den Schamlippen geklammert war und mit dieser Befestigung Zigaretten holen musste. Ich will nicht behaupten, dass dies fortgeschrittene Praktiken waren, aber zu dieser Zeit waren sie für mich auf jeden Fall sehr heftig und sie befriedigten meine Sehnsüchte komplett. Irgendwann waren sie gestillt und ich wollte diese Praktiken nicht mehr, weil ich sie zur Genüge erlebt hatte. Ich machte mich auf die Suche nach neuen Erfahrungswerten, natürlich SM, die ich aber mit Achim nicht erleben konnte. Wir trennten uns, blieben aber in Kontakt. So kam es, dass er mir eines Tages erzählte, er habe sich als Dominus in einem SM-Studio beworben. Das Studio sei unglaublich toll, es hätte eine unglaublich umfassende Ausstattung. Auch die Betreiberin, Lady Silvana, lobte er in den höchsten Tönen. Bereits da leckte ich Blut. Und als er mir schließlich noch erzählte, dass Lady Silvana auf der Suche nach einer Sklavin sei, entschied ich, dort mal anzurufen.

Natürlich ist es ein Unterschied zwischen der SM, die man privat auslebt, und der, die man in einem Domina-Studio kommerziell anbietet. Viele Leute werfen SM-Studios und Huren in einen Topf – sollen sie doch. Damit habe ich keine Probleme. Bereits seit meiner Kindheit fand ich die Vorstellung von einer Hure äußerst interessant, also nicht moralisch verwerflich. Ich habe Prostituierte als starke Frauen bewundert, die das bekommen, was sie wollen. Das war natürlich eine kindliche Illusion, aber sie führte dazu, dass Prostitution in meinem Kopf positiv besetzt war. Rotlichtmilieu, finstere Gestalten, Prostitution, das Thema hat mich in gewisser Weise sogar angemacht. Deshalb war es für mich keine große moralische Hürde, mal nach Bonn in das Studio von Lady Silvana zu fahren, um mich dort vorzustellen.

Allerdings war ich schüchtern und besaß noch nicht das Selbstbewusstsein, das ich heute habe. Deshalb organisierte Achim das Treffen zwischen Silvana und mir. Ich verdanke quasi ihm den Job. Ich lernte Silvana kennen, sie zeigte mir das Studio. Achim hatte nicht übertrieben, die Ausstattung war unglaublich vielfältig und mit sehr viel Liebe hergerichtet; jedes, wirklich jedes Bedürfnis konnte befriedigt werden. Selbst ein großes Klinikum gehörte zum Arbeitsbereich, ebenso wie Kellerverliese und eine »Pathologie« für ganz ausgefallene Wünsche. Auf Außenstehende mag ein SM-Studio wie eine andere Welt wirken; die Leute, die es aufsuchen, die Praktiken, die dort vollzogen werden – das ist alles sehr bizarr. Bei mir löste es einen sehr, sehr großen Reiz aus. Ich war hin und weg.

Ich stand vor dem Käfig im Studio, klammerte mich förmlich an das Gitter und rief: »Ich will auch mal in den Käfig! Können wir nicht Fotos von mir machen?« Für mich war klar: Ich wollte, nein, ich musste in diesem Studio als Sklavin arbeiten. Wobei es mir nicht um Arbeit ging, noch weniger um Geld. Ich wollte hier arbeiten, allein nur um diese sagenhafte Atmosphäre genießen zu können. Sie verhieß Nervenkitzel und Erregung. Es ging um Abenteuer und um Lust. Abenteuerlust. In erster Linie wollte ich etwas erleben, meine eigenen Neigungen in dem Studio erleben. Mich überraschen lassen, was passiert. Da war ich natürlich noch sehr blauäugig; ich hatte absolut keine Ahnung, was mich erwartet, nur aber dutzende Phantasien im Kopf.

Meine Familie kam mit meiner Entscheidung, in einem SM-Studio zu arbeiten, anfangs gar nicht zurecht. Mein Vater weiß es, aber da ich zu ihm keinen Kontakt habe, ist es egal. Meine Mutter findet es nicht so toll; für eine Mutter ist Sklavin in einem SM-Studio gewiss nicht unbedingt der Traumjob. Aber sie akzeptiert es. Das ist auch keine Notlüge von ihr, sie hat es akzeptiert, weil sie erlebt hat, dass ich trotz des Jobs die letzten zwei Jahre der gleiche Mensch geblieben bin. Ich habe mich sogar sehr zum Positiven verändert, sagt sie. So bin ich zum Beispiel viel umgänglicher geworden. Außerdem sagt sie, sie habe nur eine Tochter, und sie wäre der dümmste Mensch der Welt, wenn sie auf Grund der Tatsache, dass ich auf diese Art und Weise mein Geld verdiene, im Prinzip das Kostbarste, was sie hat, einfach von sich stößt.

Ich glaube, ich habe damit sehr viel Glück. Andere Mütter würden sicherlich ganz anders damit umgehen. Meine Großeltern, zu denen ich eine sehr enge Bindung habe, wissen nichts davon. Aber ich enthalte ihnen die Wahrheit nicht vor, weil ich damit ein Problem habe, sondern weil sie in einem Alter sind, in dem sie es nicht verstehen würden. Außerdem hatte meine Oma einen Schlaganfall und ist geistig nicht mehr auf der Höhe. Also würde ich sie, wenn ich ihr von meiner Arbeit erzählte, völlig vor den Kopf stoßen. Das bringt nichts. Eine Überraschung erlebte ich mit meiner Tante, die eine strenge Christin ist. Sie weiß Bescheid und akzeptiert es. Sie sagte mir mal: »Solange du nett zu mir bist und wir gut miteinander auskommen, habe ich damit kein Problem.« Wahrscheinlich bin ich doch ein liebenswerter Mensch. Meine Freunde wissen grundsätzlich alle Bescheid. Was natürlich zu einer recht überschaubaren

Anzahl von Freunden führte. Aber bei denen, die geblieben sind, weiß ich wenigstens, dass sie zu mir stehen, egal was ich mache. Insofern fällt es mir umso leichter, den Job zu machen und auch Spaß daran zu haben, anders als andere Frauen, die ihn ausüben.

Viele Sklavinnen üben diese Arbeit doch nur des Geldes wegen aus. Weil sie mit dem Job nichtklar kommen, nehmen sie Drogen, um ihn ertragen zu können. Das verachte ich zwar nicht, aber ich kann dem nur wenig Wert abgewinnen. Ich bin in einer viel glücklicheren Lage. Ich meine, ich lasse Dinge mit mir geschehen und habe sogar Spaß daran und biete eine gewisse Hingabe. Und dass ich dafür auch noch Geld bekommen sollte, und sogar ganz gutes Geld, war das letzte vieler Argumente, die für die Arbeit als Sklavin im SM-Studio sprachen. Ich wollte es wenigstens ausprobiert haben, aufhören konnte ich jederzeit. Ich trat also nicht mit Anspruch an die Tätigkeit heran, ich arbeite dort jetzt fünf oder zehn Jahre oder schaffe so und so viel Kohle beiseite. Ich habe erst einmal auf Probe angefangen. Daraus wurden zwei Jahre. Daran habe ich nicht gedacht.

Manch einer meint mich fragen zu müssen, ob meine eigene Leidenschaft, also meine private Neigung, unter der Arbeit gelitten hat. Das weiß ich nicht. Was ich weiss ist, dass meine privaten Neigungen sich mitunter in eine ganz andere Richtung entwickelt haben als die, die ich im Studio auslebe. Aber ob das nicht auch ein normaler Schritt in meiner persönlichen Entwicklung gewesen wäre, mit oder ohne Studio, das kann ich natürlich nicht sagen. Folglich aber ist die Sexualität, die ich im Studio erlebe, in erster Linie nur noch ein Job. Ganz klar. Da bin ich ehrlich. Mit Lust hat das dann nichts mehr zu tun, meistens zumindest. Aber es ist nach wie vor auch ein Job, der sich in Lust verwandeln kann, diese Möglichkeit steht mir jederzeit offen. Diese Offenheit habe ich mir einfach bewahrt. Denn schließlich ist das, was ich hier mache, auch ein Teil meiner Sexualität, nach wie vor.

Ich möchte sogar behaupten, diese Sexualität ist der anderer Menschen vergleichbar: Wenn »normale« Menschen sich auf einen One-Night-Stand einlassen, können sie auch nicht davon ausgehen, dass er die totale Erfüllung wird. Sie begeben sich in eine Situation und müssen gucken, was die Situation hergibt. Bei mir ist es doch genauso, nur dass ich meine Sexualität unter anderem auch professionell lebe. Einiges mache ich, weil ich es machen muss und es zu meiner Aufgabe gehört. Wobei ich grundsätzlich nicht alles machen muss. Das ist einerseits eine Frage der Seriosität. Extreme Dinge, die ich privat mache, laufen im Studio nur gemäßigt, aus verständlichen Gründen: Ich kann mit fremden Menschen Dinge nicht tun, bei denen Vertrauen und Wissen eine große Rolle spielen. Andererseits ist es eine Frage der Veranlagung. Was für den einen vielleicht das Schönste der Welt ist, ist für den anderen der reine Alptraum. Ich für meinen Teil zum Beispiel mache keinen Faustfick oder Analverkehr. Viele sagen: »Das ist doch aber selbstverständlich, dass eine Sklavin anal begehbar ist.« Solche Aussagen hasse ich wie die Pest. Ich halte dagegen: »Nein, man sollte das ausleben, was man ausleben kann und nichts darüber hinaus.«

Was ich ebenfalls nicht mache, sind Erziehungsspiele, in denen ich die Rolle eines Tieres annehmen muss. Das finde ich nur lachhaft. Ich hatte mal einen Gast, den ich auch schon ein wenig länger kannte, der wollte, dass ich belle. Ich sagte: »Nein!« Er meinte daraufhin, mit dem Rohrstock das Bellen aus mir herauskitzeln zu können. Aber dann geht es gerade nicht. Dann fühle ich auch wirklich keinen Schmerz mehr, dann schalte ich auf stur, dass mir sogar der Schmerz egal ist und ich denke: »Du kannst jetzt schlagen, wie du willst, das wirst du nicht aus mir herausbekommen.« Damit behalte ich auch Recht.

Ich mache nicht jene Sachen, die in die Kategorie »tabulose Prostituierte« fallen: Ich würde nie etwas ohne Gummi machen oder irgendwelche Körperteile ablutschen. Das finde ich eklig. Ich finde, das hat mit einem Erziehungs- oder Unterwerfungsspiel an sich, das sehr schön und sehr ästhetisch sein kann, nichts zu tun. Ich habe kein Problem damit, jemanden zur Begrüßung, also als Ritual, die Füße zu küssen. Aber ich werde deswegen noch lange nicht seine Zehen ablutschen.

Ausgeschlossen sind Spiele mit Exkrementen, vor allem im Hinblick darauf, das man dabei seine Gesundheit aufs Spiel setzt. Im Studio sind nicht zuletzt deshalb auch Spiele mit Blut für mich tabu. Ich selbst habe da sehr feste Prinzipien, glaube aber, dass sich einige Frauen diesbezüglich (gerade bei einer Flaute) weniger von der eigenen Lust, sondern vielmehr von wirtschaftlichen Zwängen leiten lassen. Auch wenn man vielleicht an manchen Tagen gar nichts verdient (was vorkommt), so ist dies für mich kein Grund, meine Arbeitsweise umzustellen. Ich kann mir eigentlich nur vorstellen, dass aus dieser Zwangslage heraus sich Frauen des Geldes wegen entscheiden, Schokozungenküsse, Natursekt mit Aufnahme oder Französisch total (also mit Spermaschlucken und dergleichen) anzubieten. Ungeachtet dessen, welche Risiken diese Praktiken mit Fremden bergen. Was ich definitiv ohne Bedenken anbiete, sind Fesselungen, Klammerungen, Gewichte – auch an meinen Intimringen –, Wachsspiele, Rohrstock, Gerte, Peitsche. Auch Spanking mit der flachen Hand. Und natürlich die Rituale und Rollenspiele drumherum.

Ich verlange dafür das gleiche Honorar, wie eine Domina für ihre Dienste bekommt. Meist umfasst eine solche »normale« Session einen Schmerzfaktor, der für mich persönlich im grünen Bereich liegt. Das sind Praktiken und Rituale, die mich nicht derart fertig machen, dass ich für den Rest des Tages ermattet auf dem Sofa liegen muss oder die keine Spuren hinterlassen, also nichts mit Nadeln, Peitschen, Gerte oder Schläge mit Spuren. Wenn jemand etwas Härteres ausüben möchte und ich Spuren davontrage, möglicherweise eine ganze Woche die Peitschenhiebe auf der Haut sehe, dann lasse ich mir das entsprechend honorieren. Ich denke, das ist selbstverständlich. Viele sehen das nicht ein. »Wieso?«, fragen sie mich. »Du bist doch Sklavin, dann hast du eben die Spuren. Das gehört dazu.« Die kommen mit mir eben nicht ins Geschäft.

Die Do's and Don'ts werden im Vorfeld einer SM-Session besprochen. Dabei trete ich inzwischen sehr selbstbewusst auf. Viele Freier, die dabei ihre seltsamen Wünsche von mir abgelehnt bekommen, gelangen zu der Auffassung, es sei nur sehr wenig mit mir möglich. Das finde ich ganz okay, denn lieber, sie denken das, als dass sie glauben, sie dürften alles mit mir machen. Ich denke, ein Mann, der wirklich dieses SM-Spiel erleben will, für den müsste es doppelt reizvoll sein, wenn ihm nicht jemand gegenüber sitzt, der ohnehin unterlegen ist und den er im »normalen« Leben absolut dominieren könnte, sondern er eine Sklavin findet, von der er weiß: »Sie macht das, weil es zu dem Spiel gehört und es auch für sie einen gewissen Reiz hat, sich mir zu unterwerfen.« Das sind dann auch meist Kunden, die regelmäßig kommen. Da baut sich ein Verhältnis auf, nicht unbedingt in Form von Verliebtheit, aber eben doch Respekt vor mir, meiner Neigung, meinem Können. Diese Männer lassen sich auf mich ein, von mir inspirieren. Sobald sie merken, dass mir etwas nicht gefällt, kosten sie es ein bisschen aus, um mich dann durch geschicktes Manövrieren dahin zu bewegen, dass ich es doch will. Wenn diese Männer also begreifen, wie weit das Spiel möglicherweise gehen kann – und ich lasse die Menschen wirklich sehr nahe an mich heran, wenn ich merke, dass sie mir mit Respekt und Vorsicht und genug Sorgfalt begegnen –, dann ist sehr viel möglich. Das sind meistens die klassischen Dominanten, echte Könner, die eine SM-Session zu gestalten wissen, die sich nicht einmal vor mir ausziehen, geschweige denn dass sie zu einem Orgasmus kommen wollen. Das finde ich sehr beeindruckend, und dabei springt am Ende ein Funke über, der sexuelle Erfüllung möglich macht, richtige Erfüllung.

Wenn mir dies im Studio widerfährt, also etwas, das mir Lust bereitet, dann bin ich bereit, mich dem hinzugeben. Das möchte ich mir selbst nicht verbieten, nur weil es mein Job ist und es sich dabei nicht gehört. Ich bin der Auffassung, Sexualität ist etwas Schönes, und wenn ich etwas Schönes erlebe, dann möchte ich es mitnehmen und für mich und meine eigenen Bedürfnisse nutzen. Ich möchte jedoch betonen, dass es dabei nicht nur um sexuelle Höhepunkte geht. Erfüllung ist für mich mehr als das reine sexuelle Spiel, ein Orgasmus nicht das ultimative Merkmal, ob das, was ich gerade gemacht habe, gut war. Das ist für mich kein Qualitätssiegel. Einen Orgasmus kann ich mir jederzeit selbst machen. Einen Orgasmus bekomme ich auch bei verhältnismäßig schlechtem Sex. Hier im Studio erlebe ich sogar verhältnismäßig viele Orgasmen, dafür bin ich ein bisschen verlacht. Aber das ist mir egal. Denn darum geht es nicht. Um Erfüllung auf ganzer Linie zu finden, muss ich meinem Gegenüber nahe stehen. Es muss, wenn Blicke fallen, mehr vonstatten gehen als nur die Versicherung: »Okay, sie ist noch nicht ohnmächtig!« Das kann ich natürlich nicht erwarten, wenn ein Kunde nur gelegentlich ins Studio kommt und das war's. Da bleibt kein Platz für eine vollkommene Session, ein schönes Rollenspiel, eine bizarre Situation.

Leider erlebe ich das mit den meisten Männern. Sie können entweder nicht mit Devotion umgehen oder sie sind von ihrer eigenen Phantasie derart eingenommen, haben irgendetwas ganz dringend im Kopf, eine große Sehnsucht, die sie unbedingt ausleben müssen. Dabei spiele ich gar keine Rolle. Deshalb erkennen sie auch nicht den Wert der devoten Eigenschaft und meinen, es ausnutzen zu müssen. Gerade Anfänger oder Männer, denen das Spiel aus Erziehung,

Unterwerfung und Demütigung nicht so viel bedeutet wie mir, wollen das Spiel in eine falsche Richtung lenken, sofern sie überhaupt in der Lage sind, irgendetwas zu lenken. Sie machen Sachen mit mir oder stellen Situationen her, die mit dem eigentlichen Spiel aus Dominanz und Devotion nichts zu tun haben. Plötzlich fragen sie mich: »Was machen wir denn jetzt? Worauf hast du Lust? Was macht dir denn Spaß?«

Das passt natürlich nicht in den Kontext eines Dominastudios. Die Männer kommen zu mir, um ihre Phantasien auszuleben. Sie können das mit mir machen, was sie wollen. Natürlich ist all das zuvor in einem Gespräch vereinbart worden – aber es geht nach wie vor um Phantasie, Traumsituationen, Rollenspiel, um Sexualität, Macht und Unterwerfung. Grundsätzlich habe ich vor allen Menschen Respekt. Aber der verflüchtigt sich, wenn ich sehe, dass jemand mit einer Situation hoffnungslos überfordert ist, die er sich so sehr gewünscht und für die er Geld bezahlt hat, so dass er eigentlich mit Gelassenheit herangehen könnte. Wenn er will, dass ich eine halbe Stunde auf einem Bein hüpfe, dann ist das so. Aber dazu muss er dies auch entsprechend durchziehen können und nicht darum bitten: »Jetzt setz du dich mal dorthin, leg dich hierhin, dahin. Könntest du dich vielleicht bitte dahin legen?« In solchen Momenten denke ich: »Hör mal, das ›könnte‹ und ›vielleicht‹ kannst du dir sparen, und das ›bitte‹ sowieso. Du hast doch schließlich dafür bezahlt. Und wenn da etwas ist, was wirklich nicht geht, dann werde ich es dich wissen lassen.«

Noch schlimmer, wenn der Mann von mir wissen will, was als Nächstes passieren soll. Für solche Situationen habe ich mir angewöhnt, weniger devot zu sein. Ich sage: »Lass uns doch mal dies ausprobieren. Wir können jenes machen!«

Gerade diese Männer, die das SM-Szenario nicht geregelt bekommen, greifen relativ schnell zur Notlösung: Wenn schon nichts anderes läuft, dann wollen sie mich wenigstens ficken. Irgendwann fragen sie mich ganz verzweifelt, ob sie mich denn dann wenigstens ficken dürften. Darauf antworte ich. »Ja, klar!« Klar, ich ficke auch mit den Kunden. Dagegen sträube ich mich nicht. Das liegt ganz im Ermessen des Gastes, ob er es möchte oder nicht. Aber das ist ja dann nur noch ganz normaler Sex und hat mit den Ritualen oder SM gar nichts zu tun. Dabei bin ich auch bereits so sehr meiner eigentlichen Rolle entrückt, dass ich die Situation nicht mehr genießen kann. Dass ich den Männern trotzdem eine gute Sklavin bin, verdanke ich meiner Erfahrung, mit der es mir leicht fällt, während der Arbeit immer wieder in die Rolle zu schlüpfen, für die ich mich bei Lady Silvana vorgestellt habe. Aber Erfüllung, Erfüllung verspricht diese Session natürlich nicht.

Leider fällt es mir auch privat zunehmend schwerer, Erfüllung zu finden. Ich habe inzwischen zwei Probleme. Ich habe nicht nur meine Veranlagung, sondern ich habe auch noch meinen Job. Ich denke, die Veranlagung finden viele spannend. Sie sind neugierig. Das Gleiche trifft auch auf den ersten Blick auf meinen Job zu. Jeder sagt mir: »Ja, erzähl mal. Das ist ja spannend. Wie funktioniert das denn?« Jeder ist neugierig und will so viele Informationen wie möglich von mir bekommen. Nur grundsätzlich bin ich als Sklavin auch eine Hure, im weitesten Sinne. Hure finde ich in diesem Zusammenhang auch besser als Prostituierte, weil Prostituierte sehr sachlich klingt. Es ist aber überhaupt nicht sachlich. Wie auch immer, die wenigsten Menschen wollen jedoch eine Beziehung zu einer käuflichen Frau. Sie haben damit entweder ein moralisches Problem oder ein Problem mit der Eifersucht oder mit was auch immer. Sie können nicht so weit abstrahieren, dass es für mich nur ein Job ist.

Deswegen zieht es mich privat eher zu Menschen, die in einer gewissen Form Freigeister sind. Das heißt, Schriftsteller, Musiker, Produzenten, Menschen also, die weniger ein Problem mit meiner Arbeit haben. Diese »Freigeister« neigen zu einem Lebenswandel, der eine feste Beziehung ausschließt. Mit ihnen kann ich interessante, sexuelle Freundschaften pflegen, die nicht den Charakter einer Beziehung haben. Diese Kreise sind offen und aufgeschlossen; Relationen zwischen mehreren Personen gehen problemfrei über die Bühne, ohne dass jemand Ansprüche stellt. Es funktioniert. Sie sind im Kopf frei. Und deshalb hat auch keiner ein Problem mit meiner Arbeit.

Was jedoch nicht bedeuten soll, dass ich nicht trotzdem auf der Suche nach einer festen Beziehung wäre. Ich glaube, eine Beziehung mit mir wäre heute anders als die damals mit Achim. Es wäre eine gleichberechtigte Beziehung, nicht zuletzt auch, weil ich ein gleichberechtigter wirtschaftlicher Faktor in dieser Beziehung wäre.

Ich hätte ein Problem damit, wenn mein Partner über mein Einkommen bestimmen würde, was jedoch geschähe, wenn ich mich ihm komplett unterwerfe. Auch auf geistiger Ebene wären wir gleichberechtigt. Ich halte mich auch für einen treuen, loyalen Menschen – das wäre ein ganz wichtiger Faktor für mich. Es müsste ein Gefühl der Zusammengehörigkeit zwischen uns geben, ohne dass es zum Zwang wird. Nicht zuletzt wegen meines Jobs bin ich so offen, dass ich kein Problem damit hätte, wenn körperlich mit einer dritten Person oder unabhängig von mir irgendetwas anderes mit meinem Partner geschieht. Damit hätte ich kein Problem.

Gleichwohl wäre SM ein wesentlicher Bestandteil unserer Beziehung. Ich denke, mein Partner wäre trotzdem mein Herr – im Bett! Meine Definition von »Herr« hat sehr viel mit Hingabe zu tun. Wenn man jemanden liebt, gibt man sich ihm auf ganzer Linie hin. Für mich wäre das die ideale Verschmelzung. Hingabe aus dem Wunsch zur Unterwerfung heraus, noch viel mehr und mächtiger aus dem Aspekt der Liebe heraus. Hingabe, das ist das Sich-Hingeben-Können, Sich-Fallen-Lassen, Sich-Unterwerfen. Und nicht das Zufügen von Schmerzen. Schmerz war für mich viele Jahre etwas sehr Abstraktes. Schmerz war stets nur ein Mittel zum Zweck. Ich wollte meinem Herrn gefallen, und wenn dieser wollte, dass ich Schmerzen erleide, dann erlitt ich diese. Der Idealfall war, dass ich dabei so viel Freude und Lust empfand und deswegen den Schmerz nicht mehr wahrnahm. Heute finde ich das weniger schön, es ist beängstigend. Aus gutem Grund: Es hat einen Unfall gegeben, weil ich mich nicht geäußert habe darüber, wie weh es tat. Ich fand die Situation so geil und erregend, es hat mir Spaß gemacht, ich war total hingegeben, im Kopf ganz entrückt, alles war toll. Am nächsten Morgen hatte ich Verbrennungen zweiten Grades und ich fand die Situation gar nicht mehr toll. Von diesem Tag an fand ich diese Form von Masochismus, also den Wandel von Schmerz in Lust, nur noch gefährlich. Ich räume ein, es ist schön für alle Leute, die die Gratwanderung beherrschen, bei denen sie funktioniert, das ist ein wunderbarer Wesenszug. Aber er ist nicht notwendig, um SM zu betreiben. Und die Lust, die durch SM entsteht, ist nicht unbedingt Schmerzlust.

Wichtig sind mir die Rituale, die Rollenspiele. Dabei spielen Peitschen, Ketten oder Knebel eigentlich keine Rolle mehr. Weshalb es aber nicht weniger bizarr und extrem sein muss. Ich probiere viele Sachen aus. Einmal habe ich mir beispielsweise meine Schamlippen zusammennähen lassen. Das ist außergewöhnlich und macht nicht jeder. Ich war aber sehr neugierig darauf und wollte es unbedingt einmal erlebt haben. Ohnehin hat sich meine Neigung in Richtung Nadelspiele entwickelt. Im Studio biete ich Nadelungen eher selten an, wenn, dann nur von erfahrener Hand einer aktiven Dame. Dazu braucht man Vertrauen, das man zu einem Kunden nicht wirklich herstellen kann. Einmal habe ich es zugelassen, weil ich dachte, zu diesem Menschen Vertrauen haben zu können. Diese Entscheidung musste ich bitterlich bereuen, denn er stach viel zu tief.

Privat bin ich aber absolut heiß auf Nadelspiele. Allein optisch ist es sehr extrem, genauso wie bei den Schamlippen, die ich mir zusammennähen ließ. Dabei spielt natürlich Schmerz eine große Rolle, aber ihn nahm ich gerne in Kauf, um mich anschließend am optischen Ergebnis zu erfreuen. Ähnlich verhält es sich bei mir auch mit dem Rohrstock. Ich stehe nicht wirklich darauf, geschlagen zu werden. Am Schlagen finde ich am ehesten noch das Demütigende gut. Den Schmerz nehme ich nur in Kauf, weil ich anschließend die Spuren unheimlich antörnend finde. Die Spuren sind für mich ein Symbol meiner Fähigkeit und Kraft, und ich trage sie mit Stolz.

Wie es mit mir weitergeht? Eine konkrete Zukunftsplanung habe ich nicht. Generell, denke ich, ist es nicht verwerflich, den Job solange zu machen, wie er funktioniert. Ganz klar, ich käme mir ein wenig doof vor, wenn er mir selber Spaß bereitet, aber die Kundschaft ausbleibt, weil ich ein gewisses Alter erreicht habe. Aber selbst was das Alter betrifft, habe ich keinerlei Befürchtungen. Ich weiß von vielen anderen Sklavinnen, die mit 50 Jahren noch ihr Geld verdienen. Sie haben Stammkundschaft, die mit ihnen alt geworden ist. Allerdings gehe ich davon aus, bevor ich zu alt für den Job bin, habe ich selbst das Bedürfnis gehabt, mich umzuorientieren. Weil ich denke, ich bin durchaus in der Lage, auch andere Dinge zu machen, als mich nur als Sklavin feilzubieten.

»MIT SEXUALITÄT WERDE ICH MICH NOCH LÄNGER BESCHÄFTIGEN.«

Anita, 40 – Sexworkerin, Bremen

Ursprünglich absolvierte ich eine Ausbildung zur Pädagogin und arbeitete knapp zehn Jahre in diesem Beruf. Parallel dazu unternahm ich Fortbildungen auf »alternativen Wegen« – ich machte mehrjährige Auslandsreisen, deren Inhalt Selbsterfahrung war, beschäftigte mich mit unkonventionellen therapeutischen und spirituellen Methoden, Heilweisen und ähnlichen Dingen.

Mein Einstieg in die Sexbranche beziehungsweise die Prostitution kam relativ spät, erst mit Anfang 30. Auslöser war mein eigenes Interesse am Thema Sexualität – in Verbindung mit den Tiefen der menschlichen Psyche. Ergänzend kam hinzu, dass ich persönlich SM für mich entdeckte. Nach diversen privaten SM-Erfahrungen schlug mir jemand vor, doch mal ein Studio zu besuchen, das öfter Mitarbeiterinnen mit tatsächlichem Interesse an SM suchte. Ich war nicht abgeneigt, und auch dass es sich bei der Arbeit im weitesten Sinne um Prostitution handelte, war kein Grund für Ablehnung. Meine Einstellung zur Prostitution war interessiert und grundsätzlich positiv – sofern es jemand aus freier Entscheidung macht.

Bald darauf begann ich dann auch in diesem Studio zu arbeiten. Ich lernte ein Jahr lang. Anschließend arbeitete ich vier Jahre in einem SM-Club auf St. Pauli in Hamburg, vorwiegend als Domina.

Manchmal werde ich gefragt, ob es mir nicht schwer gefallen ist, meinen Körper zu verkaufen. Mit Sex zu arbeiten ist mir keineswegs schwergefallen, ich wollte es ja! Natürlich war das allererste Mal, das ich in dem SM-Studio zu arbeiten begann, etwas Besonderes. Aber im Grunde war es nicht soviel anders, als wenn man irgendetwas anderes zum ersten Mal tut. Klar, eine leichte Aufregung war vorhanden, das Gespannt-Sein auf das, was man noch nicht kennt. Aber das alles ging schon bald über in: Interessant, und nun ist es gewagt ...

Aber ich will zu dem oft gebrauchten Begriff »Körper verkaufen« unbedingt etwas *grundsätzlich* sagen, das mir wichtig ist: Ich verwende ihn nie, da er *schon allein sachlich völlig falsch* ist. Bei einem »Verkauf« ist das, warum es geht, nach der Abwicklung Eigentum das Käufers. Aber eine Prostituierte ist definitiv nicht der »Besitz« von irgendjemandem – es sei denn gezwungenermaßen – wie zum Beispiel im Fall von Menschenhandel, aber das will ich hier nicht diskutieren.

Ich habe meinen Körper und natürlich auch meinen Geist – der ein wichtiges Arbeitsmittel auch in der Prostitution ist! – immer wieder mit nach Hause genommen, also höchstens »gegen Gebühr ausgeliehen«. Bestenfalls könnte man sagen, dass da eine Dienstleistung angeboten oder »verkauft« wird. Doch zum Beispiel von einer Frisörin oder Krankenschwester würde auch niemand behaupten, sie »verkauft *sich*«, nicht mal ihre Tätigkeit. Da möge doch jeder bitte mal drüber nachdenken.

Und wenn »seelisch-sich-verkaufen« gemeint ist, dann möchte ich sagen, dass ich dies nicht während meiner Arbeit in der Prostitution empfunden habe, sondern vielmehr gegen Ende meiner Tätigkeit als Erzieherin, als ich diese ausüben musste, obwohl ich eigentlich gar keine Lust mehr darauf hatte. Ich finde, man verkauft sich und seinen Körper allenfalls, wenn man etwas nicht mehr will, aber vielleicht noch keine Alternative sieht, etwas daran zu ändern. Und das kann in *jedem* Job der Fall sein.

Es ist schade, dass die Gesellschaft das Thema Prostitution grundsätzlich eher negativ bewertet. Glücklicherweise hatte ich Freunde, die mit meiner neuen Arbeit umzugehen wussten. Meine Freunde beziehungsweise die, die es wirklich sind und sein wollen, waren schon immer von mir gewohnt, dass ich oft neue, kuriose, radikale, manchmal sehr konträre Dinge tue. Denen sagte ich von Anfang an, was ich mache, weil mir das wichtig war und ist. Und wer damit nicht umgehen konnte, ist eben aus meinem Leben »verschwunden« – das habe ich in Kauf genommen, weil meine Beschäftigung damit ja viel Raum einnahm. Richtig *negativ* hat niemand von den Freunden reagiert. Nur ein oder zwei, die auch sonst »moralische« Bedenken zu anderen Themenbereichen von Sexualität hatten, zogen sich zurück. Und das war dann wohl besser so für beide Seiten.

Meine Familienangehörigen habe ich *nicht genau* informiert, aber ich habe auch nicht gelogen. Ich habe zum Beispiel gesagt, ich arbeite in der Unterhaltungsbranche mit Gastronomie, was ja nicht falsch war. Ich habe ihnen dies gesagt, weil ich wusste, alles andere hätte ihnen nur schlaflose Nächte und unnütze Sorgen bereitet. Das wollte ich nicht, und da wir ansonsten ohnehin wenig Kontakt haben, sah ich auch nicht die Notwendigkeit, das anders zu handhaben.

Denn bei allen Definitionen, die kursieren, natürlich zählt auch SM zur Prostitution. Ich benutze lieber den Begriff »Sexarbeit« – aber nicht um »Prostitution« zu vermeiden, sondern weil er für mein Gefühl umfassender und nicht so abgegriffen ist. Manche Huren mögen sich selbst nicht als Prostituierte bezeichnen, sie sagen lieber: »Ich bin Barfrau oder Unterhaltungsdame.« Oder: »Ich mache ja nur Massage mit manchmal Handentspannung.« Dann muss ich immer schmunzeln.

Viele Sexarbeiterinnen sind gleichzeitig Therapeuten, Sozialarbeiterinnen, vielleicht Eheberaterin und sonst noch alles Mögliche innerhalb ihrer Arbeit. Und viele Männer suchen mehr als nur eben schnellen Sex. Im SM-Bereich besonders, da werden ja Phantasien umgesetzt, häufig Rollenspiele inszeniert, es gibt meist längere Gespräche über Praktiken, Fetische und so weiter ...

Meine eigene Sexualität hat unter meine Arbeit nicht gelitten, würde ich zumindest behaupten. Aber sicher ist das ein wichtiges Thema, auf das ich sehr bewusst achte. Beispiel: Wenn ich mich in einer »privaten« sexuellen Situation befinde und irgendwas nicht »klappt«, könnte ich versuchen, die Situation »mit professionellen Techniken zu retten«. Das würde mir sicherlich gelingen. Dann allerdings wäre ich jedoch nicht mehr privat, sondern »dienstlich«. Das, was ich dann täte, entspräche eventuell nicht meinem inneren Gefühl. Wenn ich das merke, höre ich sofort auf.

Im Grunde geht es nur darum, authentisch zu sein oder eine gewisse Rolle zu spielen. Gut ist, wenn man trennen kann, was wann angesagt ist, beruflich oder privat. Übrigens sehe ich bei anderen Berufsgruppen auch, dass manche Menschen nicht fähig sind, ihre Berufsrolle an der Haustür abzulegen. Das ist in meiner Berufssparte nicht anders und vielfach abhängig von den Freiern, die man hat.

Unter Freiern, Kunden oder »Gästen« – wie sie in guten Clubs meist eher genannt werden – gibt es natürlich solche und solche, die ganze Bandbreite wie überall, wo Menschen gegen Geld eine Dienstleistung in Anspruch nehmen. Extreme sind zum Beispiel diejenigen, die sich selbst »oberwichtig« finden. Sie meinen, für Geld alles kaufen zu können. Oder sie feilschen um jeden Euro, erscheinen ungepflegt zum Treffen, quatschen einem am Telefon die Ohren voll, ohne je einen bezahlten Termin zu machen, na, und ähnliche »Unsittlichkeiten« mehr.

Aber es gab durchaus auch andere, bei denen ich mich freute, wenn sie kamen, nette, intelligente, gepflegte, niveauvolle, großzügige, die sogar richtig gute Bekannte wurden. Und ich freute mich, *sie* zu treffen. Es gibt sogar einige *wenige* Freier, die sind einfühlsam beim Sex und verwenden mal einen Gedanken daran, was der Frau wohl gefällt. Wieder nur einige wenige davon erfassen das *wirklich* und unterliegen dabei nicht ihren eigenen Projektionen. Das sind seltene, schöne Highlights!

Irgendetwas, an das ich mich nicht gern erinnere, gibt es eigentlich nicht. Was nicht heißt, dass alles immer toll war. Ich wurde auch schon »über'n Tisch gezogen«. Gäste, die zum Beispiel nicht zahlten oder mich zum Hausbesuch bestellten und dann nicht anwesend waren. Gäste, die Vereinbarungen über Praktiken nicht einhielten und somit Grenzen überschritten.

Ich würde definitiv *nie* bei Verkehr oder Französisch auf ein Kondom verzichten, für keinen Aufpreis der Welt! Weil ich weiß, wie viele gesundheitliche Risiken es gibt, nicht nur Aids. Deshalb sorge ich mir selbst zuliebe für größtmöglichen Schutz – und indirekt dadurch sogar für die Gesundheit der anderen. Das Setzen sonstiger Grenzen hat sich teilweise aus der Arbeit selbst ergeben. Wenn ich zum Beispiel merkte, etwas tut mir nicht gut. Darunter fallen auch so simple Sachen wie, dass ich mich nicht gern am Kopf anfassen lasse. Natürlich probiert's dann doch gelegentlich jemand, das »tut zwar nicht weh«, ist aber Grenzüberschreitung, da ich zuvor klar deutlich gemacht habe, ich will es nicht. Wenn eine Prostituierte sagt, sie bietet Küssen oder Analverkehr oder was immer nicht an, und der Kunde probiert trotzdem, es durchzusetzen, finde ich es respektlos. Aber es kommt leider manchmal vor. Für mich waren solche Erfahrungen dann ein Ansporn, meine Menschenkenntnis zu schulen und das nächste Mal schlauer zu sein, um auf manches eben nicht mehr »hereinzufallen«, was der Gast erzählte und vorgaukelte.

Ich musste freilich erkennen, dass es viele Lügner und Spinner gibt, die Interesse vorheucheln, um kostenlose Gesprächszeit von mir zu ergattern, dann aber nie Geld rüberrückten, sondern sich auf die nette Unterhaltung hin zu Hause einen runterholten. Das hasse ich am meisten!

Im Laufe der Jahre wurde ich mit vielen Freiern konfrontiert – und mit ihren Wünschen. Die meiste Zeit habe ich – bewusst – im SM-Bereich gearbeitet, den man auch als Bizarr-Bereich bezeichnet. Dort ist ja vieles »normal«, was so genannte normale Menschen als unnormal bezeichnen würden. Also, nach kurzer Eingewöhnungszeit dort »schockierte« mich eigentlich nichts mehr. Manches war neu, vorher unbekannt für mich. Zum Beispiel wenn Männer Nadeln oder Spritzen im Genitalbereich gesetzt haben wollten oder gezwungen werden wollten, Fäkalien zu essen. Oder Dinge wie Einläufe oder Atemreduktion als stimulierend empfanden. Aber nach kurzer Zeit dachte ich: »Wer bin ich, das zu bewerten, wenn derjenige danach entspannt und zufrieden rausgeht?«

Wenn es »Respektverlust« meinerseits gibt, dann nicht wegen der bizarren Wünsche, sondern wenn die Männer verlogen oder arrogant sind beziehungsweise waren. Also wenn sie sich verhielten, wie ich zuvor schon beschrieben habe oder wenn sie sich respektlos *mir* gegenüber verhielten. Ich habe auf jeden Fall gelernt, Männer und Menschen insgesamt kritischer zu betrachten, nicht auf eine scheinbar schön präsentierte Fassade hereinzufallen.

Inzwischen habe ich in vielen Bereichen der Prostitution gearbeitet, nicht nur im SM-Studio. Allerdings war mir das nicht von Anfang an klar. Dem SM-Bereich galt schon mein Hauptinteresse. Später blieb ich vor allem bei der SM, weil ich wusste, dass das Klientel in der Regel ein gewisses »Niveau« besitzt. Aber auch wenn ich mich in andere Bereiche begab, war das »Niveau« immer ein nicht unwesentlicher Maßstab für mich, egal was diese Bereiche sonst an Formen der Sexualität und Sexarbeit beinhalteten. Heute mache ich kaum noch SM, weil ich glaube, alles erfahren zu haben, was mich an der SM interessiert. Und wenn etwas »Routine« wird, denke ich, ist's oft Zeit für einen Wechsel beziehungsweise einen Wandel.

Ich habe ein Jahr lang für eine Prostitutionsberatungsstelle unter anderem Streetwork, aber auch Beratungen gemacht. Dadurch – aber nicht nur durch dies – kenne ich auch sämliche anderen Bereiche der Prostitution, zum Beispiel Bars, Wohnungen, Appartments, Straßenstrich und so weiter. Wenn es sich anbot, arbeitete ich auch hier und da mal ein bisschen mit und tue dies gelegentlich immer noch. Das gibt ja »Bildung in der Praxis«.

Die verschiedenen Bereiche der Prostitution, in denen ich arbeitete, unterscheiden sich sehr voneinander. Man nehme nur mal die Arbeit in den Barbetrieben, wo ich selbst ein paar Wochen jobbte. Dort läuft der Umsatz meist über Animation zum Getränkeverzehr, was heißt, die Prostituierte bekommt ihr Geld ganz oder teilweise durch Prozente pro Flasche Sekt, die der Freier bezahlt. Je größer und teurer die Sekt- oder Champagnerflasche, umso mehr »Bemühung« kommt von der Frau. Dann auf ein Zimmer zu gehen, kostet meist noch extra. Manche Bars haben nur Separees, in diesem Fall ist das sexuelle Angebot oft »im Flaschenpreis enthalten«.

Diese Form hat den Nachteil, dass die Frauen meist viel Alkohol konsumieren, teils freiwillig, teils müssen sie es, wenn der Betreiber nicht alkoholfreien Sekt bereithält. Auf Freierseite hat es den Nachteil, dass manche so tun, als hätten sie »sich in der Kneipe geirrt«. Sie kommen oft schon betrunken in die Bar oder werden es dort nach kurzer Zeit. Sie tun so, als kämen sie nicht wegen Sex und quatschen den Frauen die Ohren voll. Auch auf Seite der Frauen kommt es vor, dass sie dann sagen, sie seien keine Prostituierte, sondern nur »Unterhaltungsdame«, na ja ... Unter solchen Umständen ist auch die Hygiene oft mangelhaft. Aus diesen Gründen war ich da nur kurzzeitig tätig.

Eine andere Form ist der Straßenstrich. Manche Frauen mögen die Unabhängigkeit auf dem Straßenstrich, weil sie in der Regel kommen und gehen können, wann sie wollen, und weil Sex im Auto meist eher schnell geht und wenig Nähe beinhaltet. Für mich ist das überhaupt nichts. Auf der Straße ist es mir zu kalt, ich hasse Sex im Auto und das Niveau lässt auch oft zu wünschen übrig. Ganz gern habe ich Haus- und Hotelbesuche gemacht, am liebsten im Sinne eines Begleitservices, also mit »Geist« drumherum. Der Nachteil dabei ist, dass es viel nervige Telefonarbeit mit sich bringt. Man kann nicht einfach einen AB laufen lassen mit »da und da ist meine Wohnung, komm einfach vorbei«. Das bringt mich zur nächsten Möglichkeit: Arbeiten im Appartement. Im Grunde eine gute Möglichkeit, am besten zusammen mit netten Kolleginnen. Leider hat man feste, oft hohe Mietkosten, die man auch dann zahlen muss, wenn mal kein Gast kommt.

Heute mache ich sehr viel Projekte rund um Sexwork: Ich führe

Fortbildungen auf dem SM-Sektor für Interessierte durch, zum Beispiel war das auch für die Kriminalpolizei der Fall. Ich referiere zum Thema »Realitäten in der Prostitution«, biete Sexualbegleitung für Behinderte an, offeriere erfahrungsorientierte, »praktische« Sexualtherapie in der forensischen Abteilung eines Landeskrankenhauses für ehemalige Straftäter. Dieses war ein Pilotprojekt in Deutschland, fiel unter den Begriff »Surrogattherapie« und ging ursprünglich zurück auf Masters & Johnson. Es ging um Therapie »sexueller Störungen«, bei der zur Behebung derselben Partnerübungen gemacht wurden. Also wenn kein Partner vorhanden war, gab es ein »Surrogat«, das heißt einen Ersatzpartner. Ich mag dieses Wort nicht, denn es trifft die Sache nicht wirklich.

Bei den Teilnehmern des Projektes handelte es sich um ehemalige Straftäter, die im Maßregelvollzug untergebracht waren, dort also auch ansonsten umfassend therapeutisch behandelt wurden. An einem bestimmten Punkt wandten sich die Therapeuten an ein Hurenprojekt mit der Anfrage, ob diese eine Frau kennen, die bereit wäre, praktische »Übungen« mit den – eher ängstlichen, unerfahrenen – Männern durchzuführen. Viele von ihnen hatten teilweise nie vorher sexuelle Beziehungen zu Frauen. Das Ganze erfolgte in Zusammenarbeit mit den Therapeuten in Vor- und Nachgesprächen.

Ich nahm diese Herausforderung an. Dabei stellte sich heraus, dass vielfältige Fähigkeiten dazu erforderlich sind. Eine Hure, die vielleicht nur zum Klienten gesagt hätte: »Nun probier mal aus, was deine Therapeutin vorgeschlagen hat«, hätte sicher nicht gereicht. Mir kam sehr zugute, dass ich sowohl über einen therapeutischen Erfahrungshintergrund inklusive pädagogischer Fähigkeiten als auch über Erfahrungen auf dem Gebiet der Sexarbeit besaß. Das machte die »fachübergreifende Zusammenarbeit« mit Psychologen einfacher. Aber über all das zu berichten, könnte ein eigenes Buch füllen. Ich kann es hier nur ansatzweise beschreiben. Aber ich habe erfahren, überall gibt es reges Interesse an dem Thema, sobald ich es zur Sprache bringe. Auch mit Filmproduzenten stehe ich in Kontakt, die gern einen Film darüber drehen wollen. Aber das steht in den Sternen, denn bei einem solchen Thema sind trotz aller Aufklärung viele Hürden in der Gesellschaft zu überwinden.

Eines ist allerdings sicher: Diese Arbeit hat mich gewiss »fortgebildet«, aber ebenso war es »Fortbildung« für alle anderen daran Beteiligten. Auch all meine sonstigen Tätigkeiten vorher waren immer zur Weiterentwicklung hilfreich. Ich denke nicht in Kategorien von Aufstieg oder Ausstieg, sondern an die Erweiterung meines Erfahrungsschatzes. Sicher bin ich »nicht nur Prostituierte«, aber *zum Glück* auch nicht nur Sozialarbeiterin – das fände ich schlimmer –, sondern ganz anders, alles zusammen und noch viel mehr.

Ich gehe auch seit vielen Jahren zu den Fachtagungen für Prostitution, habe Kontakte zu allen deutschen und mehreren europäischen Hurenprojekten. Ich fand und finde solche Kontakte wichtig, wenngleich sie nicht immer reibungslos verlaufen. Vorwiegend arbeiten in den Hurenprojekten nämlich Sozialarbeiterinnen; bei manchen von ihnen mangelt es meiner Ansicht nach am direkten Bezug zu dem, was die Frauen »an der Basis«, also die Prostituierten selbst, denken und wollen. Da kommt es immer mal wieder zu Spannungen, obwohl eine gute Zusamenarbeit wünschenswert wäre. Insbesondere für Huren, die ohne direkte Kolleginnen viel auf sich allein gestellt arbeiten, ist die Möglichkeit zum Austausch wichtig.

Wie man sieht, mache ich Vielfältiges rund ums Thema Sexarbeit und manches davon könnte ich auch noch mit 70 machen. Allerdings wird der Anteil der »normalen praktischen Prostitution«, das merke ich, zunehmend geringer. Da ich in keinem Club oder ähnlichem mehr tätig bin, habe ich nur einige wenige Privatkunden. Ich habe keine Lust mehr, Inserate zu schalten, weil mich das Telefongequatsche und anderes drumherum nervt – weniger die Arbeit mit Sex. Und wenn ich aus manchen Formen »aussteige«, die sich überlebt haben, tauchen oft neue auf, wie zum Beispiel das Therapieprojekt. Manchmal bekomme ich auch Klienten vermittelt, die zum Beispiel wegen Erektionsstörungen oder ähnlichem in ambulanter Therapie sind. Mit ihnen arbeite ich zusätzlich. Das macht mir Spaß, bringt aber wenig Geld. Meine gesamte geistige Arbeit rund um all diese Themen ist ohnehin vorwiegend »ehrenamtlich«. Sei's drum, mit Sexualität als einem wichtigen Thema für fast alle Menschen werde ich mich wohl noch länger beschäftigen. Mal praktisch, mal theoretisch, mal therapeutisch bis hin zu spirituell. Mal schauen, was noch kommt ...

»DER JOB ZEHRT AN DEN KRÄFTEN.«

Helen, 45 – Domina, Hamburg

Ich studierte vor vielen Jahren an der Schauspielschule und wollte mein Taschengeld aufbessern. Ich dachte mir, schlage ich doch drei Fliegen mit einer Klappe und arbeite in einem Dominastudio. Erstens werde ich meine Ausbildung damit finanzieren können. Zweitens werde ich Milieukenntnisse bekommen. Drittens werde ich diesen Teil meiner Sexualität ausleben können. Es ist natürlich keine Bedingung, Bezug zur SM zu haben, um in einem Dominastudio arbeiten zu können, von Vorteil kann es aber sein. Ich spreche daher nur für mich – ich habe einen Bezug zur SM. Ich habe privat eine ganze Menge damit zu tun – was heißt »eine ganze Menge«? Ich habe Berührungspunkte. Ich glaube, dass es mir die Arbeit deshalb erheblich vereinfacht.

Alles in allem konnte ich durch die Arbeit in dem Studio das Angenehme mit dem Praktischen verbinden. Und so fing ich als Domina an, damals war das im »Studio Weiss«. Berührungsängste hatte ich keine. Manche Leute machen einen Aufstand ums Milieu, ich nicht. Nein, ich hatte schon immer einen sehr freien Zugang zur Sexualität. Außerdem habe ich keine Berührungsängste vor fremden Personen; ich bin exhibitionistisch veranlagt, deshalb auch meine Tendenz zum Schauspiel.

Okay, natürlich hatte ich gewisse Ängste, weil ich mit dem Milieu zuvor noch nie in Kontakt gekommen war. Aber das waren ganz natürliche Ängste. Sagen wir eher: Ich war neugierig darauf, was mich erwartete. Ich glaubte zumindest, den Job schon irgendwie bewältigen zu können, hatte ich doch ausreichend eigene sexuelle Erfahrungen in der SM sammeln können; und mit Sicherheit würden mir meine privaten Erfahrungen helfen, meine Arbeit als Domina gut zu machen. Aber es zeigte sich sehr schnell, sie reichten nicht für ein Mindestmaß an Praktiken für ein Studio aus. Doch die Domina, bei der ich mich damals vorstellte, erklärte mir, sie lerne an. Also ließ ich mich anlernen. Ich fragte sie auch, warum sie ausgerechnet mich, eine Anfängerin genommen habe, und nicht eine professionelle Domina aus dem Milieu, die bereits ausreichend Erfahrung besäße? Die Antwort hat mich ein wenig überrascht: Weil sie eine Frau außerhalb des Milieus haben wollte; Frauen, die bereits im Milieu tätig seien, trügen eine gewisse Abgestumpftheit zur Schau. Das würden die Männer sofort merken.

Was natürlich für mich sprach. Gleichwohl gab es Faktoren, die sehr befremdlich für mich waren und mit denen ich erst einmal umzugehen lernen musste. Ich hatte den Eindruck, dass es sehr spezielle Frauen sind, die im Milieu arbeiten. Es gibt ja das Vorurteil, es würden nur Frauen in der Prostitution sitzen, die da eigentlich nicht so gerne sind.

Meine Erfahrung deckte sich in etwa mit diesem Klischee. Wobei ich hinzufügen muss, dass ich eigentlich in gar nicht so vielen Etablissements gearbeitet habe. Aber in den wenigen, in denen ich arbeitete, war es mein Eindruck, dass die Frauen, die dort angestellt sind – angestellt heißt, sie nutzen Zimmer in einem Studio, für die sie in der Regel die Hälfte ihrer Einnahmen abgeben –, tendenziell in Geldnöten waren und deswegen im Milieu arbeiteten und nicht, weil sie wie ich auch Spaß an der Materie, also an der Sexualität hatten. Damals, im »Studio Weiss«, hatte ich sogar den Eindruck, dass dort fast nur Frauen arbeiteten, die auch Drogen konsumierten. Ich habe sie nicht danach gefragt, warum sie Drogen konsumierten. Ich möchte auch nicht mutmaßen, aus welchen Gründen sie Drogen konsumierten. Vielleicht weil die Drogen sie den Job, die Sexualität, die Kundenwünsche einfacher ertragen ließen.

Später arbeitete ich in einem anderen Studio, das »Dominiques Metroon« hieß. Dort lernte ich Frauen kennen, die ganz anders waren als die, die ich in dem ersten Studio kennen gelernt hatte. Sie dominierten ganz hervorragend. Das heißt: Ich mit meiner Schauspielerfahrung fand, diese Frauen spielten ihre Rollen als Domina nahezu perfekt. Das hat mich unglaublich fasziniert, und ich bemühte mich, ihnen nachzueifern. In gewisser Weise schloss sich damit ja auch der Kreis zu meinem Studium, bekam mein Job als Domina zu den drei eingangs genannten noch einen vierten Grund: In gewisser Weise war ich als Domina eine Schauspielerin.

Wobei man als Laie möglicherweise Schauspiel »falsch« verstehen könnte. Schauspiel hat für mich immer etwas damit zu tun, dass ich einen Teil meiner Persönlichkeit präsentiere. SM allerdings ist nur ein Teil meiner Sexualität, und Sexualität ist auch nur ein Teil meiner Persönlichkeit. Im Übrigen befinde ich mich als Domina in einem ständigen Konflikt: Einerseits möchte ich natürlich die Oberhand behalten – das entspringt meiner eigenen Sexualität –, andererseits muss ich Gäste »bedienen«. Ich muss ihre Sexualität »bedienen«. Insofern war ich in diesem Beruf auch eine Form von Sklave. Und eine Prostituierte. Obschon Sex, den jeder sofort mit Prostitution verbindet, nicht zwangsläufig zu einem SM-Studio gehört. Habe ich mich also auch als Prostituierte verstanden?

Ich glaube, da sollte man differenzieren. Ich denke, es kommt darauf an, wie die persönliche Haltung einer jeden einzelnen Frau ist. Wenn sie als Domina nämlich wirklich viel verdienen will, muss sie eine Menge Bedürfnisse der Gäste abdecken. Sind das aber auch ihre Bedürfnisse? Meine Bedürfnisse beispielsweise sind sehr eng gefasst. Wenn ich also nur danach gegangen wäre, hätte ich den Markt gar nicht bedienen können. Also musste ich ein bisschen mehr an Dienstleistung bieten, was jedoch über meine eigene Sexualität hinausging. In diesem Augenblick prostituierte ich mich. Wenn ich das nicht täte, wenn ich mich also nur an meiner eigenen Sexualität orientieren würde, dann behaupte ich, wäre es keine Prostitution.

Also frei heraus, ja, ich war in der Prostitution tätig. Meine Familie wusste nichts davon, bis heute nicht. Mein Freund ging bestens damit um, besser als ich erwartete. Auf ihn wirkte es erotisierend, er kam mich sogar im Studio besuchen. Und Freunde? Die besten Freunde wissen davon. Vor anderen Bekannten hatte ich Schwierigkeiten, darüber zu reden. Aus dem einfachen Grund, weil in mir mit der Zeit die Haltung reifte, ich möchte etwas machen, was allgemein angesehen war, etwas ganz Normales, bei dem keiner auch nur im Ansatz den Kopf zu schütteln braucht. Denn bei aller Offenheit, die ich selbst dem Milieu gegenüber aufbrachte, ich spürte, dass die Gesellschaft die Stirn in Falten warf, wenn sie nur die Wörter »Prostitution« oder »Milieu« hörte.

Also begann ich mich auf einen seriösen Beruf zu konzentrieren, wobei der Begriff »seriös« mich stört. Denn ich habe die Zeit in den Dominastudios nicht unbedingt als unseriös empfunden. Wie gesagt, ich hatte ja keinerlei Berührungsängste damit, war sexuell sehr offen. Die Gesellschaft allerdings hat mich glauben lassen, dass die Arbeit unseriös sei und mir damit für meine Zukunft gewisse Hürden auferlegt. Damit konnte ich nicht umgehen, deswegen sattelte ich um. Ich lernte Zahnarzthelferin. Und bis Ende 2002 machte ich eine Umschulung zur Heilerziehungspflegerin. Ich war glücklich damit und wollte ganz normal meinem Job als Heilerziehungspflegerin nachgehen. Ich habe mir ganz gute Chancen ausgerechnet, denn es hieß, als Anfängerin sei man für die Betreuungsarbeit mit Schwerstmehrfachbehinderten nicht ausgebrannt, also heißbegehrt von den Arbeitgebern. Dem ist aber nicht so, es gibt nur ganz wenige Stellen. Als ich also merkte, dass ich in meinem Job nichts bekomme, stand ich vor der Wahl: arbeitslos und am Hungertuch nagen, oder wieder zurück ... zurück in meinen »alten Job«. Naja, eigentlich wollte ich nie mehr zurück in die Domination oder überhaupt in die Prostitution. Denn nach einer Rückkehr ins Dominastudio, was für mich quasi der Idealfall gewesen wäre, sah es anfangs gar nicht aus. Ich hatte mir eine Verletzung am Sprunggelenk zugezogen und meine Befürchtung war, dass ich nicht mehr in hochhackigen Schuhen laufen konnte, so wie es von einer Domina eigentlich erwartet wurde. Daher fing ich in einem Massagesalon an.

Dort zog ich mir eines Tages ganz spontan Stiefel an. Es zeigte sich, dass ich in ihnen laufen konnte. Kurzum, seit fünf Monaten arbeite ich wieder als Domina, allerdings nicht mehr im Studio. Ich arbeite nun in einer Privatwohnung, in der mir Susanne, eine Domina, ein Zimmer mit Equipment vermietet. Dafür zahle ich 50 Prozent meiner Einnahmen.

Man darf sich die Arbeit in der Privatwohnung allerdings nicht vorstellen wie in einem richtigen Dominastudio. Zu uns kommen keine Männer, die harte Sache wollen. Hart, das heißt masochistisch veranlagt. Ein SM-Studio hat beispielsweise einen Flaschenzug für die Aufhängung, einen Käfig für die Käfighaltung oder Klinikräume. So was haben wir in der Wohnung nicht. Wir haben nur Equipment für softe SM, und alles in einer Privatatmosphäre. Da ich dies bereits in meiner Anzeige, die ich in Stadtmagazinen und in einer Boulevardzeitung schalte, deutlich mache, rufen nur Männer an, die auf Privatatmosphäre abfahren: Fesselungen, leichte Peitschenspiele, devote Rollenspielchen, anale Stimulationen, obwohl sie gar nicht schwul sind. Diese Männer sind keine Masochisten, sie würden wahrscheinlich nie in ein SM-Studio gehen.

Viele von ihnen sind sogar Neulinge, die, bevor sie sich dem harten Programm in einem SM-Studio unterziehen, erst einmal die softe Version erkunden. Es rufen sehr viele an, die durch meine Anzeige neugierig geworden sind und am Telefon bereits sagen: »Ich habe so etwas noch nie gemacht!«.

So etwas hasse ich! Denn es bedeutet, dass diese Männer überhaupt noch nicht wissen, ob sie devot sind, ob sie masochistisch sind, ob sie überhaupt etwas davon sind. Manche sind nämlich einfach nur neugierig und fahren in Wirklichkeit gar nicht drauf ab. Oder sie fahren darauf ab, wissen oder kennen ihre Phantasien jedoch noch nicht.

Das ist für mich extrem schwierig, weil ich dann sehr sensibel vorgehen muss; die Männer wissen schließlich gar nicht, was sie wirklich mögen, ich weiß nicht, was ich an ihnen praktizieren darf. Ich muss also eine ganze Palette an Praktiken abarbeiten und kriege meist kein richtiges Feedback. Die Männer wissen nicht, wie sie Feedback geben müssen. Die meisten sind stumm und still und glotzen vor sich hin. Das finde ich auch zum Kotzen.

Daher ist es wichtig, mit solchen Kunden im Anschluss ein Gespräch zu führen. Die Initiative muss allerdings von mir ausgehen. Ich frage daher grundsätzlich immer: »Möchtest du darüber sprechen?« Neun von zehn Kunden sprechen tatsächlich mit mir – mit unterschiedlichem Ergebnis. Es gibt solche Fälle, in denen der Kunde nachher sagt: »Ach weißt du, das ist wohl nichts für mich!« Meistens merke ich das aber bereits währenddessen. Was natürlich sehr frustrierend ist, denn als, sage ich mal, Dienstleisterin möchte schon einen kleinen Prozentsatz Befriedigung beim Kunden erreichen, selbst wenn es nur geistige Befriedigung ist. Doch wenn ich dann eine halbe oder eine Stunde geackert habe – und Domination ist über einen solchen Zeitraum wirklich nicht einfach –, und der Kunde sagt: »Naja, das ist nichts für mich gewesen«, das ist, als hätte man in einem Vakuum agiert. Das ist nichts!

Und dann gibt es natürlich noch die Männer, die zur Domina kommen, egal jetzt ob im SM-Studio oder bei mir in der Privatwohnung, und mir zu verstehen geben, dass sie Oralverkehr wünschen. Das heißt im Klartext, sie wollen von mir, einer dominanten Dame, gesagt bekommen: »Komm her, ich will dich oral befriedigen.«

Noch schlimmer sind die, die sagen: »Mach es doch, wie du es haben willst.« Das ist so ein Quatsch! Darüber ärgere ich mich ganz besonders. Denn das hat nichts mit SM zu tun, es sind schlicht verkappte Machogeschichten. Diese Männer haben bei einer Domina nichts zu suchen. In Wahrheit wollen sie nämlich nur, dass die Frau sie bedient. Aber *das* mache ich nicht. Das entspricht nicht meiner Berufung, und schon lange nicht meiner eigenen Sexualität. Diese Sorte Mann ist es häufig auch, die alle Sicherheit in den Wind schießt. Da sind sie bei mir an der falschen Adresse. Meine Sexualität, also das, was ich ihnen als Domina biete, muss absolut safe sein. Für mich und meinen Körper und mein Leben zumindest. Das heißt konkret: Wenn ein Kunde beispielsweise Natursekt wünscht, dann ist dies für mich safe, aber nicht für den Kunden. Wenn er es also will, ist es sein Risiko, damit habe ich nichts zu tun. Ich hatte mal einen Kunden, dem erklärte ich, ich gebe heute keinen Natursekt, weil ich Medikamente genommen habe. Der Gast sagte: »Das nehme ich auf meine Kappe!« Okay, er geht also das Risiko ein, dann kann er es haben.

Ansonsten gibt es bestimmte sexuelle Praktiken, die ich nicht mache: Kaviar-Geschichten, alles was mit Blut zusammenhängt, für Elektrizität fehlt mir die Erfahrung. Auch der Bereich Klinik ist bei mir nicht angesagt. Da ich weiß, dass es sehr heikel ist, beispielsweise einen Katheder zu setzen, mache ich das nicht. Aber selbst wenn ich das alles anbieten wollte, es ginge nicht, weil ich nicht in einem Studio arbeite, sondern in einer Privatwohnung mit wenig Equipment.

Eine halbe Stunde kostet bei mir 60 Euro, eine Stunde 100 Euro. Der Preis ist so günstig, weil wir wenig Equipment haben, also keine hohen Kosten für ein Studio. Ein festes Standardprogramm habe ich mir nicht zurechtgelegt. Erstens weil mich das auf Dauer abstumpfen würde – wenngleich es manchmal verdammt anstrengend ist, kein Standardprogramm zu haben, bei Neulingen beispielsweise. Zweitens liegt es daran, dass ich unterschiedliche Gäste habe, Anfänger genauso wie Leute mit speziellen Phantasien. In diesen Fällen würde mir ein Standardprogramm überhaupt nicht helfen. Gerade die Männer mit spezieller Phantasie nötigen mir sehr viel Arbeit ab. Denn sadomasochistische Sexualität ist unendlich kompliziert, wesentlich komplizierter als normale Sexualität. Es findet ganz viel im Kopf statt. Es gibt eine unendliche Palette an Phantasien. Diese zu bedienen, kann ganz schön anstrengend sein.

Wenn ich ehrlich sein soll, lange möchte ich den Job als Domina nicht mehr machen. Ich würde gerne in meinem eigentlichen Beruf, den ich gelernt habe, arbeiten. Ich möchte die Domination nicht auf Dauer machen. Überhaupt nicht. Weil ich merke, dass ich mit der Zeit den Spaß daran verliere. Und zwar nicht nur an dem Job als Domina. Auch an der eigenen Sexualität. Zumindest der SM-Sexualität. Inzwischen kann ich den Job in der Wohnung auch nur noch zwei Mal die Woche machen, immer mit einem Tag Pause dazwischen. Denn der Job zehrt an den Kräften. Ich habe zwar nur durchschnittlich zwei Kunden pro Tag, aber diese beiden zehren genau so an meinen Kräften. Und es ist ebenso anstrengend, am Telefon zu sitzen und zu warten, dass jemand anruft. Man steht praktisch auf Abruf bereit und kann nicht viel anderes in dieser Zeit unternehmen. Denn es klingelt dauernd das Telefon, alle Viertelstunden vielleicht. Es ergeben sich daraus zwar nicht zwangsläufig Kundenbesuche, aber es erschwert, sich mit anderem zu beschäftigen, wenn man alle paar Minuten herausgerissen wird. So kann ich mich in dieser Zeit geistig mit nichts Tollem beschäftigen, zum Beispiel Fachbücher lesen. Einen leichten Roman oder eine Zeitschrift lesen, das ginge vielleicht, aber ansonsten ... Hinzu kommt: Von den zehn Männern, die anrufen und einen Termin vereinbaren, kommt am Ende vielleicht einer. Man wartet also noch einmal mehr und dazu noch vergeblich.

»HERRINNEN IN DEN STUDIOS WISSEN UM MEINE NEIGUNGEN, MEINE VORLIEBEN.«

Herbert, 39 – Freier

Ja, ich bezahle für Sex. Aber gehe ich deswegen zu einer Prostituierten? Ich glaube nicht. Ist das paradox? Mag sein. Aber um es verstehen zu können, muss man vielleicht meine Form der Sexualität kennen, und die Schwierigkeit, sie wirklich und echt ausleben zu können. Denn ich mag SM. Um genau zu sein: Masochismus. Diese Neigung entdeckte ich bereits in sehr jungen Jahren. Ich wünschte mir, dass Frauen mich mit aller Macht benutzten. Das erregte mich ungemein und ich wollte es erleben. Allerdings war es nicht einfach, in meinem Umfeld ein Mädchen zu finden, das diese Neigungen teilte, geschweige denn akzeptierte. Für die meisten Mädchen in meinem Alter waren, so musste ich enttäuscht feststellen, die Partnerschaft, das romantische Candlelight-Dinner und der Kuschelsex das erstrebenswerteste Ziel.

Also dachte ich anfangs, ich täte gut daran, die Mädels erst einmal nicht mit meinen Neigungen zu konfrontieren und sie, einmal für mich gewonnen, Stück für Stück mehr mit meinen bevorzugten Praktiken vertraut zu machen. Für mich bedeutete dies allerdings, große Opfer zu erbringen. Ich musste anfangs Sex praktizieren, wie ich ihn eigentlich nicht praktizieren wollte, nur mit der Hoffnung verbunden, das Mädchen würde schon irgendwann mein Anliegen verstehen. Ich gebe zu, in den meisten Fällen war das Opfer vergeblich. »Du bist doch pervers«, hieß es dann und die Freundin war schneller verschwunden, als sie gekommen war.

Kurzzeitig kam mir da der Gedanke, meine Sehnsüchte vielleicht von einer professionellen Dame befriedigen zu lassen. So was musste es doch geben. Aber wie mit der Sexualität an sich, die durch gesellschaftliche Zwänge, Erziehungen und Konventionen verdrängt wurde, galt auch der Besuch bei einer Prostituierten als verwerflich. So was macht man nicht. O Mann, irgendwann begann ich selbst daran zu glauben, dass ich pervers und abartig war und machte mir Sorgen, was wohl mit mir in Zukunft passieren würde: Psychiater? Irrenanstalt? Gefängnis? Es war schwer, einen klaren Gedanken zu fassen. Auf der einen Seite war das Drängen, meinen dunklen Phantasien endlich eine fassbare Realität zu bieten, auf der anderen das Gefühl, diese Probleme, die sie offensichtlich waren, endlich in den Griff zu bekommen. Heute weiß ich, mein größtes Problem zu jener Zeit war: Ich hatte niemanden, mit dem ich darüber reden konnte. Es gab niemanden in meinem Umfeld, der ähnlich veranlagt war wie ich und daher Verständnis hatte. Und meine Eltern, die beide auf die 60 zugingen – ich war eine Spätgeburt –, wollte ich damit auch nicht belasten. Vor neun Jahren ist mein Vater gestorben, vor drei Jahren meine Mutter. Beide haben nie von meinen Neigungen erfahren.

Dann lernte ich eine Frau kennen, die meine Neigungen erwiderte. Wir hatten eine wunderbare Zeit. Sie war – zumindest wenn wir unsere Sessions hielten – meine Herrin. Das gehörte zum Spiel, dagegen hatte ich nichts einzuwenden. Die Phantasie meiner Herrin war grenzenlos. Weil wir beide noch Studenten waren, blieben unsere Mittel für echte Utensilien beschränkt. Meine Herrin entdeckte stattdessen, wie viele wunderbare Dinge man mit Haushaltsgegenständen machen kann. Ihre Lieblingsgegenstände waren Kerzen, mit denen sie heißes Wachs auf meine Brustwarzen und Genitalien tropfen ließ, ein Staubwedel aus Federn, ein Rührlöffel zum Hinternversohlen, Plastikfolie zum Einwickeln, Wäscheklammern, mit denen sie meinen Penis und die Hoden »dekorierte«, ein Thermometer, das sie in meine Harnröhre schob. Die Liste ließ sich endlos fortsetzen.

Nach zwei Jahren trennten wir uns. Die Pfeiler unserer Beziehung waren die Neigungen, die wir gemeinsam lebten. Jetzt, da wir alles entdeckt hatten, wozu wir miteinander bereit waren, fehlte die Basis. Ich wollte weiter, sie nicht. Sie wollte switchen, ich nicht. Zwangsläufig kam die Trennung. Die Zeit danach lernte ich begreifen, wieviel Glück ich mit meiner Freundin hatte. SM-Clubs bieten Frauen nicht umsonst kostenlose Teilnahme, während Männer zahlen müssen, weil ungefähr zehn Männer auf eine Frau kommen, manchmal noch mehr. Neun dieser zehn Männer sind noch dazu unterwürfig oder masochistisch veranlagt. Jede Frau, die bereit ist zu züchtigen, kann vielleicht Hunderte von Männern haben. Meine Suche nach einer Frau, die bereit war, es weiterhin mit mir zu versuchen, blieb ergebnislos. Jetzt verstand ich auch, warum es so viele Dominas gibt. Der Markt der devoten und schmerzenlüsternen Männer musste befriedigt werden. Inzwischen arbeitete ich im Betrieb meines Vaters mit Aussicht, schon bald die Firma zu übernehmen, und besaß ein finanzielles Polster, daß mir den Besuch bei professionellen Damen erlaubte. Denn auf meine Spiele wollte ich nicht verzichten. Jetzt gibt es freilich Menschen, die den Kopf schütteln über die Bereitschaft, sich die Lust bei einer Prostituierten befriedigen zu lassen. Aber abgesehen davon, dass es so viele andere Männer auch tun, finde ich, der Besuch bei einer Domina ist mit dem bei einer gewöhnlichen Prostituierten nicht zu vergleichen. Nicht umsonst lehnen es Dominas in der Regel ab, mit Huren auf eine Stufe gestellt zu werden. Dominas bieten schließlich keinen gewöhnlichen Sex, meist bekommt der Kunde den nackten Körper der Domina nicht einmal zu Gesicht. Denn es geht nicht um den Austausch von Körperflüssigkeiten, um profanen Sex, es geht um ein Spiel, das Domina und Kunde gemeinsam inszenieren. Ein Spiel, daß ich so viele Male zuvor mit meiner Freundin durchführte. Warum also nicht auch mit einer Domina?

Ich lernte die professionelle Atmosphäre in den SM-Studios sogar zu schätzen. Das Ambiente, daß meine Freundin und ich uns in unserer Wohnung geschaffen hatten, nahm sich dagegen dermaßen laienhaft aus. Wir waren immer darauf bedacht, unsere Utensilien beim überraschenden Besuch von Freunden und Familie schnellstmöglich verbergen zu können. An den Haken an der Decke im Schlafzimmer hingen Blumentöpfe mit Kletterphilodendron, also Pflanzen, die hinabwuchsen. Der Bock wurde tagsüber als Tischbein in der Küche verwendet. Solche Sachen eben. In ein Studio zu gehen war dagegen wie in eine andere Welt eintauchen. Ich tauschte Identitäten. Sobald ich das Studio durch die Tür betrat, war ich nicht mehr Herbert, der Unternehmer, sondern Herbert, der Sklave, der bereit war zu leiden.

Bis heute besuche ich Dominastudios. Ich habe ein, zwei feste Häuser, in die ich regelmäßig gehe. Das hat seine Vorteile, denn die langwierigen Gespräche zum Auftakt eines Besuches entfallen. Die Herrinnen in den Studios wissen inzwischen um meine Neigungen, meine Vorlieben und Wünsche. Der Schritt in die andere Welt funktioniert nahezu reibungslos. Der Schritt zurück fällt nicht immer leicht.

»NORMALEN SEX MIT ANDEREN MÄDCHEN HATTE ICH NOCH NIE.«

Klaus – Freier, Bonn

Als Kind wurde ich oft von meiner sehr vollbusigen Mutter geschlagen, mit Kleiderbügeln aus Holz und mit Teppichklopfern. Das war meist ziemlich heftig. Mit 17 las ich in Zeitschriften Berichte über Dominas, die Sklaven hielten. Der Gedanke daran erregte mich sehr und zum ersten Mal glaubte ich, es könnte mich anmachen, geschlagen zu werden. Ich begann mich immer mehr mit diesem Gedanken auseinander zu setzen. Besonderen Gefallen empfand ich an vollbusigen Dominas.

Ich suchte mir Bücher und Zeitschriften, die sich mit der Lust an dem Schmerz beschäftigten. Als ich volljährig war, besorgte ich mir auch Pornomaterial. Daraus und aus der Literatur erfuhr ich, dass man dieses Spiel SM nannte. Ich las »Justine« von Marquis de Sade und »Venus im Pelz« von Johann Sacher-Masoch. Beide Schriften faszinierten mich außerordentlich. Ich sprach aber mit niemandem darüber, weil es niemanden in meinem Umfeld gab, mit dem ich darüber hätte sprechen können. Zu Mädchen in meinem Alter hatte ich wenig Kontakt. Es kann sein, dass es an meinen Maso-Wünschen lag. Zumindest traute ich mich nicht, mit diesen Wünschen an die Mädchen heranzutreten. Nur hin und wieder ergab sich mal ein Kuss, auch ein Zungenkuss, und im Urlaub fasste ich einer Bekanntschaft vielleicht mal an den Busen. Mehr ließen die Mädchen nicht zu. Es war enttäuschend für mich, denn ich hätte gerne mal mit einem Mädchen geschlafen. Bis heute habe ich keine richtige Freundin gehabt. Normalen Sex mit anderen Mädchen hatte ich ebenfalls noch nie.

Zum ersten Mal mit einer Frau schlief ich, als ich etwa 23 Jahre alt war, meinen ersten Wagen hatte und ich ins örtliche Bordell fahren konnte, was etwas außerhalb lag. Ich kam zwar zum Orgasmus. Er war aber letztendlich unbefriedigend für mich, ohne SM. Stattdessen onanierte ich viel, meistens fünf bis sechs Mal am Tag, immer mit SM-Porno-Magazinen oder mit Abbildungen von nackten vollbusigen Mädchen.

Der Wunsch, meine Maso-Träume in die Realität umzusetzen, wurde größer. Daher ging ich zu einer Prostituierten, um mich von ihr auspeitschen zu lassen. Das war in Köln, damals war der Straßenstrich noch in der Friesenstraße. Sie nahm mich mit auf ihr Zimmer, das sie in einem Stundenhotel direkt um die Ecke gemietet hatte. Weil sie keine Peitsche hatte, mit der sie mir meinen Wunsch erfüllen konnte, griff sie zum Riemen ihrer Handtasche. Sie war nicht zimperlich und schlug erst mit der Hand, dann mit dem Riemen ziemlich hart zu. Als sie schließlich sogar die Riemenschnalle auf meinen Körper klatschte, schrie ich vor Schmerz. Sie zeigte sich unbeeindruckt und meinte nur: »Wer das braucht, der muss viel aushalten können.« Also hielt ich aus und fühlte mich seltsamerweise wohl, als sie fertig mit mir war.

Das war mein erstes SM-Erlebnis, und es hatte mir nicht schlecht gefallen. Ich würde sogar behaupten, es war meine Initialzündung. Weil sie zu mir sagte, wer so veranlagt sei, der müsse auch viel aushalten, war das für mich wie ein Kick in die richtige Richtung. Ich wollte mich bemühen in Zukunft mehr auszuhalten. Ich begann auf Anzeigen in Kontaktmagazinen zu schreiben, aber ohne Resonanz.

Ich begann in dieser Zeit gerade meine Ausbildung im Justizdienst und verdiente recht gut. Daher rief ich eine Profi-Domina in Remscheid an. Sie nannte sich Lady Rachel. Ich ging zu ihr, doch das erste Mal war unbefriedigend, weil sie noch am Anfang ihrer Laufbahn stand und mich nicht genug abstrafte. Als ich nach zwei Jahren meine Ausbildung beendete, entdeckte ich Lady Rachel erneut in einem der Kontaktmagazine. Sie war zwar nur von hinten und in Lack oder Leder abgebildet, aber ich erkannte sie auf Anhieb wieder. Mittlerweile verfügte sie über ein eigenes großes Studio in Remscheid. Ich kontaktierte sie erneut und ich sagte ihr, dass ich richtig gequält werden wolle, aber noch keinerlei Erfahrung darin besäße. »Aber ich möchte es einmal richtig erleben«, sagte ich ihr.

Sie quälte mich zum ersten Mal mit Nadeln, die sie durch meine Brustwarzen und durch meine Vorhaut stach. Das erregte mich sehr und ich wollte immer mehr für sie aushalten. Fortan ging ich einmal im Monat zu ihr und je mehr sie mich quälte, umso erregter wurde ich. Sie brachte mich zum Schluss auch zum Orgasmus, immer unter Schmerzen, weil die Nadeln noch in meinen Warzen,

Klammern dran befestigt waren oder indem sie einen rotierenden Vibrator an meine Eichel hielt. Geschlechtsverkehr mit ihr durfte ich nicht haben. Dies war mir von Anfang an klar, denn es gehörte sich nicht für einen Sklaven. Das einzige Zugeständnis, das sie mir machte, war, dass sie mir manchmal ihre Brüste zeigte oder sie mich ihre Brüste streicheln ließ. Doch was mich an ihr am meisten faszinierte, war ihre sadistische Ausstrahlung, die hauptsächlich von ihrem Gesicht ausging. Sie strahlte richtig, je mehr sie mich quälte. Damals war ich 25 oder 26 Jahre alt und sie steigerte immer mehr meine Schmerzsüchtigkeit mit Nadeln durch die Warzen, auf die sie sich zusätzlich mit ihrem Fuß stellte, oder mit extremen Gewichten bis zu acht Kilogramm, die sie mir an die abgebundenen Hoden hing. Meine Tabus Natursekt und Kaviar beachtete sie stets, weil sie das selbst nicht mochte. Sie peitschte mich stets sehr hart auf den Po, solange, bis dieser blau und grün anlief. Gelegentlich hieb sie mir auch mit einer Knotenpeitsche auf den Rücken. Ich habe sehr große Brustwarzen. Einmal trug ich daher in jeder Brustwarze cirka 30 Nadeln, auf die sie dann ihre Stiefelsohle stellte, die ich danach sauberlecken musste, weil ich sie mit meinem Blut beschmutzt hatte.

Je mehr ich ertrug, umso weniger kam für mich normaler Sex noch in Frage. Ab und zu genehmigte ich ihn mir noch, indem ich zu einer normalen Prostituierten ging. Allerdings hatte ich nie Verkehr mit ihr, sondern ließ mich nur, wenn überhaupt, französisch befriedigen. Geschlechtsverkehr wäre für mich Verrat an meiner Herrin in Remscheid gewesen. Denn ein Sklave darf keinen Verkehr haben. Allerdings onanierte ich nach wie vor regelmäßig jeden Tag, immer noch drei bis fünf Mal pro Tag. Ein Orgasmus spielte noch eine große Rolle für mich. Jedoch begann meine Herrin in Remscheid daran zu arbeiten, dass sie mir nicht immer einen Orgasmus erlaubte, wenn ich zu ihr kam. Später, als ich dann zu ihren Partys ging, war es sowieso nicht erlaubt, einen Orgasmus zu haben. Weil sie mich so extrem quälen konnte, war ich auf ihren Partys als Vorführobjekt sehr beliebt. Heute ist der Orgasmus keine Notwendigkeit mehr für mich, denn ich verstehe mich als Sklave und extremer Masochist, der es liebt gequält zu werden. Ich bin nicht devot. Und Rollenspiele mag ich überhaupt nicht.

Ich war 30 Jahre alt, als ich eine Arbeitskollegin im Büro kennen lernte. Sybille war blond, sehr hübsch und hatte das Gesicht und die Ausstrahlung einer absoluten Sadistin. Ich kam mit ihr zusammen und die Zeit mit ihr war hart und extrem. Ich heiratete sie und wir schlossen einen privaten Sklavenvertrag ab. Am Ende aber spielten immer mehr Frauen eine Rolle in unserer Beziehung. Meine Herrin begann ihre Bi-Neigungen auszuleben und suchte nach einer weiblichen Sklavin. Als sie sie gefunden hatte, ließ sie sich von mir scheiden.

Eine neue Freundin habe ich seitdem nicht. Es ist sehr schwer, eine private Domina kennen zu lernen, weil diese entweder einen festen Sklaven haben, oder auch finanzielle Interessen haben. Domina-Sudios suche ich nur noch sehr selten auf und wenn, dann bin ich enttäuscht. Die Studios sind nur auf das Geld ihrer Kunden aus und die wenigstens Dominas sind wirklich sadistisch veranlagt. Daher gehe ein bis zweimal ins örtliche Bordell, in dem ich ein bis zwei Damen kenne, die sehr gut mit dem Rohrstock umgehen können.

»SCHEISSEGAL, WIE MAN SEIN GELD VERDIENT, HAUPTSACHE MAN KANN DAVON LEBEN!«

Steffie, 23 – Gangbang-Veranstalterin, Berlin

Ich war schon immer etwas Besonderes. Damit wir uns nicht missverstehen: »Besonders« nicht im Sinne von exaltiert oder affektiert, Schickimicki und Heititei, so ein abgehobener Scheiß. Ekelhaft! Damit will ich nichts zu tun haben. Was ich meine ist: Ich war schon immer auf der Suche nach etwas anderem, halt dem Besonderen.

Das fing bei mir mit 15 an. Damals war Techno das Ding der Stunde, vor allem hier in Berlin. Das hat ganz schön gebrummt in richtig dunklen Kellerclubs und mit fieser, harter Mucke, die keine Sau hörte und über die in den Zeitungen nur geschrieben wurde, ohne Drogen könne sich die doch keiner reinpfeifen. Wenn die gewusst hätten, wie Recht sie haben! Aber selbst in der Techno-Szene war ich nicht die, die sich dort aufhielt, wo sich alle trafen, die meinten, cool zu sein – und so viele waren das damals, also Anfang der 90er, ja auch noch nicht. Ich stand viel mehr auf Gabber, das ist die harte Version von Techno, 160 bpm schnell, Sägezahn, Kreischen, uffta, uffta, uffta ohne Ende. Mörder!

Dieser Sound lief im Bunker. Der Name war Programm. Der Club irgendwas zwischen illegal und halblegal. Insofern gab es keine Tür, keine Einlasskontrolle und da ich ohnehin Frühstarter war und aussah wie mindestens 18, fiel keinem auf, dass ich minderjährig war. Ich ging jede Woche in den Club und gab mir die volle Dröhnung. Eines Morgens saß ich draußen auf dem Parkplatz vor dem Bunker, rauchte mir mit ein paar Kumpels einen Joint, während wir abwägten, ob und zu welcher After-Hour wir noch gehen sollten, da strömten aus einem Laden gegenüber ein paar schrille Gestalten. Sie waren in Ketten und Riemen gehüllt und trugen darüber Ledermäntel. Sie sprangen in eines der parkenden Autos und fuhren von dannen. Ich wurde neugierig und besah mir die Location gegenüber ein wenig näher. Der Club hieß »Kreuz-Club«, und erst später sollte ich die wahre Bedeutung dieses Namens verstehen. Denn beim Kreuz-Club handelte es sich um einen Fetisch-, Bizarr- und SM-Club. Ich hatte zuvor zwar einige Male davon gehört, auch, was dabei geschah beziehungsweise passieren konnte, doch so recht hatte ich mir bis dahin nichts darunter vorstellen können. Interessiert war ich dennoch, und das aus gutem Grund.

Mein erstes Mal nämlich war alles andere als gut. Mein damaliger Freund ließ sich zwar Zeit, war verständnisvoll und, man würde wohl sagen, einfühlsam. Andere Mädels hätten das wahrscheinlich super gefunden, wären vor Liebe explodiert, ein richtiger Traummann, o Gott! Bullshit. Ich bekam zwar einen Orgasmus, aber trotzdem war das Drumherum einfach nur langweilig und kickte überhaupt nicht. Das war wohl schon damals ein Zeichen, dass die Uhr bei mir und meinem Sex anders tickte. Wie, wusste ich allerdings nicht. Ich war noch unerfahren und naiv und wusste die Signale meines Körpers nicht zu deuten. Ich sagte mir: Wenn das Sex sein soll, dann weiß ich nicht, warum die ganze Welt so ein Heidenspektakel darum macht. Ich fickte mit einigen anderen Typen, was ganz passabel war, mich aber auch nicht von den Socken haute. Das erledigte stattdessen Techno für mich. Zappeln am Wochenende, das war für mich so was wie eine Befriedigung.

Sex dagegen war nicht wichtig. Die Vögelei war einfach nicht greifbar, zumindest für mich. Was nicht heißen soll, dass es keinen Sex mehr in meinem Leben gab. Aber gerade dieser Abstand, den ich zur Fickerei bekommen hatte, machte es mir einfach, meine Kohle damit zu verdienen. Durch eine Freundin, die ich aus dem Bunker kannte und die in einem Puff arbeitete, bin ich an den Job gekommen. Das war mehr Zufall, aber als sie mich ansprach und meinte, ich wäre genau das, auf was die Freier stünden, dachte ich mir: Warum nicht? Es machte mir nichts aus, es mit Männern zu treiben, obwohl ich selbst gar keinen Gefallen daran fand. Die paar Mal mit meinen Typen hatten es bewiesen. Überhaupt gefiel mir das Puff-Milieu. Die Leute waren wie in der Techno-Szene immer gut drauf, immer lustig, hatten keine Probleme. Und weil die Männer gerne mal einen Schein mehr hinblättern, wenn sie ein junges Mädel ficken dürfen, verdiente ich schon mit 17 meine dreitausend, viertausend Mark im Monat. Deshalb schmiss ich die Schule. Wer brauchte die noch? Ich jedenfalls nicht. Allerdings trug der Job im Puff nicht dazu bei, dass sich meine Meinung über die Fickerei änderte. Die Freier waren langweilig, dröge, ätzend, und so war auch der Sex mit ihnen. Es hätte gut und gerne auch nur einer meiner Typen sein können, mit denen ich mich eingelassen hatte.

In den nächsten Wochen hielt ich wiederholt Aussschau nach Leuten, die abends in den Kreuz-Club gingen oder ihn morgens verließen. Ihr Outfit war irre, ziemlich cool und abgefahren und zeugte von einer ganz anderen Seite der Sexualität. Welche Seite das war, wusste ich im Grunde noch nicht, gleichwohl zog sie mich in ihren Bann. Ich fand, die Leute, die den Club morgens verließen, sahen unglaublich entspannt und glücklich aus, fast wie nach einer Partynacht im Bunker. Möglicherweise redete ich mir das damals auch nur ein, das kann ich so genau nicht sagen, aber die Vorstellung, dass doch noch mehr möglich war als das, was ich bisher mit meinen Typen oder Freiern erlebt hatte, faszinierte mich. Vielleicht würde ich ja doch noch auf meine Kosten kommen. Ich gelangte zu der Überzeugung, dass, wenn es schon der normale Sex nicht brachte, es einen Versuch wert sei, sich mit der SM zu befassen. Der Kreuz-Club war ein willkommener Anlass. In der Folgezeit suchte ich Kontakt zu Leuten aus dem Laden und bat sie irgendwann, mich doch einfach mal mit hineinzunehmen. Was sie auch taten, nicht ohne mich nicht vorher neu einzukleiden. Mit normalen Partyklamotten – Turnschuh, Jeans und Bustier – oder Nuttenoutfit – Highheels, String und Spitzen-BH – wäre ich garantiert nie in den Laden gekommen.

Der Kreuz-Club war unglaublich, eine Oase der Ruhe, ein Ort der Abenteuer, ein Treffpunkt offener Menschen. Es gab Playrooms, Stallungen, düstere Kellerverliese, ein Klinikum, Performances, Kunst, Kommunikation und Träume. Eine Welt für sich, die sich mir nach und nach erschloss, jenseits aller Schubladen und doch alles miteinander vereinend: Skurril. Fetisch. Bizarr. Stylisch. Sexy. Obsessiv. Wenn ich sagen würde, an jenem Abend sei mir alles klar geworden, dann ist das mit Sicherheit gelogen. Aber trotzdem begann ich seither meine Neigungen zu erleben.

Die Woche über ging ich weiter anschaffen. Das war eine Notwendigkeit. Ich hatte keinen Schulabschluss, keine Ausbildung, keinen Bock auf diesen ganzen traditionellen Scheiß. Ich verdiente im Puff die Kohle, die ich für den Spaß im Bunker, Tresor und im Kreuz-Club brauchte, und damit war ich zufrieden. Da saß ich dann am Tisch oder an der Bar, wartete darauf, dass mich einer der Freier anquatschte oder ich musste die Männer anquatschen. Danach gingen wir aufs Zimmer. Dort gab's Standardprogramm, oral, vaginal, zu mehr reichte es bei den Männern meist nicht mehr. Weniger weil sie die Kohle nicht hatten, sondern weil wir sie, bevor es auf die Zimmer ging, kräftig abfüllten. Mein Anteil an Champagner, Sekt und Cocktails brachte mir auf Dauer mehr Kohle als die Nummer im Bett. Einziges Problem war dabei, ich musste die Plörre auch saufen. Wäre ja auch blöd gewesen, sich einen Drink nach dem anderen vom Freier spendieren zu lassen, ihn dann aber nicht mit ihm zu trinken. Das habe ich drei Jahre lang gemacht und es war am Ende alles andere als cool. Der Alkohol riss mich ganz schön runter, dazu die Drogen, die ich mir an den Wochenenden reinpfiff, um wieder hochzukommen. Am allerschlimmsten aber war, dass ich den Spaß am Sex entdeckte, damit hatte ich nun gar nicht gerechnet.

Deswegen kotzte mich die Fickerei im Puff von Woche zu Woche immer mehr an; also noch mehr Alkohol, noch mehr Drogen, noch mehr Fun fürs Wochenende. Irgendwann stand alles ganz schön auf der Kippe und ich weiß nicht, in welcher Gosse ich heute liegen würde, wenn ich nicht ein paar Monate zuvor zu drehen begonnen hätte. Das kam ganz von selbst. In einem der SM-Clubs lernte ich einen Porno-Produzenten kennen, der Ausschau hielt nach neuen Talenten. Er war ganz angetan von meinen Qualitäten, vor allem von meinen Fähigkeiten, die unartige Zofe zu spielen, die erzogen werden musste. Ein Freund behauptet manchmal: »Die Steffie, die hält echt einiges aus, der kannst du auf den Arsch kloppen, bis er rot anschwillt, und sie findet das immer noch geil!«

Er hat ja Recht. Ich fahr' voll darauf ab. Heute weiß ich, ich bin eine naturveranlagte Masochistin. Meine Mutter meinte mir einmal sagen zu müssen, das käme, weil ich mich selbst bestrafen wolle für mein verkorkstes Leben. Das meinte sie während einer unserer ständigen Auseinandersetzungen, deren Ursprung ein Streit darüber war, dass ich die Nächte um die Straßen zog, im Bunker oder andernorts rumzappelte und nicht unbedingt den Eindruck machte, ich würde arbeiten. Damit kam sie nicht klar. An einem Tag geriet unser Wortgefecht schließlich außer Kontrolle. Als sie dann irgendwann meinte: »Kind, du musst arbeiten!«, drehte ich durch. Wenn ich was nicht mochte, dann, dass sie mich »Kind« nannte. Was wusste sie schon von mir? Gar nichts wusste sie. Unser Verhältnis war einfach nicht so, wie man es sich zwischen Mutter und

Tochter vorstellt. Als sie jetzt »Kind« zu mir sagte, als würden wir jeden Tag gemütlich zum Abendessen beisammen sitzen und glücklich unsere kleine, feine Familie genießen, Mama, Papa, Tochter, da fauchte ich: »Ich gehe arbeiten!« Ich wiederholte: »Ich gehe immer arbeiten.« Womit sie natürlich auch nicht zufrieden war. »Und davon kannst du dir deine Wohnung, deine vielen neuen Klamotten leisten?«, wollte sie wissen. Es war ihr nicht recht zu machen. Da schleuderte ich ihr voller Hass an den Kopf: »Ich arbeite im Puff! Und ich drehe Pornos!« Ich weiß nicht, ob ihre kleine Welt zusammenbrach. Von wegen »Kind«. Anmerken jedenfalls ließ sie es sich nicht. Vielleicht hatte sie ja bereits was geahnt. Ihr Schweigen machte mich noch rasender, und ich setzte noch einen drauf: »Ich drehe SM. Fesseln, Peitschen. Fuck, Mama, darauf stehe ich.« Ich erzählte ihr alles, was ich mache, und ihre Augen wurden größer und größer. Das gab mir endlich Genugtuung. Ich sagte ihr: »Eigentlich wollte ich dir das nicht verklickern, aber jetzt weißte es. Das ist nun mal mein Ding, was ich machen möchte. Das ist für mich okay.«

Und daraufhin äußerte sie jenen Satz mit der Strafe, die ich mir selbst für mein verkorkstes Leben auferlegen würde. Blödsinn, sage ich dazu. Ich kann diesen Psycho-Scheiß nicht hören. Wenn mein Leben verkorkst wäre, würde ich leiden. Klar, ich habe eine Weile gelitten, aber ich habe den Absprung geschafft und jetzt habe ich meinen Spaß. Warum sollte ich mich dafür bestrafen?

Dass ich den Absprung schaffte, verdanke ich schließlich den Filmen. Anfangs drehte ich vereinzelte Hardcore-Pornos mit Fetisch-Story. Ich dachte nicht großartig drüber nach, sondern spielte einfach die Sklavin, der es ans Leder ging, weil es genau die Rolle war, die ich auch in den SM-Clubs lebte. Dass dabei Leute um mich herum standen, während ein Dominus mich bearbeitete, war mir ziemlich egal. Im Club waren es gleichgesinnte Zuschauer, diesmal waren es Kameramänner und Beleuchter. Wo war der Unterschied?

Als es mir dann so richtig dreckig ging, bot ich an, ganz ins Filmgeschäft einzusteigen. Ich will nicht behaupten, dass sie mich mit Kusshand nahmen. Es finden sich in dem Geschäft immer Mädels, die den Arsch für eine Peitsche herhalten, wenn nur die Kohle stimmt. Aber Sklavias, die einiges ertragen können, weil sie Spaß daran haben, die sind selten. Deswegen hatte ich gute Chancen. Ich sagte dem Puff ade und von da an ging es erst richtig los mit dem Filmen. Ich war jeden Tag unterwegs, reiste viel herum, wurde häufig für andere Produktionen gebucht. Schon witzig, oder? Früher hatte ich Sex gegen Kohle und war gelangweilt, so hatte ich jetzt meinen Spaß und kriegte trotzdem viel Geld.

Anfang 2002 rief mich Andy an. Andy agierte in einigen meiner Filme als Dominus, und das ziemlich gut. Er hatte viele Erfahrungen auf dem Gebiet gesammelt und beherrschte das Spiel mit der Erziehung und Unterwerfung inzwischen wie ein wahrer Meister. Die Peitsche führte er genial und wenn er mit dem Lederhandschuh auf meine Pobacken eindrosch, passierte es nicht selten, dass ich sogar beim Dreh zum Orgasmus kam, was wegen der Hektik und Unterbrechungen aufgrund wechselnder Kameraeinstellungen eher unüblich ist. Auf jeden Fall bereitete mir der Job mit ihm höllisch viel Vergnügen und deshalb war ich sehr neugierig darauf, was er von mir wollte. Er quatschte gar nicht lange um den heißen Brei herum, sondern erzählte, er habe die Idee zu einer Party-Reihe, allerdings Probleme mit den Teilnehmern. »Um ehrlich zu sein. Mit einer Teilnehmerin.«

Als ich ihn fragte, worum es sich bei seinem Veranstaltungskonzept handelte, meinte er kurz: »Gangbang-Partys.«

Gangbangs, der Rudelfick mit einer Frau, ist eine bei Pornofilmen hoch gehandelte Szene, auch bei SM-Streifen. Zwar unterscheidet sich das Arrangement im Fetisch erheblich von dem eines herkömmlichen Pornos, doch der Ausgangspunkt ist im Grunde immer der gleiche: Es geht um die Erniedrigung der Frau. Mag sein, dass Emanzen davon nichts wissen wollen. Blödsinn! Wenn es der Frau Spaß macht, es mit mehreren Männern zu treiben, wo liegt das Problem? Das Problem ist, dass den Emanzen der Sex generell kein Spaß macht, und deswegen nehmen sie an, dem Rest der Welt dürfte er auch keine Freude bereiten. Auch das ist Blödsinn! Andy berichtete, er hätte festgestellt, der Gangbang, einst nur eine von vielen nacheinander exerzierten Porno-Spielarten, dränge in den vergangenen Jahren immer mehr in den Vordergrund und würde in vielen Produktionen inzwischen sogar schon ausschließlicher Hauptbestandteil sein. Was ihn wiederum zu der Vermutung hinrissS, es existiere eine Nachfrage nach Gangbangs. Andy meinte: »Die Phantasie der Männer ist doch so, dass sie solche Spielchen nicht nur auf Video angucken, sondern auch live erleben wollen.«

Da hatte er nicht ganz Unrecht. Diese Wahrheit war mir aus meiner Zeit im Puff noch sehr wohl bewusst. Wie viele der Freier hatten an der Bar gesessen und mir ihre Phantasien geschildert, die sie sich garantiert aus irgendwelchen Pornofilmen geholt hatten und die ihnen ihre Freundinnen und Frauen nicht in der Realität erfüllen wollten. Ich vermute, wahrscheinlich wusste der Großteil der Freundinnen und Frauen noch nicht einmal, dass ihre Typen diese Wünsche hatten, einfach weil ihre Typen nicht darüber sprachen. Stattdessen kamen sie lieber zu mir in den Puff, heulten sich die Augen über ihre ach so prüden Weiber aus und schliefen besoffen neben mir ein. Soweit zur Realität. Aber das alles soll nicht darüber hinwegtäuschen, dass tatsächlich ein Bedarf an Gangbangs herrscht, zumindest von Seiten der Männer, ein Großteil der Frauen es jedoch kategorisch ablehnt, sich von ihrem Typen und dessen Freunde mal so richtig durchvögeln zu lassen, was wiederum professionellen Sexanbietern eine Chance bot. Leider treiben sich sehr viele Abzocker in der Branche herum, die das Blaue vom Himmel versprachen, dann aber nur Huren boten, die die Männer der Reihe nach abfertigten. Denen wollte Andy Paroli bieten. Sein Konzept sah eine vernünftige, wenn man so will seriöse Party vor, auf der die Männer auf ihre Kosten kamen, aber auch die Frauen. Was er nicht wollte, waren Profifrauen, die ihr Geschäft verstanden, sondern Frauen, die wirklich Bock auf mehrere Schwänze hatten.

Andy wagte einen ersten Anlauf. Er fragte eine Darstellerin aus der Pornobranche, die bereits einige Gangbangs gedreht hatte und immer wieder beteuerte, sie würden ihr Spaß machen. Andy schaltete daraufhin einige Anzeigen in Berliner Illustrierten, programmierte eine Internetseite, stellte ein Bild rein, schrieb groß und fett »Gangbang«, richtete eine Hotline ein und wartete, was kam. Nichts kam. Es kam heraus, dass es der Dame entgegen ihrer Aussage nämlich keinen Spaß bereitete, sondern auch sie es nur wegen der Kohle machte. Das merkten auch die Männer, die kamen und gut Geld abdrückten. Wenn jemand nämlich nur da liegt, keinen Ton von sich gibt, im Grunde in den Raum geführt und auf den Tisch gelegt werden muss und das, obwohl eigentlich gar kein Zwang besteht – mit SM wollen die meisten der Typen, die sich Gangbangfilme anglotzen und zu solchen Partys kommen, ja gar nichts zu tun haben –, dann kann man es besser lassen. Das ist nicht prickelnd. Das ist öde!

Doch Andy mochte nicht aufgeben und suchte jetzt ein neues Gangbang-Opfer. Seine Wahl war auf mich gefallen. Ich selbst hatte zwei, drei Filme gedreht, in denen ich auch mehrere Männer nacheinander oder abwechselnd auf mich drauf lassen musste, weil mein Herr mir das befahl, wie es das Drehbuch vorschrieb. Ich kann nicht sagen, dass mir diese Einstellung schwerfiel. Der Gangbang ist, wie ich schon sagte, Erniedrigung und deshalb in der SM eine Form der Erziehung und Bestrafung einer Zofe oder Sklavin. Das hatte was, vor allem wenn Fesselungen einen ohnehin hilflos machen. Ich fand's geil. Daran muss sich wohl auch Andy erinnert haben, als er mich jetzt kontaktierte.

Ich hörte mir sein Konzept an, es klang vernünftig und ich erklärte mich einverstanden. Im März 2002 veranstalteten wir die erste Gangbang-Party. Andy kam im Anschluss zu mir und meinte: »Der Unterschied zur ersten Party ist wie Tag und Nacht.« Das freute mich zu hören. Anscheinend kam ich ganz gut bei den Männern an. Aber das war nichts Neues, ich war ja im Puff bereits ein heißbegehrtes Mädel.

Von da an machten wir weitere Events, in der Regel eines pro Monat. Andere Veranstalter zogen nach, inzwischen gibt es hier in Berlin eine ganze Fülle von Anbietern der Gangbang-Partys, die sich in ihren Offerten beinahe überschlagen. Ich bin mir nicht sicher, ob unsere Partys einen besonderen Stellenwert genießen, weil sie mit zu den ersten der Stadt gehörten, aber die Reaktion der Typen speziell auf unsere Annoncen sind nach wie vor immens. Pro Inserat, das wir alle zwei Wochen mit schlichtem Text in die Zeitung setzen – »Gangbang-Party mit Steffie«, dazu Telefonnummer, Internetseite, fertig –, melden sich durchweg 200 Typen. Im Monat haben wir im Durchschnitt 57.000 Zugriffe auf meine Homepage. Manchmal melden sich sogar Paare, aber eher selten. Die meisten Paare, dabei vor allem die Frauen, haben Berührungsängste mit dem Thema. Und die, die sich trauen, wollen sich einen Gangbang mal in natura anschauen, andere sich daran aufgeilen. Einige erklären, sie wollen sich einbringen, also Männer, die es anmacht, ihre Frauen den anderen Typen zum Fraß vorzuwerfen, oder Frauen, denen ihr Mann alleine nicht reicht. Aber das kommt im Moment noch nicht in Frage. Möglicherweise wird das irgendwann passieren, dass wir noch andere Frauen zulassen, weil es natürlich auch für die Männer ganz interessant ist, gelegentlich ein neues Gesicht dabei zu haben. Es gibt ja einige Männer, die beinahe regelmäßig kommen.

Im Moment bleiben meine Partys aber den Männern vorbehalten, davon haben wir schließlich genug. Das muss man sich mal vorstellen! 200 Typen, die geil darauf sind, gemeinsam in der Gruppe über eine Frau zu rutschen. Mag sein, dass Andy und ich diesen Erfolg verzeichnen, weil wir versuchen, den Preis so niedrig zu halten, wie es nur geht. Unsere Partys haben einen geringen Rahmen, Niveau Selbstkostenpreis, dass wir zeitweise auf dem besten Wege waren, Ärger mit anderen Veranstaltern zu bekommen. Im Prinzip ist das ganz normale Marktwirtschaft. Konkurrenzkampf, kein Grund zur Panik. Allerdings knöpfen die anderen Veranstalter den Männern bisweilen den doppelten Preis ab und bieten im Gegenzug nur Profis, also Pornodarstellerinnen und Nutten. Was ich ja noch nachvollziehen kann. Es ist nun mal schwer, Frauen zu finden, denen es wirklich Spaß macht, nacheinander von zwanzig Männern angespritzt zu werden. Wenn man sich dann aber für den doppelten Preis wie auf dem Fließband abgefertigt fühlt und weiß, es geht auch besser und billiger, nämlich bei mir, dann werden die Veranstalter ganz schön stinkig. Und da viele aus dem Milieu kommen, muss man manchmal Obacht geben, was man sagt.

Aber ich bin der festen Überzeugung, nicht mehr Geld verlangen zu müssen. Ich will es einfach nicht. Es ist ein Selbstkostenpreis, er deckt die Kosten, die wir haben, um eine Party überhaupt ins Leben rufen zu können. Ein paar Getränke, ein kleines Buffet, die Zimmermiete, nachher ein Reinigungsdienst, das war's. Das genügt doch, denn es geht um Spaß, nicht nur bei den Männern, auch bei mir. Okay, ich gebe zu, ich verdiene mir mit den Partys ein kleines Taschengeld nebenher. Aber wenn ich dies mit Spaß verbinden kann, umso besser. Ich meine: Weiß ich, was morgen ist? Nach der Devise lebe ich doch von Anfang an. Was soll ich irgendwelchen Traditionen, Konventionen oder Normen entsprechen, die mich einschränken. Blödsinn! Irgendwann ist das Leben rum und ich hab' nur gelebt, wie es andere wollen. Ich will so viel Spaß am Tag haben, weil ich keine Ahnung habe, was morgen ist. Morgen kann ich vom Auto überfahren werden oder was weiß ich! Wenn ich später alt und grau bin und nicht mehr kann – irgendwann hört es ja auch mal auf und man ist nicht mehr so gelenkig –, dann kann ich sagen: »Okay, ich habe ein geiles Leben gelebt. Ich habe es mir schön gemacht, und ich habe alles erlebt, was ich erleben wollte.« Das ist cool!

Von den 200 Männern, die sich auf die Anzeigen melden, wählen wir zehn bis zwanzig aus. Die Entscheidung treffen Andy und ich gemeinsam. Sauberkeit ist eines der obersten Kriterien, die zu einer Entscheidung für oder gegen einen Typen führen. Ganz wichtig ist auch ihr Äußeres: Sie sollten passabel ausschauen, gepflegt und keine Stinker sein. Auf so was habe ich keinen Bock. Logischerweise sollten die Männer auch einen aktuellen HIV-Test mitbringen – negativ, versteht sich. Und zu guter Letzt müssen sie Standhaftigkeit vorweisen, das ist das A und O, auf jeden Fall. Gelegentlich vermitteln wir einige der Typen für Pornofilme, das heißt, wenn sie darauf Bock haben. Also nutzen wir meine Gangbang-Partys ganz nebenbei auch zum Casting. Wer also auf der Party vor den anderen Typen seinen Mann steht und es auch mal zwei, drei Stunden bringt, dabei ein paar Mal abspritzt, der ist ideal für einen Film. Aus diesem Grund hat es für manche Männer noch einen besonderen Reiz, an meinen Partys teilzunehmen.

Indes heißt »teilnehmen« nicht, dass sich jeder aktiv ins Geschehen einbringt. Es gibt Männer, die wollen nur einmal gucken, weil sie davon gehört haben und es sich nicht vorstellen können. Dann gibt es Männer, die zugucken wollen, weil es sie erregt. Selbst einmal den Schwanz ins Treiben halten, auf die Idee würden sie nicht kommen. Ich glaube, sie trauen sich nicht. Solche Männer nenne ich Taschenwichser. Andere haben die Idee zu einem Gangbang im Kopf und wollen die Phantasie einfach mal in der Realität ausprobieren. Nicht selten ist das Ergebnis ernüchternd. Sie kommen anschließend zu mir und sagen: »Das ist nichts für mich.« Andere wollen die Erfahrung einfach mal machen, zusammen mit anderen Typen eine Frau zu vögeln. Sie erklären mir hinterher: »Das war eine Erfahrung, die ich immer mal machen wollte. Aber das war auch die erste und die letzte, die ich gemacht habe. Wäre ich nicht hingegangen, hätte ich es nicht gewusst.«

Noch andere sind verheiratet und betrügen ihre Ehefrauen, weil ihnen daheim der Kick fehlt. Also suchen sie ihn bei mir. Mir ist es egal. Wenn sie es so wollen, bitte schön. Ich bin kein Moralapostel, ich am allerwenigsten. Oder es gibt die Typen, das ist vielleicht der Idealfall, die wollen wissen, ob ihre Frau die beste ist. Bei manchen Männern ist das so. Die müssen erst zu einer anderen Frau gehen, damit sie erkennen, wo sie hingehören.

Und dann gibt es noch jene Typen, denen meine Partys so gut gefallen, dass sie wiederkommen. Wer weiß, vielleicht finden sie auch gar nicht die Party so toll, sondern ich bin es, auf die sie scharf sind.

Es ist nicht bei allen so, aber viele von denen, die regelmäßig kommen, rauben mir das Vergnügen an den Events. Oftmals ist es sehr anstregend, denn die Typen, die wir auswählen, sind ... ich sage mal ... tot. Ich mache ziemlich viel Action, tanze, probiere eine coole Stimmung zu entfachen, damit die Typen erst mal locker werden. Irgendwann fange ich an zu strippen, ziehe mir das Hemd aus, die Jeans, gehe auf sie zu, nehme sie mit in die Arena, wie ich meine Spielwiese in der Zimmermitte nenne, und dann gibt es irgendwann den Übergang, das passiert ganz automatisch. Sie dürfen mir den BH ausziehen, an meinen Titten spielen, mir den Slip abstreifen. Ich packe ihre Schwänze aus, mache es ihnen mit dem Mund, biete ihnen meine Möse und meinen Arsch. Aber glaubst du, die kommen in Fahrt? Manchmal habe ich den Eindruck, als wäre ich Alleinunterhalter.

Wir fangen in der Regel abends so gegen neun Uhr, halb zehn an. Die Party geht dann bis zwei, drei Uhr nachts. Die Leute haben ihre Getränke frei und können sich, wann immer sie wollen, an der Theke bedienen. Sie können duschen, sie können sich frei bewegen, albern oder anheizen und Spaß haben. Aber schon wenn ich den Raum betrete, sitzen die Männer still auf den Stühlen, als wäre ich ein strenger Offizier und nicht die Gangbang-Steffie, der sie es gleich mal so richtig besorgen dürfen. In solchen Momenten frage ich mich, was für kranke Phantasien sich die Typen daheim in ihren Köpfen ausmalen, wenn sie es jetzt nicht einmal schaffen, sich vom Stuhl zu erheben, weil sie nicht erwarten können, es mit mir zu treiben? Jetzt haben sie die Chance, von der sie die vielen Male, während sie sich die Pornos daheim reinzogen, träumten, und dann nix mit Rudelbumsen und Erniedrigung, von wegen, dir Schlampe zeigen wir es! Die kriegen keinen Ton heraus. Da muss ich manchmal an mich halten, da kann es passieren, dass ich böse sarkastisch werde. Aber selbst dann kommt nicht einmal ein Gegenkommentar, eine Rüge, ein Klaps auf den Po oder so etwas wie: »Du, du, du – du bist jetzt aber unhöflich.« Nichts! Da wird nett gelächelt, darauf gewartet, dass ich es schon irgendwie richten werde, schließlich bin ich der Profi, nicht sie. Und das ist manchmal sehr, sehr anstrengend. Denn eigentlich will ich doch die kleine Sklavin sein, der man den Weg zeigt.

Diese Typen sind arme Leute, die zuhause alleine sitzen und eigentlich keine richtigen Freunde haben, von einer Freundin mal ganz abgesehen. Oder es sind Männer, bei denen die Frau zuhause die Hosen anhat. Andy sagt manchmal, das wären arme Schweine. Das finde ich nicht. Das sind sie nicht. Das hört sich viel zu gemein an. Das möchte ich nicht. Manche tun mir vielmehr leid. Das macht mich so traurig, dass sie alleine sind, dass sie in ihrem Alter den Sprung nicht schaffen, mal rauszugehen und beginnen zu leben. Das ist traurig.

Aber dann bin ich froh, dass sie bei mir sind. Denn ich mache das gerne, weil ... klar, teilweise aus Eigennutz, weil ich selbst Fun daran habe ... aber ich finde, bevor die unterdrückten Phantasien die Typen irgendwann ausklinken lassen, sie sich auf der Straße Tussis schnappen und Scheiße mit ihnen bauen, vergewaltigen oder sogar töten, denke ich, sollen sie zu mir kommen. Bei mir können sie sich richtig austoben. Gangbang-Steffie wird's schon richten.

Das ist auch der Grund, weswegen ich ständig versuche, neue Ideen zu entwickeln. Mal ein lebendiges Buffet, mal eine Sauerei mit Schlagsahne, mit Früchten. Erlaubt ist, was gefällt. Das einzige, was ich nicht abkann, sind Gesichtsbesamungen. Der Körper voll Sperma ist okay. Aber nicht ins Gesicht. Ich habe nämlich eine Allergie. So ein Pech, eine Sperma-Allergie, ausgerechnet ich ... Naja, das ist dann wohl doch so was wie eine innere Bestrafung, würde meine Mutter sagen. Soll sie es sagen. Ist mir egal. Am schlimmsten ist das Kiffer-Sperma. Allein wenn die Kiffer abspritzen, ist das schon ein Thema für sich. Die tropfen ganz gemütlich an und ich stell mir dabei die Spermien vor, wie sie sich in den Samensträngen streiten: »Komm, geh du mal raus!« – »Ach ne, lass mich vorher noch mal an der Bong ziehen ... Dann geht's ab.« Also schön langsam, wie man es sich bei einem Kiffer vorstellen kann. Richtig smooth. Oder bei Leuten, die nicht genügend Vitamine zu sich nehmen. Da sprießt mein Körper förmlich vor roten Flecken und es juckt wie Sau.

Ansonsten aber ist alles erlaubt. Oral, vaginal, anal, Sandwich, Handmassage, spanisch. Auch das gehört dazu, wenn ich den Typen anheizen möchte. Davon träumen sie doch. Bitte schön, ich bin ihre kleine Sklavin, mit mir dürfen sie es machen. Natürlich gibt es schon ein paar Sachen, die ich privat viel lieber mache als auf Gangbangs, ich glaube, das muss auch so sein, damit ich selbst einen Abstand bekomme. Aber dass meine Lust darunter leidet? Blödsinn! Austoben. Das inspiriert doch, und meine Vögelei wird schlimmer denn je. Deswegen dürfen die Typen auch so oft, wie sie lustig sind, und wie ich Lust habe. Auf meinen Gangbangs ist es so: Die Typen können so oft, wie sie wollen. Da wird nicht einmal rübergerutscht und das war's. Das handhabe ich anders als andere Veranstalter. Ich würde sogar so weit gehen und behaupten, meine Partys seien eine Dienstleistung. Warum denn nicht? Wenn die Manner nach der Party heimfahren, möchte ich, dass sie ein supergeiles Lächeln auf den Lippen tragen. Sie sollen auf Wolke sieben schweben. Sie sollen einen richtig geilen, entspannten Abend erlebt haben, so wie ich früher feiern gegangen bin, das Wochenende gut zur krassen Mucke abgestrampelt habe, weil ich den Stress von der Woche abbauen wollte. So soll es bei meinen Gangbangs sein. Die Typen sollen zu mir kommen nach einer harten Woche, sollen ablassen, sollen ihren Spaß haben, sich entspannen. Es soll wie ein Kurzurlaub sein. Spaß für alle. Und ich gehe danach nach Hause und hatte ebenfalls was davon, und wenn es am Ende nur die Kohle ist. Ich gebe ja zu, inzwischen drehen wir auch Filme während meiner Partys, die wir auf meiner Homepage verkaufen, betreiben eine Webcam und laden zum Chat mit Gangbang-Steffie. Jetzt könnte man natürlich sagen, das alles sei nichts anderes als Prostitution, ich sei nicht besser als die Huren, die sich ihre Arbeit ebenfalls schönreden. Vorsicht! Ich weiß, wovon ich rede, ich habe selbst ein paar Jahre im Puff gesessen und zähle diese Zeit bestimmt nicht zu meiner besten. Bei den Freiern habe ich nicht ein einziges Mal einen Orgasmus erlebt. Wenn aber zwanzig Typen über mich hinwegrutschen, läßt mich das garantiert nicht kalt. Ich sagte vorhin schon, dass es mir gefällt, weil es meinen Neigungen entspricht. Ich bin ein sehr ehrlicher, sehr offener Mensch. Ich habe nun mal keinen Funken Schamgefühl im Leib, daran lässt sich nichts ändern. Ein Makel, der meine Mutter vermutlich um den Verstand bringt. Mein Vater, glaube ich, weiß bis heute noch nichts davon.

Und meine Typen? Das ist ein Problem. Denn die Krönung wäre für mich jetzt, wo ich weiß, was ich mag und wie ich leben will, dass ich einen Typen fände, der an meiner Seite wäre, der das alles mit mir teilen möchte, auch meine Fickerei. Mag ja sein, dass das ein wenig spießig klingt aus meinem Mund: ein Freund für die Steffie! Wo ich doch gerade erst erklärt habe, ich wäre immer auf der Suche nach was Besonderem. Und jetzt eine Beziehung? Aber gerade das wäre doch das Besondere: ein Typ, der wie ich Spaß daran fände, der mein Herr und Meister wäre, der mich als Zofe hält, der Spaß an Gangbangs hat, einer der so drauf ist wie ich. Offene Beziehung, freie Liebe, und trotzdem füreinander da sein, sich vertrauen. Das wäre doch eine besondere Beziehung.

Leider ist das nicht machbar. Die Typen, die ich kennen lerne, kommen einfach nicht mit meiner Sexualität und meinen Jobs klar. Jobs sind das ja nicht wirklich. Möglicherweise ist genau das das Problem. Würde ich erklären, die SM-Clubs, die Filme, die Partys wären nur ein Job, vielleicht fiele es den Typen dann leichter, mit mir klarzukommen. Aber die Vorstellung, es ist auch mein Vergnügen, damit kommen sie nicht klar. Deswegen fällt es mir schwer, eine Beziehung zu führen. Ich bekomme einfach keinen Typen ab. Und wenn mal einer interessiert an mir ist, dann allenfalls für drei Wochen. Dann gehen sie wieder. Vor fünf Tagen wurde ich gerade erst wieder sitzen gelassen. Scheiße, das finde ich nicht okay. Im Prinzip ist es scheißegal, wie ich mein Geld verdiene, ob es mir Spaß macht oder nicht, Hauptsache ich kann davon leben. Die Typen sehen das nicht ein. Manchmal leide ich darunter und beginne zu überlegen, ob meine Neigungen nicht doch ein Problem für mich darstellen. Andy meint dann immer, ich solle doch einfach ein Doppelleben führen. Aber bin ich denn bekloppt, meinen Typen anzulügen? Ich kann nicht lügen. Ich wurde mein ganzes Leben lang belogen, meine Familie war eine einzige große Lüge. Ich hasse Leute, die lügen. Ich stehe zu meinen Neigungen. Wenn ich nicht dazu stehen würde, würde ich ja jetzt nicht hier sitzen und davon erzählen. Also rede ich Tacheles, wenn ich einen Typen kennen lerne. Was bringt es mir, wenn ich ihm irgendwelche Geschichten erzähle, wo ich arbeiten würde, wie ich arbeiten würde. Und was ist, wenn er mich dann mal erwischt? Angenommen, er holt sich einen Film in der Videothek und ausgerechnet ich bin diejenige, die sie da rannehmen? Oder er landet auf meiner Internet-Seite? Oder er kommt auf meine Gangbang-Party und sieht mich da zwischen zehn Typen rumhampeln? Klar, sicherlich wäre es auch nicht die feine Art vom ihm, sich hinter meinem Rücken mit einer anderen oder auf einer Gangbang-Party auszutoben. Er wäre keinen Deut besser als ich. Aber ich könnte es ihm noch nicht einmal vorhalten, denn er wäre immer derjenige, dessen Vorwurf mehr ziehen würde: »Die Steffie hat mir doch auch nicht gesagt, dass sie Filme dreht oder Partys schmeißt!« Wir lügen uns also beide die Hucke voll, und darauf habe ich keinen Bock.

Kürzlich meinte Andy zu mir, ich solle doch einfach einen der Typen nehmen, die auf meine Partys kommen, die so heiß darauf sind, mit anderen über mich herzufallen, die müssten doch offen und tolerant sein. Es gab ja auch schon mehrmals den einen oder anderen, der zu viel hingeguckt hatte, der zwar vorher meinte, ihm könne das nie passieren, weil ich ihm viel zu krass wäre ... Pech gehabt, er hatte sich voll verschossen, der Arme. Eine Chance gebe ich ihm deswegen aber nicht. Das mache ich nicht, nicht mit den Typen, die zu meinen Partys kommen. Das möchte ich nicht. Das kann ich nicht. Das ist berufsschädigend. Und wahrscheinlich wären diese Typen die ersten, die mir sagen würden, sie könnten es nicht mehr ertragen, dass ich mit anderen auf den Partys oder im Film rumvögeln würde. Dass diese Typen sich in mich verknallt haben, ist ihr Problem. Meistens schließen sie sich dann selbst von meinen Partys aus und kommen nicht mehr.

Die letzte Alternative wäre also ein Typ, der selbst in der Branche arbeitet, also einer, der gar keinen Grund zur Eifersucht hat, weil er selbst seinen Schwanz alle paar Tage in eine andere reinhalten muss. Aber bin ich denn bekloppt? Nein, das will ich nicht. Ich kenne sehr viele aus der Filmgeschäft, und wenn man sich mit denen normal unterhalten will – keine Chance! Das geht ja noch nicht einmal mehr bei mir und Andy. Erst kürzlich haben wir unser Angebot um eine weitere Attraktion erweitert: Wir haben einen SM-Club in Berlin eröffnet, das »Second Phase«, eine feine Adresse, in der Andy den Dominus, seine Frau die Domina, ich die Zofe gebe. Wir sind ein eingespieltes Team. An den Wochenenden geben wir richtig schöne Partys im »Second Phase«, da kommen Leute aus ganz Berlin oder dem Speckgürtel von Berlin, alle in Montur, wie ich sie damals in den »Kreuz-Club« verschwinden sah. Jetzt betreibe ich meinen Club. Also wenn ich gerade keine Filme drehe, keinen Gangbang habe, dann bin ich im »Second Phase«. Worauf ich hinaus will: Ich lebe Fickerei rund um die Uhr. Als das »Second Phase« eingerichtet war, beschlossen wir, dies zu feiern und es uns mal richtig gut gehen zu lassen. Wir reservierten in einem piekfeinen Restaurant in Berlin-Mitte einen Tisch. Da saßen wir dann, Andy, seine Frau, ich und ringsum Leute, die mit jeder Minute, die fortschritt, größere Ohren bekamen. Wir fanden einfach kein anderes Thema. Die Vögelei ist für uns so normal geworden, dass es uns noch nicht einmal mehr auffällt. Ist das nicht extrem?

TEIL 5

HANDELN

»Die Würde des Menschen besteht in der Wahl.«

Max Frisch

»DIE HAT BOCK AUF DICH, DAS IST GANZ EINFACH, MIT DER GELD ZU VERDIENEN«

Richard, 49 – Lude, Ruhrgebiet

Wie bin ich zum Rotlicht gekommen? Ganz einfach: Ich kannte solche Vögel eigentlich schon mein Leben lang. Durch die Trainiererei vor allem. Ich habe geboxt, und das im Ruhrpott. Da kommst du am Milieu gar nicht vorbei. Ich habe mich also schon relativ frühzeitig im Milieu bewegt. Ich kann auch gar nicht sagen, dass mir das unangenehm war. Das waren töfte Leute, locker drauf, lustig, da habe ich schnell meine Kumpels gefunden. Die wollten mir immer eine Alte drauftun, damals, als wir oft im »Tarm« abhingen, dem »Tarm Center«, einer Großraumdiscothek in Bochum. Meine Kumpels haben mir immer wieder gesagt: »Guck mal, mach mal: Die hat Bock auf dich, das ist ganz einfach, mit der Geld zu verdienen.«

Ich habe damals an der Börse gearbeitet, habe selber gute Kohle verdient, deshalb war dieser Aspekt, das Geld, für mich absolut unerheblich. Irgendwann allerdings kam ein Teenie zu mir, da war ich 29, die habe ich im »Tarm« in Bochum kennen gelernt, die wohnte aber in Frankfurt. Die rief mich eines Tages an, erzählte, sie hätte von ihrem Typen was gegen den Kopf gekriegt. Ich sagte ihr: »Komm mal runter!« Sie zog bei mir ein. Das Erste, was sie zu mir sagte, war: »Hast du was dagegen, wenn ich ackern gehe?«

Ja, was sollte ich sagen?

»Also bitte schön«, sagte ich, »dann gib mal Gummi!«

So fing das eigentlich an, ohne dass ich es mir zum Ziel gesetzt hatte, ohne dass ich es wollte. Es bekam eine Eigendynamik, plötzlich bekam ich von dem Teenie die Kohle, dafür dass sie bei mir war, dass ich auf sie aufpasste, dafür dass ich ihr Macker war. Den Job an der Börse habe ich erst einmal weiter gemacht, Warentermingeschäfte. Irgendwann habe ich damit aber aufgehört, ich musste mich hier um die Frauen kümmern, dort um die Alten sorgen. Denn schon bald war es nicht mehr nur das Teenie, sondern ein paar andere Frauen dazu. Und sie sind wie kleine Kinder, die Weiber, sie wollen betätschelt werden. Das ist ja auch in Ordnung, wenn die Kohle kommt. Da haben sie auch ein Recht drauf, meiner Meinung nach.

Und so war ich plötzlich im Geschäft. Ich hängte mein Brokerdasein an den Nagel – und meldete mich arbeitslos. Das bin ich inzwischen 19 Jahre, noch ein Jahr, dann sind die zwanzig voll und das Amt schenkt mir wegen der außerordentlichen Treue eine goldene Uhr ... Mal im Ernst: Als ich damals meine Warentermingeschäfte an den Nagel hängte, hatte ich ein großes Problem: Als was sollte ich mich bezeichnen? Als was sollte ich mich selbstständig melden? Als Zuhälter? Okay, wenn man Geld von einer Alten kriegt dafür, dass sie sich hinstellt und die Beine breitmacht, das ist klar, dann ist das Zuhälterei. Aber als Zuhälter wollte ich mich nicht bezeichnen. Erstens wäre das nicht gegangen – naja, es geht auch heute noch nicht –, ich hätte mich strafbar gemacht, zweitens hätte es meinen Job nicht auf den Punkt getroffen. Aber was war ich? Vielleicht ein ... Anlageberater, um im Börsenjargon zu bleiben. Anlageberater, das ist gut, ja, das trifft es eigentlich auf den Punkt.

Es ist doch so: Die Frauen brauchen eine Krankenversicherung, eine Rentenversicherung. Darum kümmere ich mich. Ich kümmere mich auf eine normale Art und Weise um sie. Das hat nichts mehr damit zu tun, wie es früher war, dass die Typen den Frauen auf die Glocke hauten, Druck ausübten, Theater machten. Nein, in solchen Fällen kam die Kohle von den Weibern aus der Angst heraus. So funktioniert das heute nicht mehr. Mittlerweile ist das ein Vertrauensverhältnis zwischen Mann und Frau geworden. Anders funktioniert es auch nicht mehr, einfach weil die Geschäfte so schlecht laufen. Den Teuro hat auch unsere Branche zu spüren bekommen.

Ich habe mich damals also nicht für das Welle-Programm entschieden, habe mich nicht an meine Königsketten geklammert, die ich freilich auch alle hatte, keine Frage, also das komplette Weihnachtsbaumprogramm, das man inzwischen aus dem Fernsehen kennt, der klassische Zuhälter mit Vokuhila-Matte, Schnauzer, Jogging-Butze und Boxerstiefeln. Nein, mir war klar, bei dieser Wellemacherei bleibt am Ende nichts übrig, weder für die Alte noch für den Typen – meiner Meinung nach. Drogen, Alkohol und der ganze andere Scheiß drumherum verfälschen nur die Einstellung beziehungsweise intensivieren die vorhandenen Gefühle wie Hass und Aggressivität. Das geht irgendwann alles nach hinten los.

Ich habe zugesehen, dass die Kohle hängen bleibt und sie investiert, in Investmentfonds gesteckt, die dann fatalerweise, bedingt durch den 11. September, den Bach runtergejubelt sind. Aber egal, letztlich ist das der bessere Weg, der ruhige Weg, der überschaubare Weg.

Sagen wir mal so: Ich habe die Faktoren erkannt, die im Milieu störend sind. Natürlich, ich gebe zu, wenn Theater herrscht, dann klatsche ich auch mal rein. Ganz klar. Aber ich versuche es tunlichst zu vermeiden. Ich würde eine Alte auch nie in die FKK-Clubs reinstecken, weil ich von vorneherein weiß, welche Stressfaktoren auf mich zukommen. Da sind zum Beispiel die Freier, die die Alte in so einem Club kaputtmachen. Dann müssen sie sich das Zeug reinknallen ohne Ende, dann müssen sie saufen – und dabei geht eine Metamorphose mit der Frau vor, das ist nicht mehr meine Frau. Die Dinge zu erkennen ist wichtig. Viele erkennen sie nicht und wundern sich, dass nichts mehr funktioniert. Also ist eine gewisse Intelligenz vonnöten.

Ein Zuhälter heute ist ein gut erzogener Junge mit Manieren, der weiß, wie man mit Frauen umgeht, immer höflich und nett. Und der natürlich entsprechend Druck machen sollte und muss, damit er bestimmte Verhaltensregeln durchsetzen kann. Das ist für mich eigentlich die Definition von Zuhälterei. Nett und freundlich, gut angezogen und das vorlebend, wie es sein sollte. So war der Zuhälter schon immer. Frag mich nicht, woher dieses Bild der Zuhälter in der Öffentlichkeit kommt, aber früher war der Zuhälter eben ein höflicher und netter Kerl, der die Mädels poussierte. Poussieren, das heißt umwerben, umschmeicheln, nicht verkloppen.

Viele Zuhälter heute sind asozial, meistens. Weil der Druck immer größer geworden ist. Immer mehr Ausländer kommen ins Milieu, die keine Ahnung haben von dem, was abgeht. Es ist ein merkwürdiges Geschäft geworden. Zumal sich der Osten geöffnet hat, und über den Osten natürlich ganz andere Mechanismen ins Milieu gekommen sind: Was jetzt nicht heißen soll, dass das Milieu gefährlicher geworden ist als vor zwanzig Jahren. Im Gegenteil, es ist weniger gefährlich, und zwar durch die Präsenz der Polizei, durch die Paranoia der Polizei, durch die ganze Hightech-Scheiße, die sie einrichten: Ich bekomme eine Kamera in den Arsch und krieg es gar nicht mit. Früher haben sie mich observiert mit einem Loch in der Zeitung! Fakt ist, meiner Meinung nach, es wird immer weniger gefährlich.

Gefährlicher sind allenfalls die neuen Waffen, die zur Anwendung kommen. Das kommt auch wegen der Ostöffnung; die sind dort ganz anders drauf, wachsen mit einem viel größeren Gewaltpotential auf, das sie viel hemmungsloser einsetzen. Heute wird nicht mehr geboxt und auch kein Karate mehr gemacht, heute wird nur noch blankgezogen. Da wird dann mit Waffen gedroht oder geschossen, wobei das häufig auch nur Bellmänner sind – Bellmänner, die viel sprechen, aber wenig machen. Meist sind sie die Ersten, die bei den Bullen ihre Jungs verzinken, diese Wichser.

Und dann ist noch die Freizügigkeit aus dem Osten zu uns gekommen, die hier einfach nicht angebracht ist. Denn Ackern heißt ja nicht, sich hinstellen, Kerze anmachen und dann wie zu Hause abficken, bis der Arzt kommt. Man sagt zwar: »Fotze nutzt sich nicht ab!« Aber darum geht es nicht. Es geht einfach nur darum, dass hier bei der Frau ein gewisses Wertegefühl Bestand haben sollte. Und eine Alte, die sich wie Scheiße vorkommt, weil ich der 38. Mann bin, der abends bei ihr reinsteckt, die kann auf Dauer keine Motivation zum Arbeiten entwickeln.

Aber wir können jetzt noch eine Stunde um den heißen Brei herumreden, oder das Kind ganz einfach beim Namen nennen. Ich rede von den FKK-Clubs! Es gibt auf der einen Seite die normalen Clubs, wie sie immer da waren, in denen die Weiber letztendlich noch Kleider anhaben und auf den Freier warten, der ordentlich seine Kohle bezahlt, die der Leistung angemessen ist, dann seine Dienstleistung bekommt und tschüss ...

Und auf der anderen Seite gibt es die FKK-Clubs. Wenn ich mir so einen Laden angucke, ich kenne einen in der Nähe von Krefeld, in dem ich 25 Euro Eintritt bezahle – das musst du dir mal reinsaugen! Für 25 Euro blasen die mir den Schwanz blank. Für 25 Euro! Das sind 50 Mark. Hallo, bitte schön, wo liegen denn da die profitablen Grenzen, frage ich mich? Das kann doch nicht sein! Da stelle ich doch lieber eine Alte in einen Puff rein, die zahlt dort ihre Miete und flacht die Typen ab. Womit diese rechnen müssen, vor allem wenn du einen Typen hast, der von Tuten und Blasen keine Ahnung hat. Das ist für mich Prostitution, so wie sie schon immer da war, so wie sie immer da sein sollte.

Es gibt Kumpels von mir, die fragen mich, ob ich mit dieser Einstellung noch weit komme, in Zeiten knapper Kassen, Teuro und Verdrängungswettbewerb. Verdammt ja, ich glaube, wenn man intelligent ist, kann man sich diese Einstellung erlauben. Wenn man die Frauen entsprechend einstilt, einpolt, ihnen das erklärt! Mal ehrlich, die fühlen sich doch auch wohler dabei. Ich habe eine Alte, die hat jahrelang im Club gearbeitet, bis sie sich von mir die andere Politik hat drauftun lassen. Im Nachhinein ist sie mir sogar dankbar dafür. Weil sie wesentlich weniger Substanz verliert.

Aber »andere Politik« klingt so gestelzt. Nennen wir es »Berufsethos«. Sich für wenig Kohle richtig vollsauen lassen im Club ist scheiße. Vögeln mit Köpfchen im Puff ist besser. Ich finde, wenig geben, viel nehmen, das ist korrekt. Das wäre vielleicht eine Definition. Wenig geben, viel nehmen, und das auf eine möglichst geschickte Art. Dazu gehört auch Intelligenz. Das heißt, ich lasse mich auch dann noch vollficken und vollspritzen, wenn ich was im Kopf habe. In der Regel labere ich denn Typen dann so was von quer, dass ich die Kohle auch so kriege, also ohne dass er mich vögelt. Ich glaube, dann bin ich als Frau richtig schlau. Dann habe ich wenig Substanzverlust. Deswegen liebe ich es auch, mit intelligenten Frauen zusammenzuarbeiten. Dumme Frauen können sehr weh tun. Man sagt zwar: »Dumm fickt gut!« Aber das haut meistens nicht hin.

Im Moment arbeiten drei Frauen für mich. Eine habe ich fest in Düsseldorf am Bahndamm. Die zweite arbeitet in Regensburg. Die andere ist jetzt, lass mich nicht lügen, in Ingolstadt. Die reisen durch Deutschland, mieten ein Zimmer in den Bordells an, kündigen nach 14 Tagen, wenn da nichts mehr läuft und fahren weiter. Wenn da was läuft, bleiben sie entsprechend länger. Das ist natürlich eine Sache des Ermessens von mir und von ihr, wohlgemerkt. Im Grunde kümmern sie sich aber selbst darum. Das machen die alles selber. Sie sind ja selbstständig; ich meine, wenn eine Frau zehn Jahre arbeitet, dann weiß sie, was los ist. Sie fährt von alleine los. Ich frage sie nur: »Wo fährst du hin?« Dann sagt sie zum Beispiel: »Nach Ingolstadt!« Wunderbar. Wenn es in der Nähe wäre, würde ich sie hinfahren. Wenn nicht, fährt sie mit dem Zug. Sie ruft mich an, wenn sie da ist. Sie zieht ein, fertig, bumm, bumm, bumm. Da wird einmal am Tag telefoniert, das war es, schönen Tag noch.

Ich vertraue den Frauen, kann ich auch. Denn wenn das nicht der Fall wäre ... Das hat nichts damit zu tun, dass ich ihnen den Schädel runterknallen würde; das würde ich höchstwahrscheinlich machen, wenn sie mich belügen würden. Aber das machen sie ja nicht. Also, das ist vom Ablauf her so, wie es sein sollte. So war es früher auch mal gewesen. Nur dann kam die Ostöffnung, und es kamen ganz andere Mechanismen herüber.

Wenn meine Frauen dann wiederkommen, habe ich Zeit für sie. Auch nicht komplett, aber einen gewissen Teil schon. Das ist immer eine schöne Stundenaufteilung. Eine Abrechnung findet dabei auch statt. Aber wenn es eine gute Frau ist, wird nicht abgerechnet, dann wird komplett abgedrückt. Das ist eigentlich auch normal. Meiner Meinung nach gibt es keine anteiligen Lösungen, sondern immer komplettes Geld.

Es ist ja nicht so, dass die Frauen keine Kohle zum Leben haben. Wenn sie sagt, sie braucht Geld, dann geb' ich ihr Geld. Das ist kein Problem. Das finden die Frauen okay. Meine Frauen sind ja auch keine FKK-Clubfotzen, sondern anständige Huren. Huren sind anders drauf. Die wollen gar kein Geld haben, die wollen nur Geld verdienen. Nicht haben! Die haben zehn Mark in der Tasche und sind zufrieden. Und arbeiten weiter mit der Intention, so viel Geld wie möglich zu verdienen und so wenig wie möglich auszugeben. Der eigene Besitz ist eine zweitrangige Komponente.

Das vergessen viele Leute! Wenn ich meiner Alten 'nen Fünfziger gebe, gibt die mir dreißig zurück. Das ist merkwürdig, aber das ist so. Aber das erreiche ich nicht durch die Psychopathennummer, bei der ich die Frauen drangsaliere. Druck erzeugt doch nur Gegendruck. Motivation kann ich nur erzeugen durch Freundlichkeit, durch eine gewisse Poussage. Da kommt die Sache doch auch her. Ich muss eine Alte poussieren, und wenn ich gut bin, poussiere ich sie; bis der Arzt kommt. Da feiere ich die richtig. Ende! Und dann kommt auch die Kohle. Das hat natürlich, wie gesagt, was mit Vertrauen zu tun. Denn ich verjubele das Geld der Frauen nicht, sondern werde es dementsprechend angelegen. Wie ich sagte, ich bin Anlageberater. Sie sind anteilmäßig am Investmentfonds beteiligt. Bei mir ist es auch so, dass ich Versicherungen für sie abschließe. Und wenn die Alte sich von mir trennen will, bestehe ich auch nicht auf Abstand, weil ich es asozial finde, für eine Frau, die sich zehn

Jahre lang für mich hingelegt hat, auch noch Kohle zu verlangen. Das ist meine Meinung. Andere denken anders.

Allerdings, wenn sich eine Frau bereits nach zwei Jahren von mir trennen will, ist das eine andere Sache. Was natürlich auch damit zusammenhängt, wie dieser Wunsch zustande kommt. Wenn es eine krumme Nummer ist, wenn sie mich übervorteilen möchte, dann sind die Mechanismen andere ... Zum Beispiel wie bei dem vorhin erwähnten Teenie; mit dem ich war ich auch nur drei Monate zusammen: Sie war im Domina-Club gewesen, die Domina, die den Laden führte, hat mir die dann kaputtgesprochen, von wegen: »Der ist Scheiße, der geht nur auf dich los!« Sie hatte bei dem Teenie sofort eine Mutterrolle, die Alte hat das genau richtig erkannt, und der Teenie kam zu mir und wollte verschwinden. Das war ärgerlich, ich hatte mich um alles gekümmert, sie angemeldet und so weiter. Da habe ich, wie es sich gehört, erst einmal einen Zehner aufgerufen.

Zehntausend Mark.

Abstand.

Nenn es, wie du willst. Die Definitionen sind mannigfaltig. Oder: Ausfallentschädigung. Das kannst du sehen, wie du willst. Auf jeden Fall gibt es die Strafe dafür, dass sich nicht an die Verhaltensstrukturen gehalten wurde. So muss das sein. Das Mädel hat zwar erst einmal abgekotzt, aber am Ende bezahlt – die volle Summe. Zehntausend Öhren. Keine Ahnung, wie ich darauf gekommen bin. Zehntausend Mark, das war kein Maßstab für die Monate oder Wochen. Ich hätte auch zwanzig sagen können. Im Nachhinein habe ich mich geärgert, dass ich es nicht gemacht habe.

Meine drei Frauen sind ein Job für mich. Aber keine Berufung. Ein Mittel, Geld zu verdienen. Wir haben ja eine freie Marktwirtschaft. So einfach. Und wenn man das richtig macht, ist es eine wunderbare Sache. Wenn man es richtig gemacht, wohlgemerkt; stressfrei, und alle können wunderbar leben.

Ich sag dir ganz ehrlich: Wäre ich eine Alte, ich würde es auch machen. Das hört sich blöd an, aber es ist so. Ich meine, was ist so schlimm daran, eine Hure zu sein? Ich will dir mal was sagen: In dieser Gesellschaft haben Frauen, das ist nun mal so, eine zweitrangige Position. Prostituieren müssen sich zu guter Letzt alle. Einige machen es für eine Stromrechnung, die sie nicht bezahlen können, indem sie mit dem RWE-Mann vögeln. Das sind dann die, die mit dem ausgestreckten Finger auf die Weiber zeigen, die es offiziell machen.

Dabei ist es für mich eine therapeutische Komponente, im Puff zu arbeiten. Denn wenn die kranken Schweine nicht in den Puff könnten und draußen rumrennen würden, o Gott, o Gott, was liefe hier ab in unserem Land? Also bitte, deshalb sollte man Huren doch dementsprechend, was den Stellenwert angeht, ein wenig anders beurteilen. Ich finde, das wird nur schwieriger, wenn irgendwelche Organisationen meinen, Huren resozialisieren zu müssen – die Denkstruktur ist doch dabei völlig im Arsch! Es sind die Freier, die resozialisiert werden müssten.

Das Gegenteil der Huren sind jene Frauen, die meinen, dass sie den Job aus anderen Gründen machen müssen. Aber wie gesagt, wäre ich eine Frau, ich würde den Job auch machen. Aber ich bin keine Frau. Also bin ich der Mann meiner Frauen, im weitesten Sinne. Drei oder vier Jahre übernehme ich diesen Part, mache ich meinen Job noch, dann ist Ende. Dann ruhe ich mich aus, in Spanien! Zumindest bemühe ich mich. Ob ich nach Spanien gehe oder in die Toskana, egal, ich will raus aus diesem Land. Ich brauche Sonne, ich muss meine braunen Farbpigmente fördern. Und vom Alter her kommt auch nicht mehr so viel auf mich zu. Ich mache vielleicht noch zwanzig Jahre, dann ist das Thema rund. Also was soll ich mich hier noch großartig rumärgern? Es kostet Substanz, ich muss ständig verfügbar sein, kann das Handy nie ausschalten, muss mir ständig das Genörgel anhören. Okay, das ist jetzt nicht so anstrengend, wie es klingt. Aber nerven tut es mich trotzdem, und das Geschäft wird immer schlechter.

Wenn du heute fünftausend Euro hast, dann bist du richtig gut. Wenn ich dann diese Sprechfürsten höre, die ihre drei, vier Mille haben und sich als Luden bezeichnen – das sind für mich Pisser! Tut mir leid. Denn sie kriegen von den drei, vier Mille, die die Alte verdient, vielleicht eine Mille und rennen mit so einer flachen Patte und meinen, sie wären es ... Das kann es nicht sein, das ist am Ziel vorbei. Dann gehe ich doch lieber arbeiten!

»DA NUTZTE DER FETTE PORSCHE NIX, DIE RUMPRAHLEREI, DIE GEILEN HUREN!«

Siegfried »Siggi« L., 36 – Ex-Lude, Recklinghausen

Das erste Mal in Kontakt kam ich mit dem Milieu im zarten Alter von 17 Jahren. Damals ging ich auf die Kollegschule und stand kurz vor dem Abitur. Die finanzielle Situation meiner Eltern war nicht die beste; mein Vater war Bergmechaniker, meine Mutter normale Verkäuferin. Es war also nicht viel Geld in der Familie, und nicht viel Anspruch. Es war geplant, dass auch ich eine Lehre zum Bergmechaniker machen würde. Diesen Plänen widersetzte ich mich. Ich hatte mir ein anderes Ziel gesteckt: Ich wollte mein Abitur machen, danach studieren, später als Sportlehrer arbeiten. Ich mochte Sport, Kampfsport vor allem, betrieb ihn viel und ausdauernd. Meine Eltern waren, bedingt durch die damalige finanzielle Situation, nicht damit einverstanden. Ich zog daher zu Hause aus und zu einem Freund. Nebenher verdiente ich ein wenig Geld, indem ich an der Tür arbeitete, das heißt, ich war Türsteher in einer kleinen Discothek. In dieser Disco verkehrte sehr viel Milieu.

Das Milieu präsentierte sich mir damals als eine bunte, schillernde Welt. Es war ein abgeschotteter Kern für sich, fast wie eine Familie. Sie strahlte Lebensfreude aus, totale Lebensfreude. Die Leute waren immer gut drauf, hatten Spaß, fuhren dicke Autos und hatten wunderschöne Frauen an ihrer Seite. Alles sah nach Glanz und Gloria aus. Beeindruckend.

Mein Job als Türsteher brachte mich in Kontakt mit diesen Leuten, das ergab sich wie von selbst. Immer wieder gab es nämlich in der Discothek Konfliktsituationen, weniger mit den Leuten aus dem Milieu, eher mit dem normalen, betrunkenen Publikum. Wenn ich als Türsteher die Konflikte lösen musste, besaß ich, natürlich bedingt durch den Kampfsport, die Fähigkeit, Leute ganz gut und ganz schnell – auf gut Deutsch – »wegklatschen« zu können. Tja, wenn man diesen Job an der Tür zwei Jahre macht, dann spricht sich das herum, auch bei den Leuten aus dem Milieu. So wie ich von ihrem Leben, ihrem Pomp und ihrem Glanz beeindruckt war, zeigten sie sich beeindruckt von meinen Künsten. Nach und nach lernte ich das Milieu kennen.

Irgendwann lernte ich ein Mädel kennen: Wendy. Wir beide kamen zusammen und machten gemeinsame Pläne, ganz normal. Wir hatten Träume, auch völlig normal. Doch wie gesagt, ich kam aus einer nicht gerade sehr reichen Familie, Wendy auch nicht. Mit den familiären, finanziellen Voraussetzungen hätten wir bei keiner Bank – bei noch so einer schönen Geschäftsidee – Geld bekommen. Wir stellten fest, dass »es« eine gute Möglichkeit wäre, Geld anzusparen. Mit diesem Geld wollten wir, so stellten wir uns vor, später in die Selbstständigkeit gehen. Unser Plan war: Wendy schafft an und wir beide profitieren davon. Und: Wir ziehen zehn Jahre die Angelegenheit durch, und wir wollten nach den zehn Jahren und mit dem angesparten Geld unseren Traum realisieren. Woraus unser Traum bestand, das wussten wir eigentlich nicht, nichts Genaues. Das waren viele kleine Träume. Vielleicht eine eigene Kneipe. Eine eigene Spielhalle. Das war nichts Konkretes, nicht einmal Visionen, nur Träume und Hirngespinste. Sicher war nur: Wir wollten das zehn Jahre durchziehen und dann mit dem Geld wieder auf normalen Beinen stehen. So haben wir es auch gemacht, beinahe ...

In der ersten Zeit war es ein komisches Gefühl, dass meine Freundin plötzlich mit anderen Männern rummachte ... irgendwie ... aber ich weiß es nicht ... viele Männer erzählen, es würde ihnen nichts ausmachen, wenn ihre Frauen anschaffen gehen. Ich denke: Zu 90 Prozent ist das eine Lüge. Viele dieser Männer erwarten von ihren Frauen, dass sie, obwohl sie der Prostitution nachgehen, arbeiten ohne etwas zu machen. Sie erwarten von ihren Frauen, dass diese die Freier abziehen, auf eine intellektuelle Art und Weise. Sie erwarten von ihren Frauen, dass sie die Freier durch Kreditkartenbetrug bescheißen, und auch durchs Poussieren auf geistiger Ebene. Das heißt: Sie erwarten von Frauen, dass sie sich nicht anfassen und nicht küssen lassen, dass sie eine »Beziehung« zu dem Gast aufnehmen, ihm aber so lange die Dienstleistung verweigern, bis der Gast immer geiler wird und bereit ist, immer mehr zu zahlen. Sie erwarten von ihren Frauen, dass sie den Freiern Geschichten erzählen von wegen: »Ich will mich von meinem bösen Zuhälter trennen und der will 10.000 Mark haben, damit er mich freigibt.« Sie erwarten von ihren Frauen, dass sie die Freier dazu drängen, die 10.000 Mark zu bezahlen.

Das waren in den 80er und 90er Jahren die üblichen Wege, mit denen Freier abgezogen wurden. Prostitutierte, die das taten, stellten eine gute Hure dar. Und jeder Mann erwartete von seiner Frau, dass sie eine gute Hure war. Das habe ich auch lange Zeit erwartet. Und ich habe gedacht, Wendy wäre es, eine gute Hure, die die Freier abzog und sonst nichts an Gefühl und Lust investierte. So habe ich lange Zeit gedacht.

Doch nach vier, fünf Jahren stellte ich fest, dass das völliger Schwachsinn war. Ich kann nicht von einem Menschen verlangen, der eine sexuelle Dienstleistung, der also eine Dienstleistung anbietet, die auf sexuelle Reize, auf Begierde, auf Lust abzielt, dass er sie so anbietet, dass er dabei völlig seine eigenen Gelüste verdrängt. Das zu erwarten war wohl der größte Fehler, den die meisten Männer, die ich kannte, im Milieu begangen haben. Die gaben solche Sprüche ab wie: »Meine Alte, die hat Freier, denen zeigt sie höchstens mal die Titten, und da gab's direkt fünftausend drauf.«

Völliger Schwachsinn!

Ja, ich gebe zu, ich habe lange Zeit auch so gedacht. Heute denke ich anders darüber. Ich glaube, es ist ein reiner Verdrängungsmechanismus. Die meisten Männer wissen, dass ihre Erwartungen nicht erfüllt werden, dass es im Grunde genau anders ist, aber sie wollen es nicht wahrhaben. Sie sind eifersüchtig, sie verdrängen es. Es gibt nur zwei Möglichkeiten: Als Mann geht man daran kaputt oder man stumpft mit der Zeit ab. Ich stumpfte daran ab. Das war die Erfahrung, die ich gemacht habe.

Klar, es gibt mit Sicherheit Männer, die diesem Gewerbe völlig emotionslos nachgehen. Meiner Ansicht nach sind das Leute, die keine Beziehung zu den Frauen eingehen, nicht mit ihnen zusammen leben, sie nicht lieben, geschweige denn sie mögen, sondern die Frauen, die für sie anschaffen, ausschließlich nur als Erwerbsquelle betrachten. Ich denke, das sind die Typen, die die Frauen aus Osteuropa, Südamerika oder sonst woher einschleusen, ihnen die Pässe wegnehmen, sie einsperren und zur Prostitution zwingen und keine emotionale Bindung zu den Frauen aufbauen. Logisch, dass dieser Typ Mann so etwas wie Eifersucht nicht kennt.

Von dieser Sorte Mann abgesehen, denke ich aber, in nahezu 90 Prozent aller Milieu-Beziehungen, in denen Gefühl im Spiel ist, in denen gemeinsame Ziele gesteckt worden sind, die vielleicht sogar das Grundmotiv dafür sind, diesem Geschäft nachzugehen, spielt Eifersucht eine große Rolle.

Wobei wir jetzt nur über meine Empfindungen und meine Eifersucht reden. Wie es dagegen bei meiner Freundin aussah ... wie ihr Umgang mit der Sexualität war ... wie sich ihr Verhältnis zu mir verändert hat ... ob sie zwischen Freiern und mir noch hat unterscheiden können ... nun, ich glaube nicht, dass es durch den Job zwischen uns für sie schwieriger geworden ist. Ich meine, sonst hätte sie doch nicht 18 Jahre durchhalten können, oder?

Natürlich, die Zeit war für sie mit Sicherheit schwerer als für mich, ohne Frage. Sie hat die Beine breit machen, sie hat die Freier ficken müssen. Aber sie hat es gemacht ohne zu klagen. Weil wir unsere Ziele hatten. Weil wir uns liebten. Wie erklärt man das Phänomen Liebe? Wieso sind Frauen bereit, dieser Tätigkeit nachzugehen, sich sexuell hinzugeben und trotzdem immer noch zu dem einen Mann zu stehen und ihn zu lieben? Das ist ein Thema ... o je, ich glaube, das würde zu weit führen, darauf einzugehen.

Wie auch immer, wir konnten von dem Geld, was meine Freundin anschaffte, gut leben. Für mich war die Arbeit meiner Freundin natürlich die Möglichkeit, sowohl das mir auferlegte Berufsziel – Bergmechaniker – als auch mein Ziel, mein Abitur zu machen, danach Sport zu studieren und später mal Sportlehrer zu werden, nicht mehr zu verfolgen. Ich würde behaupten, ich entwickelte mich anders als geplant ... Manche würden sagen, ich hätte mich vom Türsteher zum Zuhälter entwickelt.

Blödsinn!

Als Zuhälter habe ich mich nie verstanden. Ich finde, der Begriff »Zuhälter« beinhaltet schon per se eine gewisse Aggressivität und Niederträchtigkeit in einem Menschen.

Zuhälter? Ein völlig blöder Begriff. Genauso blöde finde ich »Anlageberater« ... Klar, es gibt Menschen, ich meine Männer, auf die vom Charakter her der Begriff Zuhälter zutrifft. Über diese Sorte Mann haben wir gerade schon geredet. Damit meine ich die schon geschilderten Typen, die Frauen einschleusen, ihnen die Pässe wegnehmen, sie quälen, einsperren und ihren Körper missbrauchen. In diesem Fall kann man durchaus den Begriff »Zuhälter« anwenden.

Aber zum Teufel noch mal, wenn damals jemand mit einer Frau zusammen war oder es heute noch ist, die der Prostitution nachgeht und zwar aus freien Stücken ... und wenn diese Frau sich an einen Mann bindet und ihm Geld gibt, aus freien Stücken, aus Liebe, ich bitte dich, was soll denn daran Zuhälterei sein? Ich meine, die ganze Welt spricht doch von der Emanzipation der Frau. Aber wenn es dann mal anders herum läuft, also die Frau die Kohle nach Hause bringt, dann ... ich meine: Warum muss der Mann immer die Versorger-Rolle einnehmen?

»Zuhälter« ist in Deutschland ein Begriff, der jahrzehntelang durch das mittelalterliche Wertedenken und Moralempfinden unserer Gesellschaft geprägt wurde, der durch unsere Scheißerziehung in das Über-Ich der Menschen gepresst wurde. Dort steckt er jetzt drinne, vor allem bei der älteren Generation. Und was passiert? Da liest dann ein 50- oder 55-jähriger Mensch was von »Rotlichtmilieu«, »Zuhälterei« und patsch, biste schon ein böser Mensch.

Das ist absolut realitätsfern.

Genauso wie der Begriff »Beschützer«. Quatsch! Völliger Schwachsinn! Meine Güte, halt dir doch mal vor Augen: Die Frau arbeitet im Puff. Da sitzt ein Wirtschafter unten drin. Wenn die Frau auf dem Zimmer Theater hat, drückt sie auf die Klingel, dann kommt der Wirtschafter. Und wenn der Gast Probleme macht, zum Beispiel die Kuppe nicht bezahlen will, wenn der Gast gewalttätig wird, dann ist der Beschützer ein Mensch, der vom Puffbetreiber angestellt wurde, um ebensolche Situationen zu lösen. Beschützer ... Woher kommt dieser Begriff? Mag sein, dass er aus den 40er oder 50er Jahren stammt, als die Frauen auf der Straße standen, der Prostitution in den dunkelsten Gegenden nachgingen, ohne Schutz von irgendjemandem. Klar, wenn da der Kerl dahinter stand, als Beschützer fungierte und dafür sein Entgelt bekam, ohne dass er eine emotionale Bindung zu der Frau hatte. In diesem Fall traf der Begriff »Beschützer« vielleicht zu. Aber das sind so dämliche Begriffe, da kriege ich heute noch immer 'nen Hals ... ich weiß nicht ... boah ... da könnte ich mich aufregen ... Beschützer, pah!

Ich bin doch das beste Beispiel: Mann und Frau sind zusammen. Sie lieben sich. Sie wollen gemeinsam durchs Leben gehen. Sie fassen einen Plan auf zehn Jahre. Sie geht anschaffen. Bin ich jetzt der Beschützer meiner Freundin? Oder der Zuhälter?

Ich kam aus einer normalen Arbeiterfamilie; ich lebte mit meinen Eltern zwar nicht auf sozial unterstem Niveau, aber das Geld war immer knapp. So war das bei den einfachen Bergmechanikern. Ende der 80er Jahre, Anfang der 90er Jahre steckte ich allerdings im Milieu. Dies war eine Zeit, in der noch wirklich viel Geld im Umlauf war. Da kam eine Prostituierte, wenn sie arbeiten ging in einer gewerblichen Zimmervermietung, sprich einem Puff, mit nicht unerheblichen Geldbeträgen nach Hause – ich will jetzt keine genauen Beträge nennen, weil wir auf das Finanzamt aufpassen müssen, auch nach so vielen Jahren noch ... Wie auch immer, wenn man im Grunde nichts hat und irgendwann plötzlich merkt, es kommen immense Summen rein – dann ist das heftig. Und dann ist die Verlockung groß, das Endziel aus den Augen zu verlieren. Ich hatte mir am Anfang gesagt: »Mensch, ich habe einen Plan: Zehn Jahre, bis dahin muss so und so viel Kohle auf der Kante liegen, damit ich mir mit meiner Freundin einen Traum realisieren kann.« Doch hatte ich die Kohle nun bereits auf halbem Wege zusammen, und plötzlich offenbarten sich mir noch ganz andere Möglichkeiten, waren noch ganz andere Träume realisierbar.

Es war das schnelle und viele Geld, das ich verdiente – und es war im Gegensatz zu dem, was ich durch meine familiäre Herkunft gewohnt war, wirklich eine ungeheure Menge –, das mich zu verändern begann. In der ersten Zeit haben Wendy und ich sehr viel von dem Geld, was sie anschaffte, gespart. Ich verfiel nie dem Spleen, mich mit dicken Autos zu bestücken oder mich womöglich mit Gold zu behängen. Ich wollte, dass wir unser Ziel erreichten. Nach drei, vier Jahren allerdings hatte ich plötzlich mein Ziel erreicht, verdammt viel Kohle an der Seite, und ich beschloss: »Okay, wir sind finanziell abgesicherter. Jetzt können wir uns ein bisschen Luxus leisten.«

Doch wie schaut Luxus aus, wenn man im Milieu steckt? Ich begann damit, mir ein dickes Auto zu kaufen, und behängte mich mit Gold. Ich begann mich mit Statussymbolen zuzuhäufen, und alles Weitere erlebte eine Eigendynamik. Denn ich war zu einer Zeit im Milieu unterwegs, da basierte eine Beziehung zu einer Prostituierten auch darauf, was man darstellte. Heutzutage ist das gänzlich anders, das gibt es nur noch vereinzelt, doch damals war es so, wie man es vielfach aus dem Fernsehen kennt, dieses Klischee: Dickes Auto, gut behangen, relativ guter Body, gut aussehend, dazu noch den guten Ruf als Wegklatscher – das passte schon. Da bekam ich plötzlich ohne Ende Angebote. Selbst wenn ich nur durch den Puff ging um Wendy abzuholen, wurde ich darüber informiert, dass da eine Frau sei, die Interesse an mir hatte. Klar, da war meine Freundin, wir liebten uns, wir hatten unseren Plan, wir wollten unser Ziel verwirklichen. Irgendwie ...

Doch andererseits hatte ich mir inzwischen einen Ruf aufgebaut, fuhr ein dickes Auto, trug mein Gold, lief so durch die Gegend, nicht, um ein Klischee zu erfüllen. Aber gleichzeitig galt die Formel: Haste was, biste was! Ein blöder Spruch, aber so ist es im Leben. Alles wurde so einfach für mich. Wenn ich also hörte, dass ein Mädel Interesse an mir bekundete, dann ging ich zu ihr hin und meinte: »Du hast Interesse? Alles klar, du kannst mit mir zusammen sein, aber dafür musst du mir so und so viel Kohle die Woche geben.« Und das tat sie, ohne dass ich Gewalt anwendete. Und bitte, sind wir doch ehrlich: Wenn morgen zu dir eine Frau kommen würde, die bildhübsch ist, die dir auf der Toilette einen wegbläst und dir dann sagt: »Pass mal auf, ich gebe dir jetzt jede Woche 1.500 Euro«, dann würdest du auch nicht sagen: »Nö, hau ab!« Nein, dann sagst du: »Na klar, gerne, so lange wie du möchtest.«

Die Motivation der Frauen, dies für mich zu tun, war simpel: Sie wollten sagen können, sie seien mit mir zusammen.

So kam eins zum anderen, und ich war quasi von heute auf morgen im Geschäft. Richtig im Geschäft, mit vier oder fünf Frauen, je nachdem. Ich brauchte mich um gar nicht viel zu kümmern. Ich hatte einen gewissen Ruf, konnte gewisse Statussymbole vorweisen, also hatte ich es mit dem Poussieren auch wesentlich einfacher. Wenn ich mich so an meine Zeit zurückerinnere: Ich musste eigentlich kaum poussieren. Die Mädels kamen meist auf mich zu. Was insofern von Vorteil war, weil ich nicht der Typ war, der irgendwelchen Frauen hinterherrennen wollte. Das war mir viel zu stressig. Ich war der Auffassung, wenn man gelassener an die Sache heranging und im Grunde nur seinem Ruf, der einem vorauseilte, gerecht wurde, sein Leben so gestaltete, dass man jedes Wochenende in Discotheken herumrannte, beziehungsweise in damals angesagten Szeneläden, dann war man bekannt wie ein bunter Hund. Und die Frauen aus dem Milieu, also Frauen, die der Prostitution nachgingen, hielten sich ebenfalls ständig in solchen Läden auf. So kamen gut und gerne vier, fünf Frauen zusammen, manche machten nur drei, vier Monate, manche ein Jahr – das war ein schönes Leben. Und welcher Mensch würde nein dazu sagen?

Meine Eltern haben relativ wenig zu meinen Aktivitäten gesagt. In der Anfangszeit habe ich damit hinter dem Berg gehalten. Wie gesagt, ich entstamme einer kleinen, lieben Bergarbeitersiedlung ... Zu Beginn ließ es sich unkompliziert geheimhalten, ich fuhr die ersten drei, vier Jahren nur kleine Autos, Golf oder so, keine dicken PKWs, kein Schmuck. Als es damit anfing, kam ich nicht mehr umhin, es meinen Eltern zu sagen. Irgendwann habe ich es ihnen gesteckt, aber ich glaube, den Großteil hatten sie sich zu dem Zeitpunkt bereits zusammenreimen können, weil sie bereits mitbekamen, welcher Tätigkeit Wendy nachging. Natürlich habe ich ihnen niemals meine Arbeit detailliert beschrieben, so wie ich es hier jetzt gerade mache. Meine Eltern sind über 30 Jahre älter als ich, kommen aus einer ganz anderen Generation; ich wusste, ich würde ihr Wertedenken nicht ändern können. Mir war klar, es würden Welten aufeinander prallen. Deshalb sagte ich ihnen nur, dass ich im Rotlichtmilieu tätig sei, aber inwiefern und Einzelheiten erzählte ich ihnen nicht.

Als ich später verhaftet wurde und man mir Förderung der Prostitution, Zuhälterei, Menschenhandel usw., usw., vorwarf und darüber in den Lokalzeitungen berichtet wurde, da haben meine Eltern – das muss ich ganz ehrlich sagen – super reagiert.

Für Wendy, meine Freundin, waren die Veränderungen, denen ich unterlag, natürlich alles andere als einfach. Wir hatten uns unser Ziel gesteckt, wir wollten es für uns beide erreichen. Für uns beide. Und plötzlich steckte ich im Milieu und hatte noch andere Mädels, die für mich anschaffen gingen. Natürlich konnte ich nicht in Wendys Kopf schauen, und kann es auch heute nicht ... ich muss dazu sagen, wir leben heute nicht mehr zusammen, wir sind vor knapp sechs Monaten auseinander gegangen, aber wirklich im Guten, sie schafft nicht mehr an und ist finanziell abgesichert ... aber ich kann mir vorstellen, dass sie das alles ganz schön gestört und dass es ihr wehgetan haben muss.

Ich kann mich erinnern, dass ich fünf oder sechs Jahre, nachdem Wendy in die Prostitution eingestiegen war, ausgerechnet mit der Frau »zusammenging«, die meine Freundin angelernt hatte. Naja, was heißt »zusammenging«? Sie schaffte halt für mich an. Da flossen einige Tränen bei meiner Freundin, sie war sehr enttäuscht.

Damals habe ich ziemliche Macho-Allüren an den Tag gelegt. Aber war das ein Wunder? Ich kam als 17-Jähriger ins Milieu, blickte zu den Leuten auf, die immer schon was in der Szene präsentierten – und da wurden einige Normen an mich herangetragen, und ich eignete sie mir an: dicke Autos, dicke Klunker, ein Lude ist hart. Das waren ziemliche Machoklamotten, die ich da vor mir hertrug. Ich ließ auch keine anderen Meinungen gelten. Und wenn ich ging, log ich nicht groß herum, sondern sagte zu Wendy: »Pass mal auf, da ist noch eine andere Frau, mit der bin ich zusammen. Sie geht auch der Prostitution nach. Das dient unserem gemeinsamen Ziel. Find dich damit ab!«

Wie Wendy das aufnahm, wie es innerlich bei ihr aussah, kann ich nicht beurteilen. Ich meine aber heutzutage sagen zu können, dass ich verletzend war. Damals hat mich das aber nicht interessiert. Damals war ich glücklich, so wie ich lebte. Ich war halt viel unterwegs, auf Partys, mit Mädels, habe mich zugeballert, so wie es im Milieu üblich war. Das war natürlich kein Zwang, ich kenne Luden, die keinen Alkohol und keine Drogen anrühren. Aber mir machte die Feierei Spaß. Ich befand mich auf einer Wolke der Euphorie, nicht nur durch die Drogen, die Frauen, auch durch die Kohle, die von Null auf Hundert ging, vor allem aber durch die Lebensweise. Ohne irgendeinen Zwang in den Tag hineinleben, losgelöst von jeglichem Normverhalten. Was gibt es Schöneres, dachte ich zu diesem Zeitpunkt.

Wenn ich heute rückblickend reflektiere, wie sehr ich mich damals wegballerte, sehr exzessiv, teilweise bis zum totalen Filmriss, dann muss ich eingestehen, es waren bestimmte Verdrängungsmechanismen, die bei mir einsetzten, in Form von Alkohol und Drogen. So denke ich heute darüber. Ich denke schon, dass mich die Situation mit meiner Freundin damals ein Stück weiter belastete, als ich mir eingestehen wollte.

Hinzu kam, dass ich über die vielen Jahre den Respekt vor Frauen verlor. Ich hatte schließlich nicht nur korrekte Frauen an meiner Seite, sondern auch richtige Viecher, Drecksviecher, die sich nicht an Vereinbarungen hielten, die mir das Leben schwer machten.

Es war so: Wenn du mit einer Frau aus dem Milieu zusammen bist, dann gibt es gewisse ... Verhaltensregeln. Wobei ich dieses Wort nicht mag, weil es diesen Zuhälter-Charakter hat. Sagen wir so: Es gibt gewisse Dinge, die man wie in einer normalen Beziehung abspricht, Dinge, die den einen Partner stören, die der andere Partner deshalb unterlässt. Zum Beispiel galt im Milieu: Wenn eine Frau alleine rausgeht, nimmt sie keine Drogen, ballert sich nicht mit Koks zu. Denn im Milieu ist es gang und gäbe, da wird eine Frau, die alleine unterwegs ist, von allen Seiten angegraben.

Jetzt war ich zu einer Zeit unterwegs, in der der Lude für gewisse Sachen geradezustehen hatte. Zum Beispiel für seine Ehre. Wenn ich also eine Frau an meiner Seite hatte, die sich nicht an Absprachen hielt, mein Vertrauen missbrauchte, mich dadurch in eine Situation brachte, in der ich genötigt wurde, meine Ehre wiederherzustellen, indem ich mich mit anderen treffen und prügeln musste, dann war das natürlich Scheiße. Das macht keinen Spaß.

Oder ich brachte die Alte weg in einen Puff, man vereinbarte: »Ich bleibe jetzt 14 Tage hier und arbeite in dem Laden.« Ich hatte sie umsorgt, Wohnung eingerichtet, krankenversichert, Sparplan für die Altersvorsorge aufgestellt, halt gemeinsame Ziele gesteckt. Und zwei Tage später rief ich in dem Laden an und weg war sie ... Tja, solche Sachen kamen auch vor, nicht immer lief alles kunterbunt und nach Plan.

Meistens ging mir die Alte dann so lange aus dem Weg, bis ein paar Monate vergangen waren und ich mich beruhigt hatte. Die Frauen wussten: Ich bin ein Typ, der seine Versprechen hält. Leider war es mein Fehler anzunehmen, dass das, was ich in Partnerschaften einbrachte, sei's mit Liebe, ohne Liebe, in Freundschaften, mir auch von meinem Gegenüber entgegengebracht wurde. Das war der größte Fehler, den ich begangen hatte, wie ich erkannte. Und wenn diese Erwartungen enttäuscht worden waren, konnte ich sehr, sehr furchtbar, sehr böse werden. Das äußerte sich dann in Verbalattacken und manchmal auch in ... ich meine, ich habe niemanden je so zugerichtet, dass er acht oder neun Monate im Krankenhaus liegen musste ... aber es sprach sich herum. Wenn ich breit war, völlig zugesoffen, verpeilt, dann habe ich mal schnell in der Disco oder in anderen Läden eine Ohrfeige verteilt, auch an Frauen ... das sprach sich in den Kreisen herum, so dass jeder wusste, dass er, wenn er die Abmachungen brach, besser vor mir in Deckung ging. Waren schließlich ein paar Monate ins Land gezogen, hatte sich mein Schädel beruhigt und ich konnte auch den Frauen wieder gegenübertreten, ohne ihnen mit irgendwelchen Strafgeldern oder Abständen zu kommen ...

Die Feierei machte Spaß, das viele Geld, die vier, fünf Frauen. Doch irgendwann wurde alles zur Gewohnheit und nervte nur noch fürchterlich ab. Ich hatte sieben, acht Jahre lang gespart, mein Ziel erreicht, hatte das Geld irgendwo liegen, aber es machte sich eine Leere in meinem Kopf breit. Durch das sorglose Leben, die Inaktivität des Gehirnes, wurde ich träge. Das heißt, ich verspürte eine zunehmende Unzufriedenheit in mir, da nutzte der fette Porsche nix, die Rumprahlerei, die geilen Huren – ich stand da rum und alles kotzte mich an. Irgendwas fehlte. Ich hatte genug Kohle. Ich hatte genug Frauen. Ich wurde geliebt. Ich kriegte ohne Gewalt mein Geld. Aber ich war trotzdem unzufrieden.

Heute kann ich darüber reden. Heute weiß ich, was mir fehlte. Denn ich begann bald darauf, andere Projekte zu realisieren, die nichts mit dem Milieu zu tun hatten. Ich beteiligte mich an einem Musikmagazin, gründete einen Szeneclub, machte Veranstaltungen im Techno-Bereich, was damals ziemlich angesagt war und mich absolut faszinierte. Ich merkte, wie viel Spaß mir das alles machte. Auf einmal schlief ich abends viel zufriedener ein. Klar, vieles von dem, was ich machte, hatte abermals mit Feierei zu tun. Techno Anfang der 90er Jahre war eine Partykultur. Aber es war eine andere Art der Feierei, getragen von einer Wolke der Kreativität. Später gründete ich mit einem befreundeten Fotografen eine Bildagentur und betrieb einen Internetserver, der Live-Strip anbot, um nur ein paar meiner neuen Tätigkeitsfelder aufzuführen.

Im Ernst: Die bunte Blase, in der ich mich bewegte und die ich so angehimmelt habe, dieser Protz und Prunk, das alles war nur ein schöner Schein. Eine in sich abgeschottete Welt? Eine große Familie? Freundschaften? Iwo. Wenn du so lange durchs Milieu gegangen bist wie ich, dann weißt du, was Sache ist. Vor allem vertraust du nur noch dir selbst. Das habe ich gelernt, als ich in den Knast gekommen bin und nach 7,5 Monaten Untersuchungshaft vor dem Scherbenhaufen meiner Existenz stand.

Kaum dass du dich von einer Alten getrennt hattest, und egal ob es sich dabei nur um ein Lude-Prostituierten-Verhältnis handelte oder ob eine emotionale Bindung zu der Frau bestand, kaum war sie wieder Freiwild, rutschte bereits der Nächste drüber und poussierte an – und der Nächste konnte durchaus dein Kumpel oder vermeintlicher Freund sein.

Das war enttäuschend. Vielleicht die enttäuschendste Erfahrung, die ich im Milieu machte.

Ja, ich glaube, dieser Vertrauensmissbrauch, das ist so das Schlimmste, was mir widerfahren ist. Diese Erkenntnis, dass es nicht wirklich Freundschaft im Milieu gibt. Es sieht nach außen hin alles wunderbar aus. Aber die gieren alle nach Geld und gehen deshalb sehr oberflächlich mit Freundschaften um. Aber das ist im Milieu knüppelhart, da wird eine Frau meist als Erwerbsquelle angesehen. Wahrheit: Im Milieu geht es nur darum, Geld zu verdienen. Es geht nur ums Geld in dem Geschäft. Es ist keine Tätigkeit, mit der man kreativ sein oder etwas für die Nachwelt hinterlassen kann wie zum Beispiel ein Schriftsteller mit einem Buch, das er schreibt, woran er auch noch Spaß hat. Es geht immer nur um Kohle, nichts anderes. Und dann dieses Macho-Gehabe der Luden: Die markierten die harten Kerle, lachten nicht, standen nur herum, weil sie nicht anders konnten, dröhnten sich mit Alkohol und Drogen zu, weil das so die Norm war, weil sie es nicht anders kannten, weil es sich so gehörte, weil sie nicht anders konnten, von Eifersucht zerfressen.

All das stellte ich jetzt in Frage. Ich kam für mich zu der Feststellung, dass es daran lag, dass man als Mann, als Zuhälter, als Lude deshalb so herumstand und eine Fresse zog, weil man unzufrieden mit sich selbst war und deshalb wegballerte. Unzufrieden auch darüber, dass man ein Leben lang abhängig war von dem, was Frauen verdienten. Ich finde, man kann die Prostitution als Station nutzen, um auf ein Ziel hinzuarbeiten, also um Kapital anzuschaffen. Aber irgendwann sollte ein Mann sich selbst verwirklichen, spätestens dann, wenn er das Kapital angehäuft hat ...

Was bleibt mir zu sagen? Wenn ich heute noch einmal am Anfang stünde, 17 Jahre alt, Türsteher in der Discothek, würde ich mit den Voraussetzungen, wie sie damals herrschten, also mit dem Geld, was damals mit der Prostitution zu verdienen war, und zwar ausschließlich nur auf Puff-Ebene, wenn diese Voraussetzungen heute noch so wären und ich vor allem das Wissen, die psychologischen Erkenntnisse, die Erfahrungen der letzten Jahre hätte, den Weg auf jeden Fall noch einmal gehen – allerdings wesentlich humaner. Das heißt, viel geduldiger. Ich würde die Feierei nicht mehr so extrem ausleben. Aber als Einnahmequelle und als Finanzierungsquelle für andere Projekte würde ich das Milieu auf jeden Fall wieder nutzen.

Allerdings ist es heute nicht mehr so. Zum einen ist die schlechte Konjunktur und zum anderen natürlich auch das Riesenangebot an Prostituierten, das wir heute haben, bedingt auch durch die Öffnung der osteuropäischen Grenzen sowie der Aufklärungsgrad der Freier über die unterschiedlichen Arbeitsweisen der Prostituierten dafür verantwortlich. Außerdem ist das Preis-Leistung-Niveau teilweise so niedrig ... Man darf nicht vergessen, dass Menschen, die sich teilweise für 15 oder 20 Euro Entgelt in den FKK-Clubs oder auf der Straße prostituieren, nicht gerade aus einem sozial sehr, sehr anspruchsvollen Milieu kommen. Da spielen Drogen eine große Rolle.

»SCHLAMASSEL IST NICHT RICHTIG. SCHEISSDRECK TRIFFT ES BESSER.«

Rebecca, 23 – Zwangsprostituierte, Halle

Ja, vielleicht war es Naivität. Dazu noch eine gehörige Portion Dummheit. Und schon steckte ich im Schlamassel drin. Schlamassel ist nicht der richtige Ausdruck. Scheißdreck trifft es besser. Und ich habe wohlgemerkt noch Glück gehabt. Anderen ergeht es viel schlimmer, das habe ich inzwischen auch erfahren. Wenn man allerdings in der Scheiße drinsteckt, ist einem das ziemlich egal, dass es da noch andere gibt, die das Schicksal härter straft. Es ist ja auch nicht wirklich Schicksal. Bei mir waren es Naivität und Dummheit. Jeder hat sein Schicksal selbst in der Hand.

Es war im Frühjahr 2001. Mir kommt es so vor, als wäre es erst letzte Woche gewesen. Ich weiß nicht, ob ich jemals vergessen werde. Ich stand kurz vor dem Abitur und ich wollte mir noch vor dem Prüfungsstreß mit meiner Freundin Antje eine Auszeit gönnen – vom Schulstreß, meinen Eltern, meinem Freund. Seit zweieinhalb Jahren war ich mit Andreas zusammen. Andreas ist ein Jahr älter als ich und studiert in Halle. Die letzten Monate, seit Andreas sein Studium aufgenommen hatte, lief es alles andere als rosig zwischen uns. Ich glaubte, eine kleine Pause täte unserer Beziehung ganz gut.

Für mich war es mein erster richtiger Urlaub seit vielen Jahren. Zuletzt war ich mit meinen Eltern mehrmals im Rahmen des LPG-Urlaubs nach Polen, Ungarn und in die Tschechoslowakei gereist, das war noch zu Zeiten der DDR. Seit der Wende war mein Vater arbeitslos und es sah nicht danach aus, dass er in nächster Zeit noch einen Job bekommen würde, bei uns auf dem Land war die wirtschaftliche Lage übel und es blieb uns kaum Geld für kostspielige Ausflüge. Dass ich mir jetzt dennoch einen Urlaub leisten konnte, lag an dem Kellnerjob in einem Café, dank dem ich die letzten Monate ein bisschen Geld zur Seite hatte legen können.

Der Urlaub war noch dazu der erste, den ich alleine unternehmen wollte – von den Ferienlagern der Jungen Pioniere und einem verlängerten Wochenende mit Andreas im Ostseebad Binz im vergangenen Jahr mal abgesehen. Meine Eltern waren, als sie von meinen Urlaubsplänen erfuhren, alles andere als begeistert. Sie waren der Auffassung, ich könne mir die Reise nicht leisten. Ich meinte, ich könne mir die Reise sehr wohl leisten, schließlich hatte ich die letzten Monate dafür gekellnert. Meine Mutter war der Auffassung, ich sollte das Geld zurücklegen. Es kam zum Streit, doch ich beharrte, ich wollte mit meiner Freundin Antje nach Ibiza fliegen.

Ibiza!

Antje und ich, wir wollten nach Ibiza fliegen, auf die Partyinsel, das Sonnenparadies, einfach unglaublich. Wie ein Traum. Unvorstellbar und doch ganz real. Logisch, dass wir uns freuten wie Kinder. Nur meine Mutter nicht. Sie wollte wissen, warum ich nicht nach Prag wolle oder Warschau. Da sei es preiswert, und trotzdem seien es schöne Städte. Auf meinen Einwand, Ibiza sei eine Insel, entgegnete sie: »Früher hat dir Polen auch gefallen.«

»Früher hatten wir auch keine andere Wahl.«

»Aber dafür Arbeit.«

So oder ähnlich waren die Dispute, die ich mit meiner Mutter austrug. Sie waren aussichtslos. Es war einfach nicht zu diskutieren mit meinen Eltern. Die Zeit war für sie hier in Sachsen-Anhalt stehen geblieben, irgendwann vor zehn Jahren. Wer weiß, vielleicht wäre das alles nicht passiert, wäre meine Mutter nur ein bisschen aufgeschlossener, nur ein bisschen verständnisvoller gewesen. Wer weiß. Damals jedenfalls mochte ich mich auf keine Diskussion mit ihr einlassen, warum auch, die Tickets waren längst gebucht. Selbst wenn sie es noch nicht gewesen wären, an meiner Entscheidung war nicht mehr zu rütteln. Der Urlaub konnte beginnen. Alles schien so perfekt. Anderthalb Wochen Spaß und Entspannung standen bevor.

Der Reiseprospekt hatte viel versprochen, an die Wahrheit reichte er nicht heran. Ich weiß noch ganz genau, als ich das Flugzeug nach der Landung verließ, atmete ich tief durch und glaubte, Ibiza sogar schmecken zu können. Es war wie in einer anderen Welt, die ich und meine Freundin betraten, voller strahlend weißer Fincas mit grauen, braunen oder rostroten Schindeln, über die sich schützend Palmen erhoben. Palmen! Außer den paar kümmerlichen Palmen bei meinen Eltern daheim im Garten war es das erste Mal, dass ich Palmen, *echte* Palmen in natura sah. Ich war so froh, hier zu sein und bereute nichts, nicht die Auseinandersetzungen mit meinen Eltern, nicht die mit meinem Freund. Alles war so erhebend und schrie förmlich danach, Inspiration für mein Design-Studium zu sein. Bereits am ersten Tag wollte ich den Zeichenblock hervorholen, die Eindrücke in Skizzen festhalten, doch Antje drängte mich dazu, den Gedanken zu verwerfen, dafür war schließlich später noch Zeit.

Ich sollte nicht mehr dazu kommen. Heute ist es mir egal. Mit dem Anblick verbinde ich keine Inspiration mehr, nur Schrecken und Angst.

Seltsam, an wie viele Details ich mich noch erinnern kann. Viele der Momente sind wie eingebrannt in meinen Schädel, wie eine Diashow in Endlosschleife, die ein Projektor vor mein inneres Auge wirft. Andere Augenblicke dagegen sind ausgelöscht. Einfach weg, als wären sie nie dagewesen. Gleichwohl weiß ich, dass es sie gab, das sagt mir meine Erinnerung, sie trügt nie. Und täte sie es einmal doch, mein Gefühl und mein Schmerz würden dafür sorgen, dass alles seine Richtigkeit hat.

Beispielsweise der Name der Discothek, in der ich Raoul traf, er will mir heute partout nicht mehr einfallen. Es war eine dieser Nobeldiscos auf Ibiza, die horrenden Eintritt verlangen dafür, dass man drinnen extrem laut Musik hört, sich kaum noch unterhalten kann und stattdessen astronomische Preise für Cocktails bezahlt. Aber das war Antje und mir egal. Wir hatten uns geschworen, wir wollten unseren Urlaub genießen und einfach nur Spaß haben, unabhängig von Geld und anderen Sorgen. Dafür hatten wir gejobbt, gespart, all den Ärger mit unseren Eltern ausgestanden. Ich gebe zu, wir waren des Lebens froh. Lebenslustig. Ist das so schlimm? Die vergangenen Jahre waren nicht die schönsten gewesen, die Probleme daheim, die Arbeitslosigkeit meiner Eltern, zuletzt der Ärger mit meinem Freund, außerdem der Abiturstress, der uns noch bevorstand. War es uns zu verübeln, dass wir abschalteten?

Ich genoss die Aufmerksamkeit, die man uns Mädels schenkte. Ich bin nicht die Hässlichste. Das mag eingebildet klingen. Aber was spricht dagegen, ein wenig mit den Reizen zu spielen und mit den Männern zu flirten – nur flirten, mehr kam für mich nicht in Frage. Ich hatte einen Freund daheim, und auch wenn es mit dem jüngst nicht so gut lief, kein Grund, den eigenen Prinzipien untreu zu werden. Ich bin eine treue Natur. Eigentlich war ich das. Ich glaubte es zu sein. Bis zu jenem Abend.

Es waren schon ein paar Tage und Nächte ins Land gezogen. Es war einiges passiert, die Partys trieben uns auf einer Welle der Euphorie, die den Verstand benebelte, den Übermut weckte. So landeten Antje und ich in ebendieser Riesendisco. Es war die Hölle und das Paradies zugleich. Ich weiß nicht, ob das nachzuvollziehen ist. Massen drängten sich in der Disco, schweißnasse Körper, die sich zur Musik aneinanderrieben, ekstatisch. Irgendwann sprach mich ein Mann an. Mann ist vielleicht übertrieben, irgendwie schienen alle gleichaltrig, jung, voller Elan, Freude, Spaß. Raoul, so stellte er sich mir vor. Er war 31, sah blendend aus und er war unterhaltsam. Wir beide hatten viel Spaß und wir quatschten an der Bar eine ganze Weile miteinander. Es war schon am frühen Morgen, als er mich küsste. Und obwohl ich mir geschworen hatte, mich auf solche Spielchen nicht einzulassen, gab es dennoch keinen Grund, der dagegen sprach. Wir küssten uns. In diesem Augenblick kam ein Freund zu ihm. Raoul entschuldigte sich und ging. Ich wartete. Er kam nicht wieder. Ich war enttäuscht. Traurig? Eigentlich nicht. Aber trotzdem konnte ich den Gedanken an Raoul nicht abwehren.

Alles war geschickt eingefädelt. Ganz bestimmt. Und ich tappte in die Falle wie eine dumme Pute.

Als Antje und ich die Disco verließen, stand da Raoul. Es war, als würde er auf mich warten. Nur auf mich. Was soll ich sagen? Wir küssten uns und als er meinte, er habe eine Finca in der Nähe, meinte ich, ich komme mit. Raoul kam aus Deutschland und lebte seit vier Jahren auf Ibiza. Er verdiente eine Menge Geld im Veranstaltungswesen, hatte es zu einer gewissen Prominenz gebracht. Wie ich in den Tagen danach feststellen konnte, kannte er tatsächlich Gott und die Welt, Clubbesitzer, Partyveranstalter, DJs, Gastronomen, sogar Polizisten.

Er besaß Charme, den er zweifelsohne einzusetzen wusste. Er hatte schnell die spanische Mentalität begriffen, ich ließ mich bezirzen wie eine einfältige Kuh. So kam ich mir damals natürlich nicht vor. So sehe ich es heute, rückblickend. Ich würde nicht behaupten, dass ich damals ausgehungert war. Aber wie ich schon sagte, die Beziehung mit Andreas hatte einen Tiefpunkt erreicht und wahrscheinlich war das der Grund, warum ich am Ende alle guten Vorsätze in den Wind schoss und mich auf das Spiel einließ. Raouls selbstbewusste Erscheinung, in gewisser Weise auch seine wohldosierte Selbstgefälligkeit imponierte mir. Er war das genaue Gegenteil zu

Andreas. Was rede ich? Er war das personifizierte Gegenteil zu meiner Heimat und allem, was ich dort erlebte.

Wir kamen uns näher und wir verbrachten viel Zeit miteinander. Wohin wir kamen, behandelte man uns beide mit Respekt. Nach sechs Tagen war ich verliebt. Raoul erwiderte meine Gefühle. Zumindest glaubte ich das. Als das Ende unseres Urlaubs nahte, versprach ich ihm, dass ich ihn nach Abschluss meiner Abiturprüfungen auf Ibiza würde wiedersehen wollen. Versprochen? Versprochen!

Als meine Eltern nach meiner Rückkehr von diesen Plänen erfuhren, waren sie wenig begeistert. Ich meinte, alles wäre doch kein Problem, in spätestens zwei Wochen sei ich zurück, die Abi-Feier würde ich auf keinen Fall verpassen.

Es kam zum Streit, doch ich blieb bei meinem Vorhaben. Raoul hatte mir ein Flugticket reservieren lassen und ich flog meinem Schicksal entgegen. Auf Ibiza gelandet, empfing mich Raoul. Die Freude über das Wiedersehen war groß. Wir genossen die ersten Tage und wieder führte er mich in die teuersten Restaurants und angesagtesten Discotheken. Wir verbrachten wilde Liebesnächte auf seiner Finca und ich lernte einige seiner Freunde kennen. Ich fühlte mich unglaublich wohl in seiner Begleitung und schwebte im siebten Himmel. Er fragte mich, ob ich nicht bei ihm bleiben wolle. Das war rührend und die Vorstellung faszinierte mich. Doch wovon sollte ich leben? Raoul meinte, er würde mir Arbeit besorgen. Das glaubte ich ihm aufs Wort. Er hatte Kontakte, von denen andere nur träumten. Wenn mir jemand einen Job auf Ibiza verschaffen konnte, dann er.

Geblendet von allem, was Raoul mir zu Füßen legte, beschloss ich, meine Zeit auf Ibiza zu verlängern. Natürlich provozierte das erneut die Sorge und den Ärger meiner Eltern. Doch meine Entscheidung stand. Auf der einen Seite das triste Deutschland, das langweilige Dorf, die spießige Uni. Auf der anderen Seite Sonne und Leben pur. Was wollte ich in Deutschland, wo ich einer ungewissen Zukunft entgegenblickte, wo doch das pralle Leben hier nur auf mich wartete?

Zur Abi-Feier würde ich kommen, erklärte ich meinen Eltern. Das Telefonat endete im Streit. Doch das war nicht die einzige Enttäuschung in diesen Tagen. Die nächste folgte wenig später, als Raoul mitteilte, er müsse für kurze Zeit beruflich fort. Zwei seiner

Freunde leisteten mir Gesellschaft. Ich kannte die beiden und schöpfte keinen Verdacht. Doch kaum dass Raoul weg war, erklärten die Männer mir, es werde langsam Zeit, dass sich die Investitionen in mich auszahlen. Natürlich verstand ich nicht, was sie damit meinten. Sie machten es mir klar: »Du machst die Beine breit!«

Ich glaubte mich im falschen Film. Als ich erklärte, dass mir so etwas keinen Spaß mache, sagten die Männer nur: »Wir haben die letzten Nächte aber einen ganz anderen Eindruck gewonnen!« Ich war wie vor den Kopf geschlagen. Ich verstand die Welt nicht mehr. Welches Spiel wurde hier gespielt? O Mann, ich begriff nicht, dass ich die letzten Tage nur benutzt worden war – getestet und für gut befunden. Wie ein Stück Vieh!

Ich drohte mit Polizei. Die Männer lachten. Ich drohte, meine Eltern würden mich suchen. Die Männer sagten, die würden mich nicht vermissen, wir seien doch ohnehin zerstritten. Die Männer wussten alles über mich. Als ich mich wehrte, in ein Auto zu steigen, verpassten sie mir eine Ohrfeige, die mich von den Beinen hob. Ich entschied, dass es besser war, ihnen zu gehorchen – erst einmal. Dass es dabei bleiben würde, ahnte ich zu dem Zeitpunkt noch nicht. Und selbst wenn ich es geahnt hätte, ich hätte es nicht wahrhaben wollen. Ich bin auf dem Dorf aufgewachsen, in aller Bescheidenheit und in Frieden: Das klingt so pathetisch, aber es trifft den Kern. Ich glaubte an das Gute im Menschen, selbst in jenem Augenblick, als die Hand des Mannes auf meine Wange klatschte und mein Kopf zur Seite flog.

Die beiden Männer brachten mich zu einer Finca irgendwo auf der Insel, keine Ahnung wo. Die Finca entpuppte sich als Nachtclub. Ich bekam ein Zimmer zugewiesen, das ich mit einem anderen Mädchen teilen musste. Sie hieß Silke und erklärte mir, wie lange sie schon in den Händen der Zuhälter sei. Zuhälter? Das wollte ich nicht glauben. Silkes Geschichte war der meinen nicht unähnlich. Trotzdem meinte ich, alles sei ein Irrtum, alles werde sich aufklären, sobald Raoul zurückkehre.

O Mann, war ich dumm und naiv. Ich wollte nicht akzeptieren und weigerte mich anzuschaffen. Doch die Männer wussten mir meine Scheu und Scham zu nehmen. Sie begleiteten mich zum Waschen und Duschen und befingerten mich. Irgendwann machten die Männer sich einen Spaß und losten aus, wer den Anfang machen durfte: Vor Silkes Augen machten sie sich über mich her. Anschließend drohten sie, mir nichts zu essen und zu trinken zu geben, sollte ich mich weiterhin weigern.

Ich weigerte mich. Der Nerventerror begann. Es war wie eine andere Welt, eine Welt, die ich bis dahin allenfalls aus Büchern oder Zeitungsartikeln kannte. Ist doch so, ich hatte immer von den Mädels gehört, die aus dem Osten zu uns nach Deutschland kommen und was ihnen hier widerfährt. Aber dass es mir selbst einmal passieren könnte, lag so unglaublich weit weg. Wo war schon mein kleines Dorf? Jetzt saß ich hier auf Ibiza und sollte anschaffen gehen ...

An Flucht war nicht zu denken. Die Fenster waren mit Stahlgitter gesichert, die Türen verschlossen. Damit wollte ich mich nicht abfinden. Ich meine, zehn Jahre meines Lebens war ich eingesperrt gewesen, in meiner Bewegungsfreiheit eingeschränkt. Nicht schon wieder! Doch es war lachhaft. Als wenn ich eine Entscheidungsfreiheit gehabt hätte. Es war Silke, die mich immer wieder ermahnte, sobald ich die Hände zu Fäusten ballte. Ich ahnte, was passiert, wenn ich die Männer provozieren würde. Aber ich wollte doch gar nicht provozieren. Ich wollte nur reden, und zwar mit *ihm*. Nur mit *ihm*. Ich wollte nicht glauben: Warum sollte *er* so etwas tun? Vielleicht suchte *er* mich inzwischen sogar. Vielleicht war *er* in Sorge um mich. Vielleicht, vielleicht, vielleicht. Vielleicht war alles nur ein Riesenhaufen Scheiße, in den ich geraten war. Und zwar aus eigener Schuld. Ich verfluchte mich und meine Naivität. Denn wer war ich schon? Ein Mädel vom Lande. Willkommen in der großen, weiten Welt. Eingesperrt in ein kleines Zimmer, Eisengitter vor dem Fenster, drückende Sommerhitze. Das hier war das wahre Leben!

Raoul sah ich nicht mehr. Stattdessen kamen die Männer immer wieder zu mir, bedrängten mich, doch ich blieb stur. Sie gaben mir kein Essen, doch Silke teilte ihres mit mir. Als die Männer das erfuhren, misshandelten sie zur Strafe Silke – vor meinen Augen. Es war schlimm, so schlimm, dass Silke tagelang das Bett hüten musste. Ich pflegte sie und fühlte mich schuldig. Was hätte ich tun sollen? Was konnte ich tun? Alles war so gemein. Alles war Scheiße. Mein Widerstand brach. Die Männer hatten ihr Ziel erreicht. Jetzt schaffte auch ich an. Dabei stellte ich fest, dass ich und Silke nicht die einzigen Frauen in der Finca waren; es gab noch zwei andere Mädchen, die die Männer zum Sex zwangen.

Irgendwann kamen die Drogen. Ich hatte noch nie Drogen genommen. Doch Silke hatte Pillen, die sie von den Freiern bekam. Kleine, bunte Pillen, die das Elend erträglich machten. Ich nahm auch eine Pille. Ich war drauf. Heftig. Keine Ahnung, wie lange der Zustand andauerte. Mein Gehirn setzte aus. Keine Ahnung, was ich in dieser Zeit alles anstellte. Den Männern jedenfalls musste es gefallen haben, so wie sie mich am nächsten Morgen anstarrten. Die Schmerzen im Unterleib ließen mich ahnen, was geschehen war. Einer der Männer meinte zu mir, wenn es sein müsse, dann sollte ich dieses hier nehmen. Er schmiss mir ein kleines Paket vor die Nase. Silke klärte mich darüber auf, es sei Speed, das ich schnupfen solle, es würde länger als Ecstasy wirken und nicht so schädlich sein.

Ich schnupfte dieses Zeugs. Der absolute Kick. Die Welt teilte sich in gut und böse. Ich fühlte mich so gut, doch bei den Menschen um mich taten sich Abgründe auf. Sex und Gewalt. Gewalt und absurde Spiele. Männliche Über- und weibliche Ohnmacht. Eine Möglichkeit, dem zu entfliehen, schien es nicht zu geben. Die Männer waren immer da, beinahe wie Bodyguards. Und doch gelang mir eines Abends die Flucht. Es war ein glücklicher Zufall, in dem mein Aufpasser einen Moment nicht hinsah, während er die Tür offen stehen ließ. Ich glaube, so schnell hat mich noch nie jemand laufen sehen. Mir war in diesem Augenblick völlig gleich, dass ich nur Hotpants und Bikini trug. Vielleicht wäre das für mich in einem anderen Moment Grund zum Zögern gewesen, wer weiß ... Aber ich hatte gerade Speed intus und das beflügelte mich und meinen Geist.

Draußen allerdings half das Zeugs mir nicht mehr weiter. Es verwirrte mich nur. Orientierungslos und benommen muss ich mich über Felsen, Sand, Steppe und Gras geschleppt haben. Ich verrichtete meine Notdurft im Gestrüpp. Ich übernachtete am Strand zwischen Sträuchern. Am Morgen weckten mich drei betrunkene Italiener. Ich war so froh, sie zu sehen. Ich erklärte ihnen, was mir passiert war, doch die Männer hörten mir nicht zu. Oder sie verstanden meine Gesten falsch. Ich war so verzweifelt, mein Englisch so schlecht, was weiß ich. Ein Mädel, halbnackt am Strand, war wohl wie eine Einladung. Sie vergingen sich an mir. Blutig und am Boden zerstört konnte ich mich in einen Ort schleppen, zur örtlichen Polizeikommandantur.

Am Abend fiel die Polizei in den Club ein. Sie fanden die Mädchen. Die Männer waren ausgeflogen.

»WIR WISSEN DOCH, DASS DU ES WILLST. SONST WÜRDEST DU DOCH GEHEN WOLLEN.«

Swetlana, 34 – Menschenhandelsopfer, Berlin

Ich will nicht behaupten, dass früher alles besser war. Ganz bestimmt nicht. Aber seit Litauen im Jahr 1991 unabhängig wurde, herrscht Unsicherheit in unserem Land. Der erhoffte wirtschaftliche Aufschwung lässt noch immer auf sich warten, den Menschen geht es schlecht.

Ich lebte in einem kleinen Dorf nahe Vilnius, nicht nur die mit Abstand größte Metropole, sondern auch Hauptstadt des Landes. 1992 konnte sich die postkommunistische Litauische Demokratische Arbeiterpartei durchsetzen, die mit Algirdas Brazauskas den Staatspräsidenten stellte und Litauisch zur Staatssprache erhob. Mag sein, dass das für die Menschen im Land erfreulich war. Für mich war es das weniger. Ich durfte meine Arbeit als Krankenschwester nicht länger ausüben, da ich nur russisch sprach. Verstehen Sie jetzt, was ich meine, wenn ich sage, nicht alles ist besser geworden durch das Bemühen, unserem Land Unabhängigkeit zu schenken. Für mich wurde alles nur noch schlimmer.

Man bot mir an, als Saisonarbeiterin in der Landwirtschaft mein Geld zu verdienen, das sei die einzige Möglichkeit, die mir bliebe. Aber das Geld, das ich dort verdiente, reichte nicht einmal für eine eigene Wohnung. Dabei hatte ich noch meine kleine Tochter zu versorgen.

Es war an einem Herbstabend, ich befand mich auf dem Rückweg vom Feld, als mich am Bahnhof zwei Männer ansprachen. Sie alberten herum, lachten viel, stellten sich vor und luden mich schließlich zu einem Kaffee ein. Sie sprachen wie ich nur russisch und gaben sich ebenso unzufrieden über die Lage im Land. So etwas schweißt ganz schnell zusammen, die beiden Männer waren mir sympathisch, keine Frage. Es war ein nettes Gespräch, in dessen Verlauf sie mich irgendwann fragten, ob ich nicht Lust hätte, in Deutschland ein wenig Geld zu verdienen, als Küchenhilfe in einem Restaurant, sie könnten das für mich arrangieren.

Natürlich gab ich zu bedenken, ich spräche doch gar kein Deutsch.

Sie lachten, »Wen stört es?«, entgegneten sie. Du brauchst dich doch nicht mit dem Geschirr unterhalten.« Sie meinten, in Deutschland würden immer fleißige Frauen wie ich gesucht werden.

Selbstverständlich blieb ich skeptisch. Die beiden erklärten, das könnten sie verstehen, gar kein Problem, ich solle eine Nacht darüber schlafen, wir könnten uns ja morgen noch einmal treffen, gleicher Ort, gleiche Zeit. Ich willigte ein. Mit gemischten Gefühlen fuhr ich heim zu meinen Eltern, wo ich mit meiner Tochter lebte. Ich sprach mit meinen Eltern über das Angebot. Sie zeigten sich erfreut über die Möglichkeit, Geld zu verdienen. Meine Eltern waren bereits alt und es fiel ihnen nicht leicht, für mich und meine Tochter aufzukommen, auch wenn sie sich nie darüber beklagten. Meine Eltern meinten nur, ich solle bei allem, was ich mache, vorsichtig sein. Aber das war ich ohnehin schon immer gewesen. Dass es sich bei allem um ein abgekatertes Spiel handeln könnte, um einen fiesen Trick, das kam mir nicht einmal in den Sinn. Im Gegenteil, ich kannte ein paar andere Mädchen, die diese beiden Männer, die ich am Abend kennen gelernt hatte, ebenfalls nach Deutschland vermittelt hatten. Und alle waren sie glücklich, nahm ich an. Sie mussten glücklich sein, befand ich. Weil sie alle in Deutschland geblieben waren, so dass ich nichts mehr von ihnen gehört hatte.

Ich schlief in dieser Nacht sehr schlecht, aber eine Entscheidung hatte ich bereits getroffen, eigentlich schon, als ich mich von den beiden Männern am Bahnhof verabschiedet hatte. Vielleicht waren es die Goldkettchen und die Handys und das Auto, mit dem sie durch den Ort fuhren. Vielleicht war es ihre weltmännische Art. Vielleicht war es aber auch nur meine Tochter, die ich ernähren wollte, aber kaum ernähren konnte.

Eine Woche später saß ich, mit Koffer und Touristenvisum, in einem Kleinbus und ließ mich durch Litauen und Polen zur deutschen Grenze fahren. Im Auto wurde viel gelacht, herumgealbert und so gab es noch immer keinen Grund für mich, mir Sorgen zu machen. Selbst als die Männer mit dem Wagen kurz vor der Grenze anhielten und mich in ein Taxi setzten, das mich über die Grenze fuhr, sah ich keinen Anlass für Argwohn. Die anderen Mädchen hatten den gleichen Weg zurückgelegt, meinten die Männer. Wenn dem so sein sollte, dann war es eben so. Wir verabredeten uns in zwei Stunden an einer Tankstelle.

Ab da wurde alles anders. Denn an der Tankstelle traf ich nicht meine Landesgenossen, sondern zwei andere Männer, klein, gedrungen, trotzdem drahtig, dunkler Teint, kurz geschorenes Haar. Sie hatten mehr Gold am Handgelenk, als die beiden Männer aus Litauen, und ihr Wagen war eine noch größere Limousine. Die beiden meinten, sie kämen im Auftrag meiner beiden litauischen Freunde, verfrachteten mich in ihr Auto und fuhren los. Die Fahrt dauerte gut drei Stunden, während der sie kein einziges Wort mehr mit mir wechselten. Wir kamen früh morgens in einer Stadt an, von der ich erst viel später erfuhr, dass es sich dabei um Hamburg handelte. Sie wiesen mir den Weg in eine kleine Wohnung, zweite Etage, zwei Zimmer, Küche, ein kleiner Flur. Es roch nach kaltem Rauch und Schweiß und billigem Fusel, und die beiden Männer sahen mich an, als würden sich mich einer genauen Prüfung unterziehen. Einer der beiden sagte, ich solle mich ausziehen.

Ich glaube, das war der Moment, in dem ich verstand, was mit mir passierte. Ich lehnte entschieden ab. Die beiden Männer lachten nur und erklärten, sie hätten 5.000 Mark für mich an meine beiden litauischen Freunde bezahlt, nun hätte ich das Geld zurückzuzahlen, und zwar so schnell wie möglich. Um ihrer Forderung Nachdruck zu verleihen, holten sie einen langen Rohrstock hervor. Mir war klar, was kam, und doch begriff ich nicht, was zu tun war: Ich wehrte mich, und das machte die Situation nur schlimmer. Sie schlugen mich, wenn ich mich wehrte. Sie vergewaltigten mich, wenn ich stillhielt. Sie zwangen mich, Alkohol zu trinken, etwas zu rauchen, was meine Sinne benebelte, bis mir schwarz vor Augen wurde. Sie kleideten mich in BH, Bustier, String und Strapse und schickten mich raus auf den Strich. Es störte sie nicht, dass es regnete. Und mich hatte es nicht zu stören.

Sie schärften mir ein, was ich von den Freiern zu verlangen hätte: »Die Stunde 150 Mark.« Und empfahlen mir: »Türken und Albaner zahlen 100.«

So begann mein Arbeitsleben in Deutschland. Acht Stunden auf der Straße, im Visier zweier Aufpasserinnen, die jede Bewegung von mir notierten und meinen Zuhältern mitteilten. Die beiden kamen abends und schleppten mich in ein albanisches Restaurant, wo ich bis vier Uhr morgens saufen musste, nur damit die beiden sich hiernach über mich hermachen konnten. »So sieht ab sofort dein Leben aus«, sagten sie, »du gehst auf den Strich und danach stehst du uns zur Verfügung.« Sie sagten: »Wir wissen doch, dass du es willst. Sonst würdest du doch gehen wollen.«

Sie wussten, dass ich nicht gehen wollte. Dass ich nicht flüchten würde. Wohin sollte ich? Ich konnte kein Deutsch, wusste eigentlich gar nicht, wo ich war. Allerdings wusste ich inzwischen sehr wohl, dass ich mit meinem Touristenvisum, das längst abgelaufen war, nicht weit kommen würde. Für die Polizei war ich illegal in Deutschland, so viel war klar. Schlimmstenfalls würde man mich ins Gefängnis sperren, nach Hause schicken mit der Erfahrung und der bitteren Wahrheit darüber, was ich mit mir anstellen hatte lassen. Man muss sich vor Augen halten: Die Kirche nimmt eine dominierende Stellung in Litauen ein, und mit ihr herrschte eine strenge Moral. Was für eine Schande – für mich und meine Familie!

Ich ergab mich meinem Schicksal, welche Wahl hatte ich? Wenn ich einen Brief an meine Eltern und an meine kleine Tochter schrieb, dann schrieb ich: »Ich putze Toiletten.« Irgendwie traf es auf den Punkt: Es war eine Scheißarbeit! Was anderes hätte ich nicht schreiben dürfen. Die Männer kontrollierten meine Briefe. Bloß keinen Argwohn erwecken!

Der Zufall wollte es, dass die Polizei irgendwann den Straßenstrich überprüfte. Meinen beiden Zuhältern gelang es nicht, mich rechtzeitig zu verstecken. Ich geriet in die Mühlen der Justiz, konnte den Ermittlern aber nicht wirklich helfen. Was konnte ich schon tun? Ich wusste keine Namen. Ich wusste nicht, woher die Männer kamen, die mich festgehalten hatten. Ich wusste nicht einmal, wo Hamburg eigentlich lag. Ich weiß nicht, ob sie die beiden Männer schnappten. Ich wurde bald darauf ausgewiesen, kam zurück in mein Heimatdorf, in der sich die Nachricht meiner Rückkehr und meines Schicksals bald herumsprach. Was das bedeutet, brauche ich wohl nicht weiter zu erklären.

Meine Eltern haben nie ein Wort darüber verloren. Dafür bin ich ihnen dankbar. Allerdings verließ ich das Dorf und lebte in einem Nachbarort, nicht viel weiter weg, aber dennoch mit einem gewissen Abstand, zusammen mit meiner Tochter. Ich habe eine Fortbildung besucht und arbeite heute wieder in einem Krankenhaus.

»ES WAR EIN TÄGLICHER KAMPF UMS ÜBERLEBEN.«

Olesya, 21 – Menschenhandelsopfer, Berlin

Ich komme aus der Ukraine. Da, wo ich aufwuchs, sind die Menschen bitterarm. So arm, dass ich 2001 wegging aus der Ukraine – um bei der Ernte in Polen zu helfen. Bei mir zu Hause in der Fabrik hatte ich 50 Euro im Monat verdient, aber dann wurde ich arbeitslos.

Im März 2002 lernte ich Nicole kennen. Die versprach mir Arbeit in einer deutschen Familie, als Haushaltshilfe, und stellte mich Borys B. vor, den alle nur »Borja« nannten, ein Schweißer, ein Ukraine, Ex-Afghanistan-Soldat. Er sagte: »Ich bin dein Landsmann, werde dir helfen. Auf dich wartet eine große Zukunft.«

Das Angebot war verlockend: In einer Berliner Wohnung würde ich wohnen, mit Kindern arbeiten und gutes Geld verdienen. Also vertraute ich mich Borys an. Ich dachte an eine Arbeit als Kindermädchen in Deutschland. Stattdessen ging ich durch die Hölle.

Bei einer Reise nach Deutschland mit Station in einem Hotel in Breslau, Polen, wurde ich vergewaltigt. Ich habe geschrieen, mich gewehrt, doch Borys ist in mich eingedrungen. Danach fuhr er mich in ein Dorf, ließ mich in einem abgelegenen Haus einsperren. Die Türen waren verriegelt, die Fenster vergittert. Weil ich hysterisch war, hat Mirek, ein Pole, mich verprügelt, wie einen Fußball durch das Zimmer getreten. Danach haben mich zwei andere Polen immer wieder vergewaltigt.

Da war mir klar, was auf mich zukam, was mich in Deutschland erwartete. Ganz bestimmt keine Familie mit Kindern. Auch wenn ich es noch nicht wahrhaben wollte.

Ich musste durch die Oder waten, an der Hand eines »Flussschleusers«. Ich war allein mit den Männern, verängstigt. Am anderen Ufer nahm mir Borys den Pass weg. »Macht 2.500 Euro, das musst du jetzt vier Jahre für mich als Nutte abarbeiten. Sonst bringen wir dich zurück nach Polen, da wirst du umgebracht.« Von Anfang an hat Borys Drohungen ausgesprochen – ich werde bei Weigerung umgebracht und im Wald vergraben, bei einer Flucht würden meine Eltern zu leiden haben. Später fügte er hinzu: »Ich hab' schon einmal einen Widersacher getötet und im Wald vergraben.«

Borys gab mir einen Pass, einen polnischen Pass, der einen anderen Namen trug, aber ein Bild besaß, das eine Person zeigte, die mir ähnlich sah. Damit würde ich keine Schwierigkeiten bekommen, meinte Borys. Dabei war mir klar, dass ich bereits ziemlich in Schwierigkeiten war.

Als ich in Berlin ankam, lernte ich andere Mädchen kennen, die mir davon erzählten, dass sie Ähnliches erlebt hatten. Ola sagte, dass ich in eine richtige Scheiße geraten sei. Heute weiß ich, Borys und zwei weitere Männer haben 15 Frauen aus der Ukraine und Polen illegal nach Deutschland geschleust – eine war noch minderjährig.

Ich wurde in eine kleine Wohnung am Hindenburgdamm einquartiert mit anderen Mädchen und einem Aufpasser. Ich hieß fortan »Ewa«. In der Zeitungsannonce warb Borys für »naturgeile, junge Ukrainerinnen«.

Ich musste rund um die Uhr los. Ich durfte keine Freier ablehnen. Ein Fahrer fuhr mich zu den Freiern, ich musste den Hurenlohn per SMS an Borys durchgeben, der akribisch Buch führte. Eine Stunde Sex im Hotel kostete 95 Euro, für Stammkunden gab es fünf Euro Rabatt. »Tabuloser Sex« machte 125 Euro.

Es war ein täglicher Kampf ums Überleben. Borys überließ uns kaum Geld. Von den bis zu 95 Euro, die ein Freier zahlen musste, wurden uns Mädchen 25 Euro gelassen. Davon musste ich meine »Schulden« abbezahlen. Wir konnten uns nicht einmal genug Essen kaufen. Von dem Lohn musste ich die Peitsche und Handschellen, die ein Freier geordert hatte, selbst bezahlen, 46 Euro allein für die Peitsche. Für die Wohnung, die ich in Berlin hatte, verlangte Borys Miete. Und ständig wollte er mehr. Und für den polnischen Pass, den er mir ausgehändigt hatte, verlangte er noch einmal 150 Euro monatlich.

Wir haben von den Trinkgeldern gelebt, die uns Freier gaben. Davon allerdings haben die Fahrer, die uns zur Kundschaft brachten, ihren Teil verlangt. Natürlich dachte ich an Flucht.

Einen Monat nach meiner Ankunft in Berlin versuchte ich zu fliehen. Ohne Reisetasche bin ich die Treppe hinuntergegangen. Ich habe es nicht mehr ausgehalten. Doch einer der Bewacher hat mich abgefangen. Dann haben sie eine Videokamera installiert. Hinter dem Sofa der Wohnung wurden die Lauschgeräte versteckt. »Mädchen, ich weiß alles«, warnte Borys.

Ich dachte nicht noch einmal über Flucht nach. Ich konnte nicht weggehen, natürlich nicht. Ein fremdes Land, keine Papiere, kein Wort Deutsch. Angst vor weiteren Vergewaltigungen. Angst um die Familie, der daheim was passieren könnte. Angst vor der Polizei. Angst vorm Gefängnis. Ich fügte mich meinem Schicksal.

Doch ich hatte Glück. Mir gelang der Absprung. Ein verliebter Freier aus Spandau kaufte mich Borys ab – für 24.500 Euro.

Protokolliert im Prozess gegen Menschenhandel in Berlin, Dezember 2003.

Anmerk. d. Autors: 3.875 Kunden listete die Polizei später auf, als der Menschenhändlerkreis aufflog – darunter Prominente aus TV, Sport und Medien. Nur einer landete in den Schlagzeilen: Moderator Michel Friedman, 47, bestellte immer gleich mehrere Mädchen ins Nobelhotel Intercontinental (Suite 722-723). Dabei gab's auch Kokain. Friedman zahlte 17.400 Euro Strafe. Quelle: Tagesspiegel, BZ

»ES MUSS FRAUEN, WENN SIE NICHT MEHR WOLLEN, ERMÖGLICHT WERDEN AUSZUSTEIGEN.«

Uta Ludwig – Koordinatorin bei Bella Donna e.V., Frauenfachberatungsstelle in Frankfurt/Oder

Eigentlich bin ich gelernte Chemielaborantin. Viele fragen mich heute erstaunt, wie ich dazu komme, mich um Opfer von Menschenhandel zu kümmern ... Nun, ich machte eine Entwicklung durch. Erst wurde ich Chemielaborantin. Hiernach arbeitete ich in der Psychiatrie und im Behindertenbereich. Schließlich wurde ich Krankenschwester, ganz zum Schluß Sozialarbeiterin. Wenn man so will, war es eine Kette von Ereignissen, die dazu führte, dass ich Streetworker wurde. Mein erklärtes Ziel jedenfalls war der Job als Sozialarbeiterin nicht.

Mein ursprüngliches Ziel war die Chemie. Alles was knallt und pufft, faszinierte mich schon immer. Im weitesten Sinne »knallt« und »pufft« es in meiner heutigen Tätigkeit ja auch noch ... Ernsthaft, mein Spezialgebiet waren Gifte. Viel Zeit, mich damit zu beschäftigen, blieb mir allerdings nicht. Mein Schwiegervater war, so stellte sich heraus, manisch depressiv. Ich für meinen Teil konnte nicht nachvollziehen, warum er an einem Tag gut drauf war, am nächsten Tag nur noch weinte und nicht aus dem Haus ging.

Ich wollte es allerdings verstehen lernen, mich daher damit auseinander setzen. Weil meine eigene Familie ohnehin nur aus Pädagogen und Ausbildern bestand, ergab es sich, dass ich mich entschied, einen ähnlichen Werdegang einzuschlagen. Ich bewarb mich in der psychiatrischen Abteilung der Uniklinik Halle als Hilfsschwester. Dort bereitete mir die Arbeit sehr viel Spaß. Was heißt »Spaß«? Ich arbeitete natürlich nicht in der normalen Psychiatrie, sondern kam auf die geschlossene Station, zu den Gerichtsgutachten, also den Mördern und Gewaltverbrechern. Mit dieser Arbeit setzte ich mich intensiv auseinander, holte die notwendigen Abschlüsse nach und spürte, der Job war wie eine Heimat für mich. Und ich erkannte: »Das kann ich!« Ich kam mit total abgedrehten Leuten klar.

Ich glaube, das ist eine Veranlagung in mir. Mit ganz normalen Menschen und Patienten, das wäre mir auf Dauer langweilig geworden, das hätte mich nicht befriedigt. So war es bei allem, was ich mir vornahm, so ist es bis heute geblieben: Ich suche immer die Herausforderung, bei der ich mich einsetzen kann – wie zum Beispiel im Alter von 45 Jahren reiten zu lernen. Andere sagen mir: »Du hast eine Macke!« Habe ich das wirklich? Wer weiß ...

1989 erlebten wir in Deutschland die Wende. Zu der Zeit war ich gerade freiberuflich tätig. Ich studierte nebenher Textilgestaltung und stand kurz vor der Aufnahme in den Künstlerverband in Frankfurt an der Oder, wo ich mittlerweile lebte. Ich arbeitete in der Malerei, im Bereich Keramik, Textil, gestaltete viele Ausstellungen und kannte allerhand Leute. Wir trafen uns im so genannten Forum und nahmen an, das wäre unsere Plattform, auf der wir dem Zusammenbruch der DDR entsprechend begegnen könnten. Ich wollte mich politisch engagieren. Die Jahre zuvor verspürte ich nicht viele Ambitionen dazu, obschon ich zur DDR eine sehr kritische und gespaltene Meinung besaß; ich gebe zu, immer wieder spielte ich mit dem Gedanken, einen Ausreiseantrag zu stellen. 1989 hatte sich das erledigt. Die Wende eröffnete mir die Chance, endlich das zu machen, was ich dachte und wollte. Das Forum schien dies zu ermöglichen.

Irgendwann, das weiß ich noch, war die erste Demo auch in Frankfurt an der Oder. Gut und gerne 10.000 Leute kamen zusammen. Ein Freund von mir stand auf dem Rednerpult und putschte das Volk auf: »Wir müssen dies ... Wir müssen das... Wir müssen jenes machen!« Ich selbst hatte ein Gedicht von Heinz Kahlau dabei, das war eines meiner Lieblingsgedichte, ein leises, feines Liebesgedicht, das ich den Menschen vortragen wollte. Am Mikrofon hieß es noch immer: »Wir müssen dort ... Wir müssen hier ... Wir müssen alles!« Ich dachte nur: »Müssen, müssen, müssen! Wir müssen nicht schon wieder! Wir mussten ›müssen‹ schon die ganze DDR-Zeit. Ich habe es satt mit dem Müssen. Wenn etwas muss, dann muss hier endlich mal Ruhe einkehren. Wir müssen erst einmal gucken, was wir überhaupt wollen.« Das war doch damals noch niemandem so richtig klar. Der dumme Staat ging den Bach hinunter, das war grundsätzlich wunderbar. Aber wohin sonst?

Also, ich wollte das Gedicht von Heinz Kahlau vortragen, schlicht und einfach, doch der Typ am Rednerpult meinte nur zu mir: »Ach, lass mal, jetzt bin ich dran!« Da war ich so etwas von empört, dass mich jemand wegschob, und zwar schon wieder ... Ich meine, die Männer ziehen uns Frauen heraus, wenn sie uns brauchen, aber ansonsten ...

Mit zwei Künstlerkolleginnen rief ich den Unabhängigen Frauenverband ins Leben. Dieser stand nicht in Verbindung mit dem Forum, deshalb machten wir ihn auch nicht über das Forum bekannt, sondern einzig und allein über die Medien – mit Erfolg. Innerhalb kürzester Zeit bekundeten über 50 Frauen ihr Interesse zur Teilnahme. Wir gründeten den Verein »Brücke«. Unser Ziel: Wir wollten Brücken schlagen zu anderen Frauen, eine Plattform von Frauen für Frauen.

Der Name war also gefunden, jetzt stellte sich uns die Frage, welche Ziele wir eigentlich mit dem Verein verfolgen wollten. Vorschläge gab es sehr viele: Sie reichten von der Etablierung einer Frauenbuchhandlung über die Gründung eines Frauencafés bis hin zur Einrichtung eines Frauenhotels. Einig wurden wir uns nicht, sicher war nur: »Wir machen nicht das, was die Männer machen wollen.«

Obschon es anfangs Parallelen gab, die uns Frauen die Arbeit erschwerten. Viele der Frauen waren Mütter, weswegen sie ihre Kinder mit zu den Veranstaltungen der »Brücke« brachten. Ein Großteil dieser Kinder waren wiederum Jungs. Da meinten doch tatsächlich einige der Frauen, das ginge nicht, die dürften nicht mit herein. Ich sagte ihnen: »Das kann nicht wahr sein, ihr seid ja fast wie die Männer!«

Somit herrschte noch eine ganze Weile ziemliches Chaos in der »Brücke«. Sogar der Vereinsname wurde noch einmal gewechselt, weil einige der Frauen mit »Brücke« nicht mehr einverstanden waren. Ich schlug mit meinem Wissen als Chemielaboratin »Belladonna« vor – die Tollkirsche. Die brachte man schon mit den weißen Frauen in Verbindung, auch mit den Hexen im 15. Jahrhundert. Die ersten schmerzarmen Geburten wurden mit der Tollkirsche absolviert. Das chemische Belladonna ist Atropin, das beim Arzt zur Augenbestimmung verwendet wird. Atropin ist allerdings auch das einzige Gegenmittel einer Pilzvergiftung. Und Atropin wird bei der Bundeswehr als Gegengift bei chemischen Kampfeinsätzen eingesetzt. Das passte: Wir Frauen von Belladonna wollten ebenfalls ein Heilmittel, ein Gegengift, sein – für die Frauen in der Gesellschaft, für die Gesellschaft.

Endlich war unsere eigentliche Aufgabe gefunden: Damit Frauen die Möglichkeit bekommen, einen klaren Gedanken zu fassen darüber, was sie wollen und können, benötigen sie einen Ort beziehungsweise Raum, in dem sie aus einer Gewaltsituation fliehen können. Wir wollten diesen Frauen in Not helfen, selbstbewusster zu werden und ihren Weg zu finden. Wir riefen ein Frauenhaus ins Leben. Unsere Konzeption war eine andere als die der Frauenhäuser, die ansonsten in den neuen Bundesländern eingerichtet wurden: Während diese die Frauen eher um- und befürsorgten, wollten wir mit dieser Methode nichts zu tun haben. Wir arbeiteten stattdessen mit Krisensitzungen, Auseinandersetzungen, Strategien und Konfliktmanagement. Frauen, die in unserem Haus unterkamen, sollten konfliktfähig werden. Sie sollten lernen, sich auseinander zu setzen, um ihren eigenen Weg zu gehen.

Dass wir anders waren, sprach sich herum. 1994 kam deshalb das Sozialpädagogische Institut Berlin (SPI) auf uns zu und meinte, sie und die Weltgesundheitsorganisation (WHO) suche Träger, die zur Aidsprävention Streetwork im Prostitutionsmilieu etablieren. Das Problem der WHO war damals, sie hatte keinerlei Informationen über Stand und Entwicklung des Milieus, das sich seit Zusammenbruch des Eisernen Vorhangs in der Grenzregion zu Polen entwickelte. Bekannt war nur, in Wirtschaftsgefällen entwickelt sich ein Milieu. Seit 1992 standen zunehmend mehr Frauen an der Straße und warteten auf Freier. Doch wie und wann und mit welcher Gefährdung durch Seuchen, sprich Aids, das wusste eigentlich niemand.

Wir bei Belladonna zeigten uns nicht uninteressiert, denn es waren einmal zwei Prostituierte in unser Frauenhaus geflohen. Allerdings konnten wir nur schlecht mit ihnen und ihrem Schicksal umgehen. Ich meine, sie kamen nicht aus gewalttätigen Eheverhältnissen, flohen nicht vor den Misshandlungen ihres Lebenspartners. Wir wussten also nicht, welche konkrete Hilfe sie brauchten. Dies und der Umstand, dass unsere Arbeit im Frauenhaus sich eingeschliffen hatte, zwar nicht eingefahren war, aber auch nicht neu, beschlossen eine Kollegin und ich: »Vier Jahre Frauenhaus reichen. Wir suchen neue Aufgaben.«

Das SPI verpflichtete uns vertraglich im Auftrag der WHO, im Prostitutionsmilieu von Brandenburg und im Grenzbereich zu Polen Streetwork innerhalb der Aidsprävention aufzubauen. Was jetzt so einfach klingt, war ein gewaltiger Akt für uns. Wir brauchten allein ein dreiviertel Jahr, um unterscheiden zu können, ob wir draußen auf der Straße eine Prostituierte ansprechen oder eine polnische Frau, die da zufällig am Straßenrand steht. Die polnischen Prostituierten sind nicht so gekleidet wie die deutschen Huren; polnische Straßenmädchen tragen vielleicht ebenfalls ein Schleifchen im Haar und einen kurzen Rock. Ergo: Was war überhaupt eine Prostituierte? Was war eine normale Passantin? Anfangs habe ich mich nicht selten ziemlich blamiert.

Hinzu kam, um die Prostituierte ansprechen zu können, mussten wir uns mit ihnen verständigen. Will heißen: wir mussten komplett die Fachtermini lernen. Das SPI schickte uns deshalb zur »Weiterbildung« eine vom Berliner Hurenprojekt Hydra e.V. vermittelte ehemalige Prostituierte. Sie brachte uns den perfekten Straßenslang bei, und mich hat es die ersten Tagen regelmäßig umgehauen: »Falle schieben«, »Kobern« und solche Begriffe, die traute ich mich zu Anfang gar nicht auszusprechen. Ich schämte mich. Oder öffentlich über Kondome sprechen? Ach, ich doch nicht! Ich lernte sogar Techniken, zum Beispiel wie man Falle schiebt. Oder wie man ein Kondom überzieht, ohne dass der Freier es merkt. Sogar die Verhandlungstechniken der Huren wurden mir beigebracht. Das alles fiel mir, aber auch meiner Kollegin ganz schön schwer. Aber wir waren bereit zu lernen. Denn uns war wichtig: Wir wollten den Frauen von Anfang an mit einem ganzheitlichen Ansatz begegnen. Das heißt: Wir wollten nichts in Frage stellen. Wir wollten nicht moralisieren. Wir wollten die Prostitution ernsthaft als Arbeit ansehen. Daher wollten wir alles darüber wissen, erfahren, lernen. Und zu guter Letzt wollten wir uns mit allen wichtigen Utensilien ausstatten, die es brauchte, um den Frauen eine vernünftige Streetwork zu bieten.

Und so ging ich mit meiner Kollegin schließlich auf die Straße und in die Clubs und wir machten unsere Angebote. In Polen war das anfangs fast ausnahmslos auf dem Straßenstrich. Dort gab es damals kaum Clubs und Bordelle, allenfalls Schmuddelbars, in die wir als Sozialarbeiterinnen nie und nimmer zugelassen worden wären. Viele Clubs und Bordelle etablierten sich dagegen in jener Zeit in Brandenburg. Dort wiederum begannen auch Frauen aus Polen zu arbeiten. Wir sprachen mit den Betreibern dieser Clubs, schlugen ihnen vor, den Frauen ihre Arbeit zu erleichtern und ihnen verschiedene Techniken vorzustellen: »Wir brauchen dazu nur ein paar Gurken und einige Bananen. Und ich möchte keine Männer dabei haben.«

Der Betreiber entsprach unserem Wunsch. Ich erinnere mich an einen Fall, da sollte ich zum ersten Mal vor den Mädels in einem Club sprechen. Der Betreiber reichte mir die Schale Bananen und kicherte vor sich hin. Er war halt auch einfach nur ein Mann, und so habe ich ihn angesprochen. Er meinte, er hätte alles da, was ich bräuchte. Und ich sagte: »Jetzt gehst du!«

Er wollte bleiben und gucken. Ich sagte: »Entschuldige, aber du bist ein Mann. Ich sagte: Ohne Männer! Andernfalls mache ich das nicht. Ich warte hier so lange, bis du gehst.« Kichernd verließ er den Raum.

Ich meine, ich hatte ihn als Mann angesprochen, nicht als Zuhälter, Bordellbetreiber oder sonstwas. Ich wollte ihm die Mädchen nicht entführen oder wegnehmen. Mein Ziel war es einzig und allein, den Mädchen jene Hilfe anzubieten, die ihre Arbeit sicherer und leichter machte und die dafür Sorge trug, dass sie sich zukünftig professionalisieren. Darum geht es doch auch beim Falle schieben: Wenn eine Hure sieht, dass ein Freier dreckig ist, sie aber keine Möglichkeit hat, den Freier, geschweige denn sich selbst zu waschen, dann soll sie die Chance haben, den Sex nur vorzutäuschen. Oder dass sie ein Kondom drüber zieht, ohne dass der Freier es merkt.

Die Frauen reagierten sehr offen auf meine Ausführungen. Es kamen später sogar richtige Fachgespräche zustande. Manche wollten wissen, was sie machen müssen, wenn das Glied des Mannes zu klein ist. Oder wenn es zu groß ist und sie Schmerzen haben. Die Akzeptanz auf meine Arbeit war so groß, dass im Brandenburger Milieu 1995, 1996 über Monate hinter vorgehaltener Hand gemunkelt wurde, ich sei doch selbst eine Aussteigerin aus Leipzig, ich müsste eine sein, das ginge gar nicht anders. Eine andere konnte das alles gar nicht wissen, was ich den Frauen vermittelte.

Auch die Bordellbetreiber spürten, dass wir ihnen nichts Böses wollten. Schließlich zeigten sie mir und meiner Kollegin sogar die Zimmer ihrer Häuser und wir durften in die Küchen, um diese zu begutachten. Das ging soweit, dass wir zu guter Letzt bei einem Kaffee mit den Betreibern über Wirtschaftlichkeit der Häuser und Mädchen sprachen. Ich erinnere mich noch genau, ich sagte, wenn er wolle, dass die Mädchen mehr Geld kriegen, wenn auch er mehr Geld bekommen wolle, dann müsse er zukünftig ein paar Pausen einführen. Und überhaupt, wie schaue es mit Urlaub aus? Wenn das, was die Frauen machen, eine Arbeit ist – und als solche betrachteten wir sie ja –, stehe den Frauen doch auch eine Auszeit zu. Unglaublich, aber die Männer reagierten auf uns. Ich finde, wir haben in dieser Hinsicht sehr viel erreicht.

In Polen lief es ähnlich. Die Straßenstriche waren in Polen unverhältnismäßig lang. Die Frauen standen im Abstand von 15 Metern allein, zu zweit oder zu dritt. Für uns, die immer mit dem Köfferchen unterwegs waren, war es müßig und zeitlich beinahe unmöglich, 30 Frauen einzeln abzuklappern, und das, obwohl wir täglich, ohne Rücksicht auf Sonn- oder Feiertage, Streetwork betrieben. Ich überlegte, wie wir das Problem am einfachsten lösen konnten. Ganz einfach: Wir veranstalteten für die Straßenmädchen ein »Seminar« auf der Autobahn. Entlang der Autobahn gibt es doch diese kleinen Raststätten mit den großen Eichentischen. Mit kleinen Flyern kündigten wir unser Seminar zum Thema »Schwämmchen« bei den Frauen an – und tatsächlich kamen 18 oder zwanzig Mädchen, dazu zwei oder drei Zuhälter.

Denen sagte ich: »Wisst ihr was? Es geht jetzt um Menstruation. Möchtet ihr euch das antun? Das ist doch ein Frauenthema!« Sie zogen tatsächlich Leine. Ich denke, das hat sehr viel damit zu tun, dass ich sie erneut als Männer ansprach, nicht als Zuhälter oder Betreiber. Damit hätte ich mir die Männer wahrscheinlich vergrault, sie hätten die Mädchen gepackt und wären verschwunden. Also bin ich auf ihre Akzeptanz angewiesen. Und wie erreiche ich diese?

Indem ich die Männer akzeptiere.

Als die Zuhälter schließlich weg waren, wurde von den Frauen der gebratene Fisch ausgepackt, der Wodka aufgetischt und wir haben, wenn man so will, eine richtige Fete auf der Autobahn abgezogen. Naja, meine Kollegin und ich haben einen Wodka getrunken, mehr hätten wir nicht vertragen, ansonsten hätte uns wohl die Polizei nach Hause fahren müssen ... Im Ernst: Wir sprachen sehr lange und sehr intensiv mit den Frauen. Für die Mädchen war es völlig neu, dass sie angesprochen wurden als quasi Expertinnen. Das beeindruckte die Mädchen so sehr, noch ein halbes Jahr nach dem »Seminar« wurde von ihnen davon gesprochen. Dabei war es mir so peinlich: Die Mädchen hatten schon kein Geld, und dann holten sie vom nächsten Bauern den gebratenen Fisch und packten das alles auf den Tisch.

In der Folgezeit machten uns sogar die Zuhälter Geschenke. Dazu muss man sagen: Ein Zuhälter ist in Polen nicht immer gleich ein Zuhälter im herkömmlichen Sinne. Häufig sind es Verwandte, Bekannte, Freunde, die die Mädchen an die Straße fahren, sie beschützen und wieder nach Hause bringen. Dafür kriegen sie, was weiß ich, vielleicht 30 Euro.

Jedes Mal, wenn ich die Frauen auf dem Strich besuchte, bekam ich ein Geschenk von den Zuhältern beziehungsweise Freunden. Mit Dankbarkeit dafür, dass wir ihre Frauen informierten, hatte dieser Geschenkesegen freilich nichts zu tun, noch viel weniger mit Bestechung, wie vielleicht der eine oder andere vermuten würde. Um die Freigebigkeit nachvollziehen zu können, muss man die polnische Kultur ein wenig verstehen lernen. Die Polen nämlich finden Gefallen an Geschenken. Wenn sie jemanden mögen, dann haben sie immer eine Kleinigkeit, die sie ihrem Gegenüber aushändigen. Damit signalisieren sie, sie akzeptieren ihn, mögen ihn, möchten sein Freund sein. Das liegt in der Natur der Polen.

Und so bekam ich, wann immer ich auf dem Straßenstrich auftauchte, Geschenke von den Männern. Mir war das ja schon fast unangenehm. Ich wollte einfach nichts annehmen, denn ich kam ja nicht rausgefahren, um Geschenke zu kassieren. Aber ich konnte den Männern auch nicht sagen: »Ich esse keine Schokolade.« Denn dann brachten sie mir beim nächsten Mal einen Wodka mit. Und wenn ich sagte: »Ich trinke keinen Wodka«, dann brachten sie mir beim nächsten Mal eine Leberwurst.

Als wir von Belladonna eines Tages eine Konferenz abhielten und uns dafür sehr viele kleine Aktenordner mit Notizblöcken zur Verfügung gestellt wurden, behielten wir einige davon übrig. Diese verstaute ich tags drauf im Auto und gab jedes Mal, wenn ich ein Geschenk von den Männern bekam, ihnen ein Gegengeschenk. Ich weiß noch, einer der Zuhälter besaß zum Schluss über zehn der kleinen Ordner, bis es ihm selbst reichte und er aufhörte, mir Geschenke zu machen.

Was aber auch nicht weiter schlimm war. Wir mussten uns nicht immer wieder unserer Akzeptanz und Freundschaftlichkeit versichern. Inzwischen hatten sie verstanden, wir akzeptierten, dass sowohl sie als auch die Frauen eine Arbeit ausführten und wir nur dabei helfen wollten, diese Arbeit zu verbessern. Wir wollten helfen, professioneller zu arbeiten.

Kurz gesagt: Wir haben sie einfach so genommen, wie sie waren. Ich glaube, durch die ständige Ausgrenzung, die die Frauen und Männer im Milieu täglich erleben, waren sie so überrascht und dankbar, dass sie von uns so akzeptiert wurden, wie sie sind, dass wir von ihnen akzeptiert wurden. Wir wurden von den Frauen zu Geburtstagen oder zu Hochzeiten eingeladen, sowohl von polnischen als auch von deutschen Prostituierten. 1996 initiierten wir eine Dominaausstellung in den Räumlichkeiten von Belladonna. Die entsprechenden Utensilien bekamen wir von den Frauen vom Straßenstrich und aus den Bordellen, veranstalteten eine Modenschau im Rahmenprogramm. Zwei Tage nach Eröffnung unserer Ausstellung kam der damalige Sozialdezernent, heute Bürgermeister der Stadt, und wollte uns die Ausstellung verbieten. Ich sagte nur: »Nein, wir sind ein Frauenzentrum, wir sind ein Verein. Wir können die Ausstellung machen. Wir werden die Ausstellung machen.«

Die Ausstellung wurde sehr gut besucht; viele der Besucher wollten sogar noch mehr Informationen, fragten bei uns und bei den Frauen nach und meinten: »Jetzt verstehen wir die SM-Praktiken viel besser!« Man kann also mit Fug und Recht behaupten: Unsere Vernissage war ein Novum hier in Frankfurt, in dieser Spießerstadt – eine Ausstellung zusammen mit den Huren vom Straßenstrich und aus den Bordellen!

Obschon es bis zu diesem vertrauten Verhältnis natürlich ein weiter Weg war, das darf man nicht vergessen. Nichts von alledem kam von heute auf morgen. Die ersten zwei Jahre bin ich mit meiner Kollegin beinahe täglich zu den Frauen rausgefahren. Es gab Tage, an denen wir stundenlang mit den Frauen an den Autobahnen standen. Manchmal passierte es, dass der Kraftfahrer mich aus der Gruppe der Frauen herauswinkte. Die Frauen lachten sich halbtot, während ich meinte: »Aber ich doch nicht, Entschuldigung!« Aber nein, der Mann wollte unbedingt mich; er glaubte, ich sei eine der Huren ...

Ende 1995 kam für mich der Moment, in dem ich mich aus der aktiven Streetwork zur Aidsprävention verabschiedete und meinen Blick auf andere Aspekte des Milieus konzentrierte. Damals sprach mich auf polnischer Seite ein Mädchen an, ich weiß es noch ganz genau, ein kleines, blondes, schmales, blasses Mädchen, das bereits seit vierzehn Tagen oder drei Wochen auf dem Straßenstrich anschaffte. Sie sprach mich an jenem Tag leise an und meinte: »Ich muss hier weg! Bitte hilf mir! Sofort!« Ich habe es bis heute nicht vergessen: Ich war dermaßen überfordert mit der Situation. Mir stand nichts zur Verfügung. Was hatten wir Sozialarbeiterinnen von Belladonna schon? Wir leisteten hervorragende Aidsprävention. Aber nichts von dem, was wir dabei lehrten – Falle schieben, Schwämmchen benutzen, Kondom überziehen –, half dem Mädchen in dieser Situation. Und das Frauenhaus? War für Frauen aus häuslicher Gewalt gedacht!

Ich sagte ihr: »Okay, gib mir drei Stunden Zeit, ich organisiere etwas.« Ich hatte noch einen Termin, versprach ihr aber zurückzukommen. Als ich allerdings zurückkam, war das Mädchen verschwunden. Ich erkundigte mich bei den anderen Huren und ließ mir erklären, es habe sich um ein junges Mädchen im Alter von 17, 18 Jahren gehandelt, das in Lodz ihre Friseurlehre abgebrochen hatte, weil sie verliebt war. Der junge Mann, in den sie sich verliebt hatte, schlug ihr vor, mit ihr an die deutsch-polnische Grenze zu fahren, wo er angeblich eine Wohnung besaß. Er versprach, sie zu heiraten. Keine 14 Tage und sie war tatsächlich verlobt. Sie zog mit ihm an die Grenze, lebte mit ihm ein paar Tage glücklich zusammen, bis er meinte, er habe kein Geld mehr. Und damit begann die fürs Milieu so typische Entwicklung: Er wollte, dass sie anschaffen geht. Sie wollte nicht. Er sperrte sie ein und vergewaltigte sie mehrfach. Vier bis sechs Wochen dauerte dieses Martyrium an, Tage, in denen sie niemanden anders sah, nur ein wenig Essen von ihm bekam, ansonsten von ihm missbraucht wurde. Anschließend stellte er sie an den Straßenstrich und drückte ihr ein Handy in die Hand, über das er sie alle Viertelstunde kontrollierte.

Wir von Belladonna versuchten das Mädchen zu finden – vergeblich. Sie war verschwunden und niemand wusste, wohin. Ernüchternd darüber meinte ich zu meiner Kollegin: »So, jetzt mache ich erst einmal Schluss!«

Für mich stellte sich die Situation folgendermaßen dar: Meine Kollegin und ich, wir wurden auf dem Straßenstrich beziehungsweise in den Clubs von den Frauen und Männern als Sozialarbeiter akzeptiert. Schön und gut. Doch wenn Frauen in eine Notsituation geraten, sprechen sie uns nicht an – und wenn, dann vielleicht nur ganz leise, dass wir die eigentliche Notlage nicht wirklich registrieren. So wie bei ebendiesem jungen Mädchen.

Ich fand aber, ich als Sozialarbeiterin im Milieu muss darauf vorbereitet sein. Fakt ist doch: Ich befinde mich nun mal in einer Szene, die konfliktbeladen und eigentlich auch gewaltbereit ist. Es also gut, dass ich den Huren im Rahmen der Aidsprävention zu mehr Schutz verhelfe, doch ist damit nur die Gesundheit gemeint? Was heißt also ganzheitlich? Es ging soweit, dass ich die Aidsprävention komplett in Frage stellte.

Wir bei Belladonna kamen zu dem Ergebnis, dass wir eine Schutzwohnung brauchten. Wir wollten auch den Bereich Opferschutz in unsere Arbeit im Milieu aufnehmen. Wir beschlossen: »Wenn wir das nicht tun, dann machen wir lieber Schluss mit unserer Arbeit.« Man kann den Mädchen nun mal nicht erzählen: »Arbeite nur mit Kondom, oder lehne ab!« Und die Mädchen mit dem Rest der Probleme alleine lassen.

Das war also der Grund, warum ich mich fortan dafür einsetzte, dass Belladonna sich auch um den Schutz für Opfer von Zwangsprostitution und Menschenhandel kümmerte. Nach schon sechs Wochen übergaben wir dem Innenministerium des Landes Brandenburg ein Konzept, in dem wir unsere zukünftige Arbeit mitsamt der Einrichtung einer Opferschutzwohnung vorstellten und die entsprechenden Mittel beantragten. Bereits 1996 bekamen wir die Gelder zur Verfügung gestellt, anstandslos, sofort und ohne Beanstandung. Was nicht verwundert, war unser Konzept doch schlüssig und kam aus der Praxis. Es war nicht einfach eine Schreibtischarbeit, die wir uns irgendwo angelesen hatten.

Noch im gleichen Jahr, die Wohnung war kaum eingerichtet, trafen bereits die ersten Zeuginnen ein, die wir im Vorfeld der Prozesse sowie im Rahmen des Opferschutzes des Landes Brandenburg nicht nur unterbringen, sondern auch betreuen sollten. Wir boten den Frauen Unterstützung psychologischer Art, Therapie, Hilfe bei der Auseinandersetzung ihrer eigenen Gewalterfahrung, Vermittlung zu Rechtsanwälten, Behörden und Prozessbegleitung.

Heute setzen meine Kolleginnen – zwei Streetworkerinnen, zwei Betreuerinnen für die Opfer – diese Arbeit fort, ich verstehe mich inzwischen mehr als Koordinatorin, gleichwohl ich manchmal auch noch rausfahre. So ganz ohne den Kontakt zur Basis könnte ich wohl nicht. Aber ich denke, den hohen Einsatz, den ich mit meiner

Kollegin zu Anfang erbrachte – täglich raus auf die Straße –, müssen wir heute nicht mehr einbringen. Streetwork findet zwei bis drei Mal die Woche statt, meist mittags bis abends, von etwa 13 bis 24 Uhr.

Das reicht aus. Unsere Arbeit, der Verein Belladonna, beides ist für die Huren auf der Straße sowohl auf deutscher als auch auf polnischer Seite eine Alltäglichkeit geworden. Und weil wir von Belladonna diese Akzeptanz haben, müssen wir nicht jeden Tag vor Ort sein. Die Frauen wissen, dass sie sich an uns wenden können, sobald sie Fragen oder ein Problem haben. Manchmal erleben wir Frauen, die mit völlig zerfledderten Belladonna-Visitenkarten – Notrufkarten, die wir auf dem Strich an die Frauen verteilen – vor unserer Tür stehen. Diese Frauen erzählen dann, sie hätten die Karte in Russland erhalten, von einer Freundin, die mal hier angeschafft habe, inzwischen zurückgekehrt sei, ihr die Karte gegeben habe und meinte: »Wann immer du irgendwo Hilfe brauchst, hier wird dir geholfen!«

Es gibt sogar Fälle, in denen wir aus Russland angerufen werden von einer russischen Mutter, deren Tochter aus einem Bordell in Berlin dank eines Stammfreiers geflohen war. Nun saß sie bei diesem Freier in seiner Einraumwohnung, ohne Pass, ohne Aufenthaltsgenehmigung, illegal, völlig verängstigt, ratlos und über ein halbes Jahr, ohne dass sie sich auf die Straße traute. Sie saß quasi sechs Monate in ihrer eigenen Zelle, telefonierte nur ab und zu mit ihrer Mutter, bis diese im Fernsehen einen Beitrag über Belladonna sah und uns anrief. Uns gelang es schließlich, dass das Mädchen mit Hilfe der Polizei ohne Komplikationen, ganz legal ausreisen durfte.

Vielfach wird heute behauptet, das Thema Menschenhandel beziehungsweise Zwangsprostitution habe seit dem Zusammenbruch der kommunistischen Staaten zugenommen. In einer Studie las ich sogar, der Menschenhandel habe dem Drogen- und Waffenschmuggel längst den Rang abgelaufen. Das kann ich weder bestätigen noch verwerfen.

Ich kann dazu nur sagen: Ich habe das Problem Menschenhandel früher, also in den Zeiten der Aidsprävention, die wir in Brandenburg und an der deutsch-polnischen Grenze betrieben, nie wirklich wahrgenommen. Mich hat das aber auch nicht interessiert. Vielleicht war das das Problem. Schwer zu sagen.

Ich denke aber, das Thema Menschenhandel hat die letzten Jahre gesellschaftlich einen höheren Stellenwert erhalten. In Folge der EU-Osterweiterung wird versucht, dem Thema mehr politisches Gewicht zu verleihen, auf jeden Fall mehr Gewicht, als es bislang besessen hat. Zweifelsohne ist die EU auch gezwungen, sich damit auseinander zu setzen, denn durch die EU-Öffnung wird eine Migrationswelle zu uns herüberschwappen. Im Grunde ist sie das ja schon längst. Was ich dagegen beobachte: Die Gewalttaten im Milieu, also die Versuche, Frauen abhängig zu machen, sind feiner und gezielter geworden. Natürlich, vereinzelt mag es sie noch geben, aber die Goldkettchenfraktion, die brutalen Zuhälter, die sofort zuschlagen, sind einer diffizil organisierten, man kann fast sagen: professionellen Struktur gewichen, die kaum noch nachzuvollziehen ist. Häufig wird darauf geachtet, dass der Chef nicht mehr alles machen muss; oftmals kennen die »Abteilungsleiter« in diesen »Organisationen« nicht einmal mehr ihren Chef. Was wiederum bedeutet: Schnappt die Polizei einen Menschenhändler, hat sie noch lange nicht den kompletten Ring ausgehoben.

Angst, selbst einmal ins Fadenkreuz der Menschenhändler zu gelangen, dadurch, dass wir Frauen beschützen, haben wir nicht. Es gibt einen Kooperationsvertrag mit der Polizei, dank dem die Gefährdung sowohl der Zeugin als auch von uns relativ ausgeschlossen ist. Dementsprechend haben wir eine Art Alarmsystem eingerichtet, das immer dann greift, sobald wir Sozialarbeiterinnen einer Bedrohung ausgesetzt sind. Allerdings ist es aber auch so, dass man sich, wenn man in dem Bereich arbeitet, einen anderen Blickwinkel zulegt. Das heißt, wir achten auf bestimmte Autos; bei einem Mercedes, abgedunkelte Scheiben, der sich ansonsten nicht in unserem Umfeld aufhält, schauen wir zwei Mal hin. Das ist die letzten Jahre vielleicht ein paar Mal passiert, ich weiß gar nicht wie oft. Dann geht direkt eine Meldung an die Polizei.

In der Regel ist es auch so, dass wir von der Polizei über bestimmte Autokennzeichen der Zuhälter und Menschenhändler Bescheid bekommen, die im Fadenkreis der Ermittler stehen. Und man darf nicht vergessen: Sobald die Männer beziehungsweise die Leute, die in einem Ring organisiert sind, uns bedrohen, ist der Hinweis auf sie sofort gegeben – und das scheuen sie. Diese Art Öffentlichkeit, die wir als Verein für sie sind, wollen sie ja gar nicht haben.

Schlimmer sind vielmehr die Medien. Würden wir mit den Medien zusammenarbeiten, wäre es verhängnisvoll für uns. Medien scheuen vor nichts zurück, würden über uns und über die Frauen berichten, die wir betreuen, und das wäre der ganzen Sache überhaupt nicht dienlich.

Ich werde häufig gefragt, ob mich nach all den Jahren im Milieu nicht irgendwann der Moment gepackt hat, wo ich sagte: »Jetzt reicht es! Ich habe die Nase voll von dem schmutzigen Geschäft.«

Ich glaube, ich habe über die vielen Jahre hinweg eine andere Herangehensweise an das Halbseidene gefunden. Denn es ist nicht meine Sache, das Rotlichtmilieu zu beurteilen. Das liegt mir fern. Was ich möchte, ist: Es muss Frauen, wenn sie nicht mehr wollen, ermöglicht werden auszusteigen. Ich möchte ihnen diese Möglichkeit bieten. Und das ist meine Motivation. Das würde für mich übrigens auf alle Bereiche des täglichen Lebens zutreffen, in denen Frauen möglicherweise einem Zwang ausgesetzt sind. Ich würde mich immer für die Selbstbestimmung der Frau einsetzen. Das ist, glaube ich, mein eigentlicher Motor, der mich antreibt. Und dass ich jetzt im Rotlichtmilieu, ausgerechnet im Bereich Menschenhandel gelandet bin, das war nun mal Zufall.

Keine Frage, man darf das Milieu und die Schicksale der Frauen, mit denen man täglich konfrontiert wird, nicht zu nahe an sich heranlassen. Man muss Grenzen ziehen. Aber das lernt man mit der Zeit. Das muss man lernen. Denn es ist nun mal eine harte Sozialarbeit, die wir leisten, und ohne diese Grenzen wäre ich überfordert, könnte ich schon bald nicht mehr helfen. Allerdings sehe ich meine Arbeit nicht als »Helfer«-Syndrom. Vielmehr macht es mir Spaß, wenn sich Frauen entwickeln, wenn Frauen wieder entdecken, dass sie Dinge können, die ihnen verloren gegangen sind, dass sie Dinge können, von denen sie gar nicht wussten, dass sie sie beherrschen. Wenn Frauen beginnen, mit mir zu streiten und um ihre Rechte kämpfen, dann macht es mir Spaß und ich weiß, dass ich gute Arbeit geleistet habe.

Natürlich, es gibt Tage, an denen ich natürlich denke: »O Gott, ich kann nicht mehr.« Aber das passiert mir in den allerwenigsten Fällen in der Zusammenarbeit mit den Frauen, sondern meist wenn es darum geht, Finanzen für den Verein aufzutreiben. Das ist wirklich ein Kreuz, Politiker davon zu überzeugen, dem Verein ein bisschen mehr Geld zu geben, diplomatisch kluge Bücklinge zu machen. Das ist eine Aufgabe, die ich gerne abgeben würde an jemanden, der es besser macht als ich. Aber die Arbeit mit den Frauen, nein, die würde ich nicht tauschen wollen. Es sind doch diese kleinen Erfolge, wie ich sie gerade eben schilderte, die meine Arbeit – für mich – so lohnenswert machen.

Dabei darf man sich nicht irreleiten lassen von Argumenten wie: »Heute helfe ich zehn Frauen aus Weißrussland aus ihrer Zwangslage, deren Platz schon morgen zehn andere aus Litauen einnehmen. Wozu das also alles, solange die gesellschaftlichen, die wirtschaftlichen, die politischen Verhältnisse in diesen Ländern keine Besserung versprechen?«

So darf ich nicht an meine Arbeit herangehen. Grundsätzlich: Meine Arbeit beziehungsweise die von Belladonna beinhaltet durchaus die Gelegenheit, politisch Stellung zu beziehen. Nicht selten werden wir sogar um Stellungnahme gebeten, wenn es darum geht, Gesetzestexte zu verändern oder Entwicklungsprozesse einzuleiten. Darüber hinaus stellen wir Kontakt zu Behörden und Vereinen in den Herkunftsländern her, die in aller Regel außerhalb der EU liegen. Wir pflegen den Austausch, das heißt, wir betreiben Prävention in den Herkunftsländern, zeigen die Gefahren auf, die drohen, weisen auf die Zeichen hin, die auf Menschenhändler deuten und betonen in den Gesprächen immer wieder, dass Männer und auch Frauen, die behaupten, sie könnten den Frauen in Deutschland Arbeit verschaffen, freiheraus lügen. Insofern sind wir an einer Entwicklung und Verbesserung der Situation für Frauen durchaus auch beteiligt.

Wirtschaftlich bestehen freilich kaum Möglichkeiten für mich oder den Verein zu helfen. Gleichwohl kann ich immer wieder politisch anmahnen: Solange ein Wirtschaftsgefälle besteht, wird es auch diese Armutsprostitution beziehungsweise die Gefahr geben, dass Frauen in Zwangslagen geraten. Wir bemühen uns, mit Zeitungsredaktionen zu sprechen, die wir darum bitten, im Falle einer Berichterstattung auch mal aus der Sicht der Freier zu schreiben. Will heißen: Worauf muss ein Freier achten, um Prostituierte zu erkennen, die die Prostitution nicht freiwillig ausüben? Inzwischen gibt es sogar Freier, die bei uns anrufen und uns um Rat bitten. Das ist also gewiss ein Prozess, den wir in die Wege leiten; zugegebenermaßen ein kleiner, aber es ist ein Prozess.

Im Grunde ist es so: Wenn ich einer Frau helfe, einen Prozess zu überstehen, habe ich als ganz kleine Sozialarbeiterin zumindest mitgeholfen, einen dieser Menschenhändlerringe zu zerschlagen. Und dann betrifft es nicht nur eine Frau. Es würde vielleicht hundert Frauen betreffen, die in den nächsten zwei Jahren über diesen Ring geschleust, ausgebeutet und misshandelt worden wären. Also habe ich doch mehr geholfen. Und selbst wenn es nur dieser einen Frau helfen würde – das ist doch allerhand. Mehr Chancen hat doch kein Mensch.

Ebenfalls bei Schwarzkopf & Schwarzkopf erschienen:

Abenteuer Hure

Prostitution als heimliches Hobby

Wer sich nicht scheut, im Internet auch Erotikseiten anzusurfen, wird sie schon bemerkt haben: Die so genannten Hobbyhuren. Obwohl es »Gelegenheitshuren«, wie man sie früher nannte, schon immer gab, sind sie durch dieses neue Medium noch mal ganz anders ins Blickfeld gerückt. Aber wer steckt hinter diesem Begriff? Felix Ihlefeldt ging der Sache auf den Grund und fand eine Vielzahl interessanter Frauen. Meist tun sie es heimlich, mit einer zweiten Identität, denn sie haben auch etwas zu verlieren: den »guten Ruf«, oder schlimmer, einen Arbeitsplatz in einem ganz normalen Beruf und Verwandte oder Freunde, die so etwas nie verstehen würden. Manche Frauen haben es satt, sich auf die »Heilige« reduzieren zu lassen. Sie zeigen ihre anderen Seiten – die der Hure. Und zwar nicht nur als erotisches Rollenspiel beim privaten Sex, sondern ganz real, so wie man sich eben eine Hure vorstellt. Sie annoncieren oder nutzen das Internet als Kontaktmedium. Und das neben einem geregelten bürgerlichen Leben, neben einem normalen Beruf oder auch einer Partnerschaft.

Gesprächsprotokolle mit diesen Frauen zeigen, wie vielschichtig das Thema Prostitution, Lust und Geld ist. Sie zeigen aber auch mehr: Die Einstellung zu Moral und Doppelmoral, zu Liebe und Freiheit, zu Treue und zu den Männern ist vielfältiger, als mancher Meinungsmacher wahrhaben will.

Frauen erzählen ungeschminkt über Lust, Moral, Männer und das, was ihnen im Internet und im realen Leben so passiert. Sie sind klug, selbstbewusst und haben eins gemeinsam: Die öffentliche Moral ist ihnen nicht besonders wichtig, wenn es darum geht, den besten Weg für sich zu finden.

Felix Ihlefeldt

ABENTEUER HURE

Prostitution als heimliches Hobby –

Frauen erzählen über Lust, Selbstbestimmung und Geld

192 Seiten, Taschenbuch

ISBN 3-89602-430-2

9,90 EUR

www.schwarzkopf-schwarzkopf.de

IMPRESSUM
Marcel Feige
DIE WA(H)RE LUST
Zuhälter, Prostituierte und Freier erzählen

ISBN 3-89602-487-6

BILDNACHWEIS
Titelfoto: Bianca Krause
Covergestaltung: Frank Wonneberg